MW01680042

[PETITS CONTES À RÉGLER]

L'affaire Sherlock H.

Gaël Bordet est né en 1975. Après avoir passé son enfance en Afrique où il a rêvé d'être mousquetaire du roi, explorateur des Cités d'Or, ou capitaine du *Nautilus*, il est finalement devenu sociologue pour essayer de comprendre pourquoi ces métiers indispensables avaient disparu. Puis il a eu d'autres vies au théâtre, avant de découvrir qu'il pouvait redevenir mousquetaire, capitaine et explorateur en écrivant des romans.

Si vous voulez en savoir plus sur le Cyclone et ses agents, rendez-vous sur : http://www.facebook.com/petitscontesaregler

Illustration de couverture : Studio Bayard Éditions

© Bayard Éditions, 2013
18, rue Barbès, 92128 Montrouge Cedex
ISBN : 978-2-7470-3616-0
Dépôt légal : juin 2013

Loi 49-956 du 16 juillet 1949 sur les publications destinées à la jeunesse
Reproduction, même partielle, interdite

Gaël Bordet

[PETITS CONTES À RÉGLER]

L'affaire Sherlock H.

MILLEZIME

bayard jeunesse

Pour AnneSo,
qui possède toutes les clés de l'énigme.

Pour Victor,
dit Imperator, futur lecteur boulimique.

À la mémoire de Jean-Pierre.

« Je ne voudrais pas manquer de gratitude envers Holmes, qui a été pour moi un bon ami durant des années. Si j'ai failli par instants me lasser de lui, c'est que son caractère n'admet pas de nuances. Holmes n'est qu'une machine à calculer ; tout ce qui s'y ajoute ne sert qu'à affaiblir l'effet. »

Sir Arthur Conan Doyle, *Ma vie aventureuse*

«Voici quels furent les derniers mots de Sherlock Holmes :

– Fou ! Fou que vous êtes ! Je vous ai pendant des années entretenu dans le luxe. Grâce à moi, vous avez pu vous offrir sans compter des courses en fiacre, ce qu'un auteur n'avait jamais pu faire avant vous. Désormais, vous n'irez plus qu'en omnibus ! »

J. M. Barrie, *L'aventure des deux collaborateurs*

Prologue

« Pour l'Angleterre, pour la patrie, pour la beauté… »
Sherlock H.

Londres, de nos jours, en fin de matinée

Malgré une pluie persistante, Baker Street était noire de monde et des centaines de parapluies aux couleurs vives donnaient à la rue un air de prairie psychédélique. En l'absence de mariage princier, et en attendant l'improbable come-back des Beatles, les Londoniens s'apprêtaient à vivre l'évènement majeur de l'année : la résurrection de l'un des plus glorieux sujets de Sa Majesté.

Jason se remémora une dernière fois le plan intérieur de la maison. Il ajusta ses lunettes et releva le col de son imper avant de fendre la foule. Sa carrure massive lui facilitait bien la tâche : du haut de ses deux mètres zéro un, il se fraya sans mal un passage à travers la forêt de parapluies tout en gardant en ligne de mire la porte d'entrée du 221B. Il franchit tout aussi aisément le rideau de journalistes et l'impressionnant dispositif qu'ils avaient déployé – des dizaines de caméras et de micros bâchés qui se dressaient déjà dans l'attente du communiqué officiel. Il ne lui restait plus qu'à passer le mince cordon de sécurité, formé de deux « bobbies » qu'il dominait d'une bonne tête, casques compris.

– On ne passe pas, monsieur, s'interposa l'un d'eux. Le musée est fermé au public pour la journée.

– Je ne suis pas venu pour visiter, répondit le jeune Danois en montrant son badge.

Le policeman examina la carte magnétique avec perplexité :

– Jason Jensen, agent du Cyclone… ? Je n'étais pas au courant. Veuillez patienter pendant que j'informe mon supérieur de votre arrivée.

– Ne vous donnez pas cette peine, je suis l'invité surprise de cette petite *party* et compte bien le rester.

Avant que les policiers aient pu esquisser le moindre geste, Jason avait activé le flash paralysant intégré à ses lunettes : les deux hommes eurent à peine un petit hoquet d'étonnement à l'instant où ils se métamorphosèrent en statues de cire. Leur métabolisme, imperceptible à l'œil nu, avait duré un millième de seconde et les journalistes présents, focalisés sur la conférence de presse à venir, venaient de manquer le scoop de leur vie.

« Impressionnante de réalisme, cette nouvelle fonction "cirage intégral"... », se réjouit le jeune colosse blond en se faufilant entre les policemen. L'air béat qu'ils affichaient s'effacerait après exactement quatre minutes cinquante-neuf secondes, délai bien trop court qu'il devait mettre à profit sans perdre un instant. Jason se précipita vers l'escalier menant au premier étage, dont il gravit les dix-sept marches avec une vivacité surprenante pour son gabarit. À mi-niveau, il activa le sonar spectral de ses lunettes et vit se dessiner en surimpression de ses verres les silhouettes de deux agents de sécurité postés dans le salon. En surgissant sur le palier, Jason accrocha dans son viseur rétinien le premier des deux hommes et lui décocha un clin d'œil fatal : un rai de lumière aveugla son adversaire, paralysant aussitôt son système nerveux. Jason neutralisa de la même façon le second agent, qui s'était jeté sur lui mais avait embrassé la flegmatique statue de cire du docteur Watson et s'était affalé sur le sol avec elle.

«Tt, tt, toujours aussi mauvais plaqueurs, ces Anglais ! » s'amusa Jason en observant les deux hommes figés dans des pauses grotesques. Alerté par le grincement d'une lame du parquet, Jason se retourna : un troisième agent braquait son pistolet automatique sur lui. L'homme, prudent, demeurait à distance et portait des lunettes noires, ce qui empêchait tout « flashage ».

– À genoux, mains sur la tête ! ordonna-t-il.

Jason, qui perçut une pointe de nervosité dans la voix de son adversaire, obtempéra avec calme.

– C'est bien. Maintenant, afin que je puisse voir vos yeux, vous ôtez vos lunettes et les faites glisser jusqu'à moi. Puis vous remettez les mains sur votre tête. Le tout sans geste brusque, bien sûr.

Jason s'exécuta en se demandant si l'homme avait percé à jour l'appareillage technologique de ses verres. Il fut rassuré quand il le vit ramasser les lunettes pour les mettre dans une poche de sa veste sans même les examiner. L'homme s'enquit alors du sort de ses collègues. Tandis qu'il se mouvait de l'un à l'autre, Jason l'observa : il portait sur le bas de la joue droite et le nez les stigmates de brûlures profondes qui lui avaient aussi mutilé l'oreille opposée ; et son œil gauche clignait comme une diode en fin de vie, faisant tressauter ses verres.

Le jeune Danois tentait de se rappeler son plan B, mais réalisa qu'il n'en avait prévu aucun. Malheureusement, l'improvisation n'était pas son fort. Elle lui avait même valu, à son grand désespoir, ses notes les plus médiocres lors de sa formation au Cyclone. Il tenait néanmoins une occasion unique de se rattraper : s'il existait une solution

– et il priait pour que ce soit le cas –, elle était là, sous ses yeux. Ce n'étaient pas les objets à portée de main qui manquaient. Sur la table basse placée devant lui, une pipe et une loupe reposaient sur un élégant napperon en dentelle ; à sa droite, devant le manteau de la cheminée, se trouvait un tisonnier, et le violon de Sherlock Holmes était appuyé contre le mur un peu plus loin.

Pendant que Jason réfléchissait, l'homme s'assit dans un fauteuil, son arme toujours pointée vers lui.

– Vous m'excuserez, dit-il avec un clignement d'œil accentué, mais je préfère garder mes lunettes même si ce n'est pas très fair-play. À présent, j'attends vos explications : il va falloir me dire qui vous êtes et comment vous avez ensorcelé mes deux équipiers. Vous me paraissez bien jeune pour ce genre de « mission »...

Distrait par des cris provenant du rez-de-chaussée, l'homme relâcha sa vigilance une fraction de seconde. Il n'en fallut pas davantage à Jason. Se ruant vers l'avant, il renversa la table basse et la projeta sur son adversaire, qu'il assomma à moitié. Il termina le travail en fracassant le violon sur la tête de l'agent, se vengeant par la même occasion des douloureuses séances d'alto subies dans son enfance.

Au bruit de la cavalcade qui ébranlait les escaliers, Jason devina que les « bobbies » avaient recouvré leurs esprits et montaient à l'étage avec la légèreté de deux pachydermes obèses. Il s'empressa de récupérer ses lunettes et se faufila dans la pièce attenante : la chambre de Sherlock Holmes. Jason verrouilla la porte à l'aide de son *passehack** – un passepartout numérique qui faisait à juste titre la fierté des techniciennes du Cyclone. Il connaissait l'aménagement des lieux par cœur, pour les avoir repérés puis mémorisés de longues heures durant sur simulateur. Imbattable au jeu des sept erreurs, un rapide regard circulaire lui permit d'identifier l'intrus : un attaché-case en Kevlar renforcé qui gisait sur le lit, entre la trousse de chimiste et le *deerstalker** du détective. À l'aide de ses lunettes, il passa la mallette au scanner pour s'assurer qu'elle contenait bien le document qu'il cherchait. Ce dont il eut aussitôt confirmation : il s'agissait bien du manuscrit que le notaire chargé de la succession Conan Doyle venait d'apporter.

Les deux policemen, essoufflés, étaient parvenus à l'étage et s'acharnaient à présent sur la porte de la chambre. Sans doute refroidis par le spectacle de leurs collègues retrouvés en vrac dans le salon, ils priaient sans grande conviction Jason de se rendre, invoquant l'autorité supérieure de Sa très gracieuse Majesté. Jason les laissait le supplier tant qu'ils voulaient : il savait le champ magnétique de verrouillage qu'il avait installé inviolable.

---

* Les mots suivis d'un astérisque sont expliqués dans un glossaire page 391.

En revanche, le système de fermeture dernier cri de l'attaché-case ne résista, lui, pas longtemps au *passehack*. Celui-ci craqua sans difficulté le double codage numérique, constitué de lettres pour le premier disque et de chiffres pour le second. Une fois le manuscrit glissé dans la doublure de son imper, Jason jeta un dernier regard à l'ameublement de la pièce – traités scientifiques alignés sur les étagères, fioles expérimentales, un paysage de Bohême encadré sur le mur. Il regrettait un peu de n'avoir pas croisé le maître des lieux, dont les enquêtes avaient fait vagabonder son imagination lorsqu'il était enfant ; l'occasion se présenterait sans doute bientôt. L'heure de l'annonce officielle approchant, il lui fallait à présent penser à tirer sa révérence, sans passer par la case « boutique souvenirs » et en n'oubliant pas d'effacer les traces de son passage. Pour cela, il disposait d'une parfaite petite bombe à retardement : ses lunettes, qu'il régla en mode rebrousse-temps.

Jason enclencha la procédure, ferma les yeux, et sentit tous ses sens vaciller. Tandis que son corps semblait se volatiliser, sa tête se mit à tourner.

Quand il rouvrit les yeux, Jason était revenu quelques minutes plus tôt, dans le salon, et se tenait face à l'agent qu'il venait de neutraliser. Le pas mammouthéen des deux lourdauds retentissait déjà dans l'escalier, ce qui lui laissait à peine le temps d'agir. Il vérifia que le manuscrit se trouvait toujours dans la doublure de son imper. Il programma ensuite ses lunettes en mode « amnesia effet rétro », puis les substitua à celles de l'homme en noir. Lorsqu'il procéda à l'échange, Jason vit avec surprise que l'agent possédait un œil gauche artificiel, alliage de métal et de verre. Il eut juste le temps de se positionner dans un recoin, en haut des marches. Comme il l'avait prévu, en découvrant les trois hommes inanimés les deux bobbies se précipitèrent vers la chambre de Sherlock Holmes, ce qui lui laissa la voie libre ; il se glissa alors dans l'escalier, qu'il dévala.

Lorsqu'il parvint à la porte d'entrée, Jason tomba sur un groupe de quatre personnes qui venaient d'entrer dans le musée. Il identifia les deux premières grâce aux fiches signalétiques transmises par le Cyclone : un vieillard long et mince au regard pétillant habillé avec distinction – le notaire en charge de la succession de sir Arthur Conan Doyle –, et un homme entre deux âges, à la bedaine tenue par des bretelles, aux bajoues de bouledogue et à l'air hautain – le directeur de la maison d'édition *Empty House Publishing*. Jason déduisit assez vite, à leur allure, que les malabars qui les accompagnaient étaient chargés de la protection des deux notables.

– Tout va bien ? s'enquit Bouledogue bedonnant.

– On ne peut mieux, monsieur : j'ai la situation bien en main ! affirma Jason avec un sourire qu'il espérait à peine ironique. J'allais justement établir le périmètre de sécurité pour la conférence de presse, précisa-t-il.

– Bien, bien, faites donc ! se félicita Bajoues tombantes.

En sortant du 221B Baker Street, Jason retrouva la rue telle qu'il l'avait quittée : pluvieuse, psychédélique et dense d'une foule de badauds qui attendaient pour rien, depuis plusieurs heures, un évènement dont il venait de modifier le cours à jamais. Il en éprouva une vague culpabilité, bien vite dissipée par la certitude d'avoir œuvré pour une juste cause : le bonheur des innombrables fans du plus fabuleux détective de tous les temps. Les journalistes, quant à eux, sauraient retourner la situation à leur avantage ; la presse du lendemain titrerait sans doute, indignée, sur le cambriolage du musée Sherlock Holmes.

Jason gagna d'un bon pas la station de métro la plus proche, puis changea d'avis au dernier moment et héla un taxi. Les « *black cabs* » le fascinaient depuis toujours et il ne résista pas au plaisir de s'offrir ce petit tour de manège bien mérité. Il avait tout son temps pour rejoindre la gare de Waterloo et attraper son train à destination de Paris, mais il préférait par principe prendre de l'avance sur les ennuis ; en l'occurrence, une meute d'agents de Scotland Yard bientôt lancés à ses trousses avec à l'esprit une idée fixe : laver l'affront qu'ils venaient d'essuyer. Tout en prenant place dans le taxi, Jason initialisa sa console et contacta Hypnos :

– Monsieur ?

– Je vous reçois, Jason, lui confirma le directeur du Cyclone.

– Mission accomplie, j'ai récupéré le manuscrit.

– Vous m'en voyez ravi. Avez-vous pensé à assurer vos arrières ?

– Aucun souci : j'ai laissé sur place mes lunettes programmées en mode « amnesia », en guise de petit cadeau d'adieu. Toutes les personnes présentes dans une circonférence de cinq cents mètres autour du 221B n'auront, dans trente secondes, plus le moindre souvenir de ce qui s'est passé. J'ai aussi activé le système d'autocombustion des verres.

– J'apprécie votre initiative, Jason. Comme vous le savez…

« … la discrétion est la règle d'or de notre organisation », acheva mentalement le jeune agent, un sourire aux lèvres.

– À part cela, rien de spécial à signaler ? s'enquit Hypnos.

– Non, monsieur. Enfin, si, je me suis remis à grandir. J'ai pris deux centimètres cette nuit, si je me fie aux données biométriques enregistrées par ma console…

Jason se garda bien de préciser que son entaille à l'index droit, séquelle de sa toute première mission au palais de la Reine des Neiges voici quelques années, s'était réinfectée et le lançait de nouveau.

1

God save Sherlock

« Je m'appelle Sherlock Holmes et c'est mon métier de savoir ce que les autres ne savent pas. »

Sherlock H.

Paris, le même jour, dans l'après-midi
Péniche Métamorphosis, siège du Cyclone

Hypnos referma le manuscrit, qu'il avait lu d'une traite. Il était une nouvelle fois admiratif de la virtuosité de l'auteur, mais la fin lui laissait un sentiment mitigé.

Il quitta son transat et fit quelques pas sur le pont pour se dégourdir les jambes. Il détestait Paris à l'approche de l'été : l'invasion de la ville par des hordes de touristes affamés de clichés mièvres et de restauration rapide l'insupportait au plus haut point. D'ailleurs, non rassasiés par la visite des monuments en béton, plâtre et ferraille de la capitale, ces envahisseurs allergiques à tout savoir-vivre avaient encore le toupet de venir coloniser la Seine par grappes d'insectes nuisibles – moustiquant, bourdonnant, et même meuglant à tout rompre – à bord de vulgaires navettes qui portaient si bien leur nom.

Le directeur du Cyclone détacha à regret son regard de la rosace de Notre-Dame, symbole de l'éternité et de ses mystères, modèle à ses yeux du savoir-faire humain porté à sa quintessence. Après avoir adressé un petit signe amical à l'effigie enchantée d'Hermès, située à la proue de la péniche, il s'empressa de quitter le pont avant le passage d'un énième convoi de moucherons clonés, pour se réfugier dans le salon.

En pénétrant dans la vaste pièce, Hypnos constata avec plaisir que tous les agents convoqués avaient déjà pris place autour de la table ovale. Il observa avec amusement que Sybille, la *profiler** de la section MythIC, portait son habituelle salopette fétiche extra-large. Il ne put s'empêcher de jauger Jason, dont la carrure lui semblait avoir doublé de volume, ou pas loin, en une petite semaine. Il soupira en détaillant le blondinet à la coiffure « mèche rebelle plaquée », dont le visage émergeait à peine de la table et qui semblait envouté par l'écran de son ordinateur portable. Il adressa enfin un petit sourire à Alyse, la jeune Horès fraîchement nommée responsable de la « logistique missions » du Cyclone.

– Bonjour à tous, et mes félicitations pour votre ponctualité, lança-t-il en s'asseyant en bout de table.

Dans un élan spontané et respectueux, quatre voix répondirent en chœur à ses salutations.

Avant d'aborder l'ordre du jour, Hypnos rumina un proverbe béotien adapté aux situations les plus désespérées : « Si tu as perdu une aiguille dans une botte de foin et que tu ne la retrouves pas, pense qu'en dernier recours tu peux toujours faire un feu de joie avec cette fichue botte. » Depuis quelque temps, songeait-il, les aiguilles avaient une fâcheuse tendance à s'accumuler : il n'avait pas souvenir d'une telle avalanche de problèmes en un délai si court. L'idée qu'il pouvait les effacer en se faisant pyromane le tentait assez, mais il n'était pas certain que Zeus apprécierait.

– J'ai quelques nouvelles importantes à vous communiquer, commença-t-il. Malgré la douceur estivale qui règne sur Paris et incite à l'indolence, vous n'êtes pas sans ignorer que les Mondes Imaginaires continuent de tourner, et pas toujours très rond. Plusieurs affaires prioritaires requièrent toute notre vigilance – et ce nous inclusif te concerne aussi, Achille…

Pris en flagrant délit de surf en excès de vitesse sur le Web, le blondinet s'empressa de refermer son portable, replaça sa mèche d'un mouvement de la tête et adopta la pose « premier de la classe », coudes sur la table. Assis à côté de Jason, il accusait du haut de ses dix ans à peine consommés un déficit taille et poids risible.

– Qu'on lui apporte un coussin, soupira Hypnos. Ou plutôt, une pile de coussins.

La jeune Horès se chargea de la mission et parvint à rehausser quelque peu Achille.

– Je vous remercie, Alyse. Reprenons. Si je vous ai réunis, c'est que les priorités que je tiens à évoquer avec vous concernent, à un titre ou l'autre, votre équipe : la section MythIC.

Surprise par les derniers mots d'Hypnos, Sybille interrogea Jason du regard. À sa connaissance, en dehors d'eux deux, la section se composait seulement d'Hector – exilé volontaire avec Pandora dans les Mondes Imaginaires – et d'Helen, enlevée lors de leur dernière mission et dont on restait pour l'heure sans nouvelles. La jeune fille toisa Achille, assis entre Jason et elle : sa ridicule pile de coussins rehausseurs ne faisait même pas illusion, tant ses gènes microbiens étaient évidents ; comble de l'horreur, le « bleu » se permettait d'afficher un sourire béat.

– Monsieur, puis-je me permettre une remarque ? se risqua-t-elle.

– Bien entendu, Sybille. Je t'écoute.

– Deux des membres de la section sont absents, et il me semble, d'autre part, que Gnome-geek..., pardon, qu'Achille ne fait pas partie de notre équipe...

– Tu fais bien d'évoquer ce point, Sybille. J'aurais dû commencer par là, c'est vrai. Je sais que tes équipiers et toi avez traversé des épreuves pénibles dont les blessures sont encore vives. J'ai cependant jugé bon, au moins provisoirement, de recomposer votre section afin qu'elle soit opérationnelle en attendant le retour d'Helen et Hector. C'est à ce titre que j'ai décidé, en accord avec Jason, d'intégrer Achille à la section MythIC en qualité d'érudit.

Sybille foudroya Jason du regard : le traître ne l'avait même pas tenue informée.

« Un érudit âgé d'à peine dix ans, avec déjà une carrière de hacker digne des plus vieux criminels du cybermonde, la bonne blague ! » pesta-t-elle en son for intérieur. Bon, d'accord, elle devait bien admettre que Gnome-geek était un tout petit peu surdoué et qu'il possédait une mémoire d'éléphant – nain, il ne faut rien exagérer non plus –, mais pour ce qui était de sa fiabilité elle demandait à voir. Il avait quand même arnaqué ses parents, ses frères, sa sœur, vérolé pour le plaisir le serveur informatique de son collège (un surdoué n'a nul besoin de falsifier ses notes), et craqué le système de sécurité de la Banque de France. Il s'apprêtait à reprogrammer celui de la réserve fédérale d'or américaine quand le Cyclone l'avait dévoyé de ses passe-temps favoris. Surtout, Sybille se rappelait encore la fois où elle avait pris le microbe la main dans le sac, ou plutôt les doigts sur le clavier de son ordi personnel…

Elle ravala son amertume et décida de jouer le jeu, puisqu'elle n'avait pas le choix :

– Jusqu'au retour d'Hector et d'Helen, pas une seconde de plus…, susurra-t-elle à l'oreille d'Achille, dont le sourire angélique se mua en un rictus de défi.

– Avez-vous d'autres questions ? demanda Hypnos.

Face au mutisme de ses agents, le directeur du Cyclone décida d'entrer dans le vif du sujet.

– Commençons donc par une demi-bonne nouvelle. Après plusieurs mois de recherches intensives coordonnées par Jason, nous pensons être parvenus à retrouver la trace d'Helen : l'un de nos agents de liaison dans les Mondes Imaginaires nous a transmis voici quelques jours le signalement d'une jeune fille lui ressemblant trait pour trait…

À ces mots, Sybille sentit son cœur s'emballer : enfin une piste ! Depuis qu'elle avait assisté, impuissante, à la disparition de son équipière dans le château de la Belle au Bois dormant lors de leur unique mission à ce jour, elle attendait un signe d'espoir, un indice permettant de la localiser[1].

---

1. Voir : *Petits contes à régler. T. 1. Le Cas Rubis C.*

– Si on se fie à cette description, poursuivit Hypnos, Helen serait passée par un pensionnat pour jeunes filles, situé en Écosse dans les Mondes Imaginaires de Sherlock Holmes.

– Les mondes de Sherlock Holmes ? s'étonna Sybille. Mais quel est le rapport avec la Belle au Bois dormant et les Royaumes de Perrault ?

– Sûrement aucun, répondit Hypnos. Si ce n'est que deux autres élèves de ce pensionnat auraient elles aussi disparu récemment.

– Coïncidence assez troublante, en effet, acquiesça Jason. Et qui pourrait laisser supposer que l'enlèvement d'Helen n'avait rien à voir avec notre mission dans les Royaumes de Perrault.

– Je partage l'avis de Jas', intervint Achille. D'après moi, Helen était clairement visée et il faut rechercher dans son passé ce qui a pu motiver son kidnapping. Son enlèvement n'est en aucun cas dû au hasard.

– C'est ta carrière de criminel qui te donne ces certitudes ? ironisa Sybille.

– Non. C'est la stricte analyse des faits et la méthode déductive enseignée par Conan Doyle, ou pour être tout à fait exact, par son personnage le plus célèbre : Sherlock Holmes, mon idole. Je résume pour les esprits moins vifs que le mien : Helen, qui est écossaise, a été enlevée lors d'une mission dans les Mondes Imaginaires et on retrouve sa trace en Écosse. Le rapport à faire entre sa nationalité, son parcours personnel, le lieu où elle se trouverait et la cause de son rapt, dont il ne fait désormais aucun doute qu'il était prémédité, semble assez logique.

Sybille réfréna ses envies de massacre. Achille en profita pour enfoncer le clou :

– « *Felix qui potuit rerum cognoscere causas.* »

La jeune *profiler* soupira. Elle avait oublié qu'en plus d'être exaspérant, fouineur et surdoué, monsieur je-sais-tout était un lecteur boulimique, qu'il se targuait d'être le seul à pouvoir rivaliser, selon ses propres mots, avec « l'incomparable, l'inimitable, le génialissime Sherlock Holmes », et qu'il s'exprimait les trois quarts du temps comme un manuscrit enluminé par des moines du XIe siècle.

– Heureux de constater que ton adoration pour Sherlock Holmes est intacte, Achille, intervint Hypnos. Ça tombe même très bien, puisque c'est la principale raison qui m'a poussé à te faire intégrer la section MythIC. Ce qui m'amène à aborder sans plus tarder le second point de notre ordre du jour, une affaire des plus préoccupantes qui concerne ton détective préféré.

– C'est... c'est vrai... ?

– Pas très rapide en déductions, pour un gnome supposé génial, le railla Sybille : Helen, l'Écosse dans les mondes de Sherlock Holmes, séjour express de Jason au 221B Baker Street, la section MythIC… le rapport semble assez logique.

Beau joueur, Achille esquissa un sourire : un partout, balle au centre pour les prolongations. Au fond, il aimait bien Sybille, malgré son mauvais caractère et un goût vestimentaire très douteux pour les vieilles salopettes.

– Si vous en avez terminé avec les amabilités, que diriez-vous de passer aux choses sérieuses ? suggéra Hypnos.

Sybille et Achille piquèrent un fard et prirent une mine fautive, laissant le directeur du Cyclone poursuivre ses explications :

– Comme l'évoquait Sybille, Jason revient tout juste de Londres où il a effectué une mission éclair afin de récupérer un précieux manuscrit.

Hypnos marqua une pause, fixant Achille droit dans les yeux :

– Ce manuscrit est le dernier roman écrit par Conan Doyle, achevé sur son lit de mort, et confié à son exécuteur testamentaire pour qu'il le fasse publier à la date qu'il avait choisie : le vingt-cinq septembre prochain, dans un petit mois, pour fêter le centenaire du départ officiel à la retraite de son personnage. Le roman, conservé dans le plus grand secret par le successeur du notaire de Conan Doyle, a été adressé à l'éditeur anglais *Empty House Publishing*, ces derniers jours. Il met en scène

Sherlock Holmes, lequel sort de sa retraite pour enquêter sur une série d'enlèvements dans un pensionnat pour jeunes filles. Mais le détective meurt assassiné à la fin de l'aventure.

Le visage d'Achille se décomposa et le jeune agent dégringola de sa pile de coussins.

– Comme vous l'aurez deviné, nous devons tout faire pour empêcher cette fin tragique, la décision prise par Conan Doyle étant de toute évidence motivée par la seule haine qu'il vouait à son personnage…

Achille, qui s'était relevé, approuva par de vigoureux hochements de tête.

– La série de kidnappings sur laquelle Holmes doit enquêter ayant déjà eu lieu, le compte à rebours est lancé et le temps nous est compté avant que le destin funeste, je cite Achille, de « l'incomparable, de l'inimitable, du génialissime Sherlock Holmes » ne soit définitivement scellé. Cela, que le roman soit édité ou non, puisque la date de publication choisie par l'auteur dans son testament vaut existence dans les Mondes Imaginaires. Il nous reste ainsi moins d'un mois pour sauver Sherlock Holmes.

– Si vous permettez, monsieur, intervint Jason, puisque nous avons la chance de pouvoir connaître le dénouement du roman, pourquoi ne pas nous focaliser sur le meurtrier et l'empêcher d'agir ? Il nous serait très facile de…

– Très bonne remarque, Jason, l'interrompit Hypnos. C'est un peu ce que j'espérais moi aussi avant de lire le manuscrit cet après-midi. J'ai alors découvert le tour de force de l'auteur : l'identité du meurtrier n'est jamais révélée – ce qui est, je dois le reconnaître, assez frustrant. L'antépénultième scène, celle du meurtre, est en effet une ellipse : Holmes entre chez lui et nous ne savons pas ce qu'il s'y passe ; le lendemain matin, l'inspecteur Lestrade de Scotland Yard découvre son corps sans vie, conclut au meurtre, et les journaux titrent sur la mort du détective ; puis le roman se termine avec l'enterrement de Sherlock Holmes. Le mystère reste donc entier, et c'est là toute la difficulté. Notez cependant l'indice laissé par Conan Doyle dans son testament, et qui restreint la liste des suspects : « Le dernier coup viendra de l'un de ses proches. »

Hypnos fit un signe à Alyse, qui donna alors un minidisque à chaque agent.

– Voici des copies numériques du manuscrit original, que je vous engage à lire très attentivement afin de vous imprégner de l'histoire et de ses personnages. Comme vous vous en doutez, le texte est en anglais, mais je crois savoir que vous maîtrisez tous à la perfection la langue de Shakespeare.

Le regard pétillant, Achille s'empressa d'insérer son minidisque dans le lecteur de sa console pour découvrir le titre de la dernière aventure de son idole : *Final Cut for Sherlock*. Sybille initialisa le sien en bougonnant un peu : elle détestait lire un livre dont elle connaissait la fin. Jason téléchargea le dernier sans montrer d'émotion particulière.

– Bien entendu, précisa Hypnos, votre intervention devrait sensiblement inférer sur le cours des évènements, ce qui pourrait avoir des effets inattendus : seul le dénouement se maintiendra tel que l'auteur l'a prévu, si vous ne parvenez pas à le modifier. Vous avez pour cela carte blanche, sachant que personne, à part vous et moi, ne connaîtra jamais la version originale écrite par Conan Doyle, puisque le manuscrit était encore sous pli cacheté lorsque Jason l'a subtilisé.

Cette dernière information aiguisa davantage encore la curiosité d'Achille qui s'était déjà absorbé dans la lecture du roman.

– Quant à Helen, ajouta Hypnos, j'ignore comment elle s'est trouvée mêlée à cette dernière enquête de Sherlock Holmes, pourquoi elle est passée par ce pensionnat écossais, et si son destin est lié d'une manière ou d'une autre à ceux des autres jeunes filles disparues. Je compte sur vous pour tirer au clair cette énigme et retrouver votre équipière au plus vite.

– J'ai une question, monsieur, intervint Sybille. Puisque Hector ne sera pas du voyage, qui sera le pisteur* de notre section ?

– Pour cette mission, j'ai fait le choix d'une équipe plus resserrée que d'habitude afin de favoriser votre infiltration. Aussi n'ai-je pas jugé nécessaire de vous associer un pisteur. Bien, si vous n'avez pas d'autres questions, je vais à présent vous laisser en compagnie d'Alyse. À charge pour elle de vous métamorphoser en parfaits Écossais, de vous familiariser avec l'univers de Sherlock Holmes et de vous donner l'ensemble des consignes à respecter pour cette mission.

– Avec grand plaisir, assura la jeune Horès.

– Parfait. Jeunes gens, soyez prêts à partir dans quarante-huit heures pour les mondes de Sherlock Holmes. Comme d'habitude, nous ferons le nécessaire pour que vos familles et vos proches ne voient pas le temps passer en votre absence.

Alyse se leva, révélant sa silhouette parfaite, drapée d'un simple paréo passé à la hâte alors qu'elle prenait le soleil dans le jardin de la péniche : sa longue chevelure noire tressée de fleurs encadrait un visage doux, à peine hâlé, éclairé par des prunelles indigo.

« Un vrai fruit d'Ambroisie, digne divinité de l'Été », pensa Hypnos – qui avait décidé de se montrer moins pointilleux quant à la tenue de ses collaborateurs et se demandait si certains n'en prenaient pas trop à leur aise.

– Si vous voulez bien me suivre, les invita Alyse. Je vous avertis, précisa-t-elle, un sourire malicieux sur les lèvres :

la métamorphose pourra nécessiter quelques sacrifices douloureux.

– Aucun problème ! fanfaronna Achille, en levant les yeux du roman dont il avait déjà parcouru les vingt-quatre premières pages. Je suis prêt à tout pour rencontrer mon alter ego, même à faire équipe avec Sybille s'il le faut.

– Vraiment ? insista Alyse. Y compris à sacrifier cette mèche que tu t'appliques à lisser chaque matin avec une tonne de gel ?

– Ah… Hum… Si ce sacrifice ultime est nécessaire, alors je serai courageux. Après tout, Samson a bien surmonté l'épreuve : je devrais donc pouvoir y arriver, moi aussi, haut la main.

– Compte sur moi, grommela Sybille, je me ferai une joie de raser moi-même ton crâne de macaque savant et j'en profiterai pour couper ta langue bien trop pendue.

Jason leva les yeux au ciel en quittant la salle ovale aux côtés d'Alyse : la douce complicité de ses deux équipiers lui promettait une mission des plus reposantes.

Tandis qu'un ascenseur à air comprimé les emmenait sous le lit de la Seine où se trouvaient les installations souterraines du Cyclone, il félicita l'Horès pour les améliorations qu'elle avait apportées aux lunettes, mais aussi pour la mise au point du *passehack*. Alyse lui apprit alors qu'elle leur réservait encore quelques surprises impossibles à dénicher même dans les cavernes alibabesques de leurs rêves les plus fous.

Resté seul, Hypnos avait allumé un cigare Romeo y Julietta avant de se connecter à la BBC, dont il suivait sur l'écran mural les flashs d'information. Le vol du musée Sherlock Holmes faisait l'objet d'une attention particulière : l'envoyée spéciale au brushing impeccable, dépêchée par la chaîne au 221B Baker Street, insistait surtout sur l'étrange amnésie dont tous les acteurs et spectateurs de ce drame semblaient souffrir, à commencer par elle-même pourtant sur les lieux depuis le milieu de la matinée. Elle regrettait de n'avoir aucune explication à proposer, et assurait que les limiers de Scotland Yard nageaient, de leur propre aveu, « dans le porridge ». Faute d'élément nouveau concernant l'affaire, la journaliste brodait sur le temps, pluvieux, sur l'art de préserver son brushing sous le climat londonien, les parapluies et l'ambiance psychédélique.

Satisfait, Hypnos coupa la retransmission. Jason avait fait du très bon travail et il se félicita une nouvelle fois de l'avoir placé à la tête de la section MythIC. Rassurant et fiable, le jeune Danois était un roc sur lequel il pouvait s'appuyer en toutes circonstances. Difficile d'en dire autant de chacun des agents. Hypnos posa son regard sur les portraits d'Hector et de Pandora, qu'un tour du destin avait placés côte à côte parmi tous ceux qui ornaient la salle ovale. Il s'attarda avec un serrement au cœur sur le visage de sa petite-fille.

2

L'illusionniste du club Diogène

« Je suis détective consultant. Ici, à Londres, nous avons des quantités de détectives officiels, des quantités de détectives privés. Quand ces gens-là se trouvent en défaut, ils viennent à moi et je m'arrange pour les remettre sur la bonne piste. Ils m'exposent les faits, les témoignages, et je peux, en général, grâce à ma connaissance de l'histoire criminelle, leur indiquer la bonne voie. Il y a une forte ressemblance de famille entre tous les méfaits, et si on possède sur le bout des doigts les détails d'un millier de crimes, il est bien extraordinaire que l'on ne puisse débrouiller le mille et unième. »

Sherlock H.

Londres, Mondes Imaginaires de Sherlock Holmes, le 2 septembre 1914

Dans la fraîcheur humide du début de soirée, un fiacre remonta Pall Mall et stationna à l'angle de Saint James

Street sous le halo pâle d'un lampadaire. Un homme en descendit. Il ajusta son haut-de-forme et resserra les pans de son manteau par-dessus sa redingote. Puis il remit quelques shillings au cocher et se dirigea à grandes enjambées vers l'entrée du club Diogène. Il passa ainsi devant les fenêtres de l'imposant bâtiment sans prêter attention à un jeune livreur de journaux. Celui-ci abandonna aussitôt sa pile de quotidiens pour rejoindre le fiacre. Le cocher lui laissa alors les rênes, et alla le relayer à la criée des journaux.

Parvenu devant la porte du club, l'homme marqua une brève hésitation, le temps de consulter sa montre – qui affichait dix-huit heures cinquante-cinq. Rassuré, il entra et patienta dans le vestibule. Il en profita pour jeter un regard amusé à l'immuable devise des lieux : *Je cherche l'homme dans un silence d'or*. Cette énigmatique pensée lui avait toujours semblé s'accorder parfaitement à l'ambiance de ce club de gentlemen, le plus étrange et le plus secret de Londres. Son frère, homme insaisissable s'il s'en trouvait, n'en était d'ailleurs pas pour rien l'un des fondateurs.

Peu à son aise dans ce lieu au fonctionnement trop protocolaire, le visiteur se mit à faire les cent pas, mains croisées dans le dos. Un garçon de salle se présenta enfin, pour le débarrasser de son chapeau et de son manteau. Cela fait, il l'invita à le suivre. Ils traversèrent ensemble le hall, passèrent devant plusieurs salons dans lesquels régnait un silence recueilli, et gagnèrent la salle des Étrangers, seul endroit où les membres étaient autorisés à parler. Le visiteur repéra tout de suite son frère qui, installé dans une alcôve près d'un bow-window, s'était absorbé dans les pages politiques du *Daily News*. En reconnaissant son pas énergique, ce dernier accueillit son visiteur sans même lever les yeux de son journal.

– Tu es presque à l'heure, Sherlock, je te félicite.

Tout en prenant place face à lui, le détective détailla son frère Mycroft à la dérobée. Il nota avec satisfaction que sa physionomie n'avait pas changé d'un pouce : la même stature massive, la même ride du haut fonctionnaire soucieux qui barrait son large front, la même expression d'intelligence supérieure dans ses yeux gris aqueux.

– Je devine à ton sourire en coin une évidente satisfaction, releva Mycroft en terminant de lire son article : j'en déduis que tu as accepté de quitter ta douce retraite pour te rendre en Écosse et enquêter sur l'enlèvement de ces trois jeunes filles ?

– Je ne me rappelais pas t'avoir parlé d'une quelconque enquête, s'étonna Holmes. Mais je vois que les nouvelles me concernant progressent jusqu'à toi toujours aussi vite que le brouillard visqueux à travers les rues de Londres.

– J'ai le sens de la famille, voilà tout.

– Tu as surtout un réseau d'informateurs très efficace. S'agissant de l'enquête, elle s'avère des plus prometteuses et pourrait même prendre un tour passionnant si mes premiers soupçons étaient confirmés.

– Dans ce cas, la plus grande prudence est de mise, tempéra Mycroft en repliant son journal. Je connais cette lueur d'excitation que je lis dans ton regard, et je sais qu'elle t'a parfois aveuglé. Je ne serai pas toujours là pour rattraper tes faux pas, Sherlock, ne l'oublie surtout pas.

– Comment pourrais-je l'oublier, mon cher frère, puisque tu me le remémores à chacune de nos conversations ?

Sherlock se pencha vers Mycroft, qu'il regarda droit dans les yeux.

– Cette fois-ci, je joue ma dernière partie, souffla-t-il. Avant de me retirer définitivement. Ce sera quitte ou double, et les enjeux sont d'une importance considérable pour la Couronne elle-même. J'ai besoin de ton soutien.

– Ainsi, c'était donc vrai, soupira Mycroft. *Il* est « revenu d'entre les morts »...

Sherlock se contenta d'opiner de la tête. Il extirpa d'une des poches de sa redingote une petite boîte métallique qu'il fit glisser sur la table. Mycroft nota tout de suite les trous microscopiques percés dans le couvercle.

– Qu'y a-t-il à l'intérieur ? demanda-t-il en désignant l'objet.

Les yeux de Sherlock pétillèrent de malice.

– Comment ? ironisa-t-il. Tes informateurs ne t'en ont pas encore parlé ?

Mycroft s'empara de la boîte et l'ouvrit. Elle était vide.

– C'est une blague, Sherlock ?

– Pas du tout, répondit le détective avec le plus grand sérieux. Ce sera à toi d'y placer ce dont j'aurai besoin, et de me le faire parvenir en temps voulu. Ce sera mon atout maître. Voici mes instructions, ajouta-t-il en tendant une enveloppe à son frère. Tu devras les respecter à la lettre : question de vie ou de mort.

– Soit, acquiesça Mycroft. Puisque tu me le demandes, je ferai ce que tu désires de cette boîte. Je te félicite pour ta prévoyance. Mais tu devrais être plus prudent encore, Sherlock, ajouta-t-il en observant le vendeur de journaux à la criée qui officiait, à la lueur d'un réverbère, juste derrière la verrière du bow-window.

– Drôle de cocher, n'est-ce pas, qui abandonne son fiacre pour suivre un client tout en vendant un quotidien du soir – l'*Evening Standard* pour être précis – afin de garantir sa couverture, commenta Holmes qui semblait s'amuser de la situation.

– Heureux de constater que tu n'as pas été pris à défaut.

Sherlock Holmes observa brièvement l'homme, qui haranguait les passants sans beaucoup de conviction.

– Hmm... Carrure impressionnante qui témoigne d'un exercice physique régulier, précisa-t-il ; enthousiasme modéré mis à écouler ses journaux...

– Goût pour le travestissement afin de passer mieux inaperçu, compléta Mycroft ; casquette penchée du mauvais côté qui indique une méconnaissance des codes les plus élémentaires en vogue à Londres parmi ceux de sa corporation.

– Très légère douleur à la main droite qui l'oblige à user de la gauche pour tenir sa pile de journaux – sa gestuelle maladroite ne trompe pas à ce sujet : il est bien droitier...

– Main gauche, cachée par les exemplaires de l'*Evening Standard* mais pourtant tout près de la poche revolver de son pantalon, prête à dégainer l'arme qui s'y trouve, ajouta Mycroft.

– Verdict, conclut Holmes : il ne fait aucun doute que cet homme, qui vient du continent, a été engagé pour me surveiller de près, sans doute dans le but d'assurer ma protection puisqu'il se tient sur le qui-vive. Je n'ai donc rien à craindre de lui. Ce que tu auras analysé tout aussi bien que moi, mon cher frère, toi qui ferais le plus formidable expert criminel au monde si tu daignais quitter tes confortables fauteuils du club Diogène de temps à autre.

– Chacun son métier, Sherlock : à toi le frisson de l'aventure, à moi les arcanes des chambres secrètes.

– Une question reste pourtant à élucider, releva le détective : qui a bien pu engager mon ange gardien ? Je ne serais pas étonné d'apprendre que tu n'y es pas étranger, Mycroft.

– Détrompe-toi, je n'y suis pour rien.

Le détective se contenta d'une petite moue dubitative.

*

*   *

Une heure plus tard, Sherlock Holmes prenait congé de son frère et quittait le club Diogène.

Dès qu'il le vit franchir le seuil, Jason abandonna sa pile de journaux pour le suivre. Il en éprouva un vif soulagement car sa main droite, qui avait presque doublé de volume, lui faisait souffrir le martyre ; encore et toujours ce fichu éclat de verre. Il s'étonna de ne plus voir le fiacre confié à Achille, mais n'eut pas le temps de s'en inquiéter davantage. À l'angle de Pall Mall et de Saint James Street, où le détective s'était engagé quelques secondes plus tôt, un attroupement venait de se former : un homme avait fait une chute et le contenu de son attaché-case s'était répandu sur le trottoir. Les badauds assemblés autour de lui y allaient chacun de leur commentaire. Jason, lui, comprit qu'il avait été repéré et que Sherlock Holmes avait improvisé une manœuvre de diversion en provoquant l'incident. Le brouillard et l'obscurité aidant, il avait ainsi pu le distancer avec une extrême facilité. Jason se mit à courir et arriva juste à temps dans Piccadilly pour voir la longue silhouette du détective s'engouffrer dans un fiacre, qui disparut bientôt dans Old Bond Street. Le jeune agent s'en voulut de sa négligence et s'empressa à son tour de héler un cab qui approchait.

– Une guinée pour vous si vous rattrapez l'un de vos collègues qui vient de s'engager dans Old Bond Street, annonça-t-il au conducteur.

– Pas de soucis, mon prince ! assura le cocher. Faites-moi confiance, pour ce tarif mon canasson va devenir un vrai Pégase !

Jason prit place dans la voiture. Dépité, il initialisa son cy-pad* et contacta Achille.

– De *Paperboy* à *Coachman*, j'ai été repéré, lâcha-t-il. Où es-tu ?

– Ici *Coachman*, répondit Achille. Je fonce en direction de l'est, vers Victoria Embankment.

– Qu'est-ce qui t'a pris ? lui reprocha Jason. Pourquoi n'es-tu pas resté comme prévu stationné devant le club Diogène pour piocher sur Holmes quand il sortirait ?

– J'ai anticipé, c'est tout, se justifia Achille. Quand j'ai compris que Sherlock t'avait démasqué, j'ai contourné le bloc et me suis rendu directement à Piccadilly pour me présenter à lui quand il aurait besoin d'un fiacre.

Jason en resta sans voix. Il avait beau se dire que Gnome-geek était ingérable, son initiative leur avait sauvé la mise.

– Tu veux dire que c'est toi qui conduis le fiacre qu'a pris Holmes ?

– Affirmatif, chef !

– Bien joué, Achille, je dois le reconnaître. Je suis dans le cab qui vous suit.

– Sherlock m'a demandé de faire une halte au 5 Fireforge Street avant de le déposer à Scotland Yard. Ce n'est pourtant pas ce qui était prévu dans l'histoire qu'Hypnos nous a fait lire. J'ai rentré les coordonnées sur mon plan, mais je ne vois pas ce qu'il compte faire à cette adresse.

– Ma console n'indique rien non plus : le 5 Fireforge Street lui est inconnu. Comme on le prévoyait, notre intervention dans l'histoire a dû modifier un peu son développement. On verra bien : on se retrouve sur place.

Achille menait comme il pouvait le fiacre que lui avait confié Jason. Son cheval trottait en crabe et il avait déjà évité de justesse plusieurs accrochages avec d'autres attelages, un véhicule des pompiers et quelques passants audacieux. Par chance, il possédait une mémoire infaillible qui lui permettait de s'orienter les yeux fermés à travers le dédale londonien : il l'avait étudié sur sa console la veille de leur arrivée et s'y mouvait depuis sans aucune peine. Il enfonça davantage sa casquette pour ne plus voir les autres cochers qui l'injuriaient chaque fois qu'il les évitait de justesse, et fit accélérer le trot de son cheval en direction des quais de la Tamise.

Une demi-heure plus tard, Achille, transi mais vivant, faisait parvenir son attelage à destination sans trop de casse. Holmes en descendit et lui demanda de l'attendre le temps qu'il règle ses affaires.

Achille se retourna pour repérer le cab de Jason, qu'il aperçut stationné un peu en retrait sur le trottoir opposé. Sa lanterne latérale faisait un halo pâle dans la brume.

– Je suis en place, Achille, l'avertit son équipier en le contactant sur son cy-pad. Au moindre problème, j'interviens.

Rassuré, le jeune agent reprit sa surveillance du 5 Fireforge Street. La longue bâtisse en briquettes rouges était la dernière construction de la rue. Elle tenait plus de l'atelier que de la demeure victorienne, avec ses hautes cheminées qui crevaient le smog et se perdaient dans la nuit étoilée. Des éclats d'or brillaient derrière les fenêtres de l'étage et dissipaient les vapes de l'humide brouillard qui s'infiltrait jusque sous les vêtements.

Achille finit par s'arracher à sa contemplation quand la porte s'ouvrit. Une vieille dame voûtée sortit. Il soupira, en espérant que Sherlock ne tarderait plus. Assurer sa surveillance relevait du marathon, tant le détective avait la bougeotte. Jason et lui le filaient depuis le début de matinée. Se fiant au développement de l'histoire telle qu'elle se présentait dans le manuscrit de *Final Cut for Sherlock*, ils avaient guetté son arrivée à la gare londonienne d'Euston. Achille avait même joué les « rabatteurs » pour inciter Holmes à choisir le fiacre que conduisait Jason. Il s'était ensuite rendu au club Diogène, comme prévu dans le récit, pour y attendre leur arrivée, pendant que Jason faisait une halte à la demande du détective à la *Capital and Counties Bank* d'Oxford Street.

Un coup de canne frappé sur la lanterne de son fiacre fit sursauter Achille. C'était la petite vieille, qu'il n'avait pas entendu approcher.

– Vous êtes le cocher de monsieur Sherlock Holmes ? lui demanda-t-elle d'une voix chevrotante.

– C'est bien moi, madame, confirma-t-il.

– Monsieur Holmes m'a demandé de vous dire qu'il en aurait encore pour quelques instants. Et pour récompense de votre patience, il m'a chargée de vous remettre ceci.

– C'est... C'est bien trop, madame, réagit Achille en prenant une petite bourse que lui tendait la vieille femme.

La petite dame avait déjà tourné les talons et s'éloignait à pas mesurés, s'aidant de sa canne. Après une courte hésitation, Achille se décida à dénouer les cordons de la bourse pour examiner son contenu. Il manqua s'étrangler en découvrant le mot qui avait été glissé parmi la poignée de shillings correspondant au prix de la course :

« *On ne se méfie jamais assez des petites grands-mères. Avec mes compliments. Sherlock Holmes.* »

Achille dégringola de son siège et se précipita vers l'intersection où avait disparu la « petite vieille ». Envolée.

– Qu'y a-t-il, Achille ? demanda Jason qui l'avait rejoint.

– Je me suis fait avoir. La vieille femme qui vient de passer...

– Eh bien ?

– C'était Sherlock.

3

Bess-Kërvil

« Comme tous les autres arts, la Science de la Déduction et de l'Analyse est un art que l'on ne peut acquérir que par une longue et patiente étude, et la vie n'est pas assez longue pour permettre à un homme, quel qu'il soit, d'atteindre à la plus haute perfection possible en cet art. Avant de s'appliquer aux aspects moraux et mentaux de ce sujet qui sont ceux qui présentent les plus grandes difficultés, le chercheur fera bien de commencer par résoudre des problèmes plus élémentaires. Quand il rencontre un homme, qu'il apprenne, rien qu'en le regardant, à connaître l'histoire de cet homme, sa profession, son métier. »

Sherlock H. « Le Livre de la Vie »,
Anthropological Journal, 1882

Deux jours plus tard
Pensionnat pour jeunes filles de Bess-Kërvil, situé sur l'île du même nom, Écosse

Les douze coups de midi finissaient de sonner au clocher du pensionnat, et le long couloir au dallage glacé qui menait au réfectoire bruissait déjà des discussions feutrées des vingt-quatre pensionnaires.

Sybille se sentait enfin mieux depuis la veille. Cette fois-ci, les effets secondaires du voyage entre les mondes sur les chemins de sable avaient en effet été bien plus désagréables que lors de sa première mission : vertiges, nausées et perte complète de tonus l'avaient transformée en méga-larve pendant trois longues journées. Elle avait néanmoins pris sur elle et commencé à investiguer : pas question de figurer dans les annales du Cyclone comme l'agent le plus amorphe des deux derniers millénaires écoulés.

Admise à Bess-Kërvil sous une fausse identité afin d'y enquêter en toute discrétion, elle en avait éprouvé une certaine inquiétude au début ; sans doute par peur de se trahir auprès de ses « cibles » en commettant un impair. Elle s'était pourtant assez vite habituée à sa nouvelle personnalité, au point de se sentir désormais très à l'aise dans la peau de Sybil Ferguson, la nièce orpheline du baron Robert Ferguson, honorable membre de la Chambre des lords. Ses origines françaises par sa mère avaient été révélées aux autres pensionnaires, ce qui lui avait valu quelques remarques désobligeantes. Elle s'était raisonnée en se disant qu'après tout elle était plutôt soulagée de déplaire au petit clan des « cervelles d'oie » qui faisait régner sa loi au pensionnat.

Dès son arrivée, elle avait entrepris de dresser les portraits psychologiques des membres du corps enseignant et tâché d'identifier, parmi eux, d'éventuels suspects ou complices des enlèvements d'Helen et des deux autres pensionnaires. Vigilante, Sybille limitait au strict nécessaire ses contacts avec Jason et Achille, chargés d'enquêter dans les environs de Bess-Kërvil. Elle les avait joints seulement deux fois. La première, pour s'assurer qu'ils avaient voyagé sans encombre depuis Londres, le Royaume étant en pleine effervescence depuis un petit mois suite à la déclaration de guerre et l'ordre de mobilisation générale. La seconde, pas plus tard que la veille au soir, pour leur signifier qu'elle n'avait toujours aucune nouvelle de Sherlock Holmes, alors qu'il aurait déjà dû faire son apparition si elle se fiait au récit qu'ils avaient lu – et qui semblait donc avoir subi des modifications fondamentales du fait de leur intervention.

Après que Sherlock Holmes leur avait faussé compagnie à Londres, Jason et Achille s'étaient rendus à Fulworth, dans le Sussex, à la ferme apicole du détective, en pensant qu'il avait pu y retourner ; mais ils n'y trouvèrent que sa vieille femme de charge, qui n'avait pas de nouvelles et ne sut les renseigner. Ils avaient alors pris le train pour le village de Dornie, tout proche de Bess-Kërvil : après tout, si Holmes était sur la piste des disparues, c'était encore là qu'ils avaient le plus de chances de le trouver ; d'une pierre, deux coups, ils avaient ainsi pu joindre leurs efforts à ceux de Sybille pour rechercher Helen.

Jusqu'à présent, Sybille avait surtout pris le temps de s'adapter à son nouvel environnement. Grâce aux méthodes d'apprentissage sans effort du Cyclone, elle avait acquis avant son départ une bonne connaissance de son nouveau milieu, ce qui lui avait été très précieux. Sur place, elle avait très vite compris que le pensionnat, situé sur la petite île de Bess-Kërvil et blotti au cœur d'un parc, restait hermétique à toute influence extérieure : les revendications féministes des suffragettes*, dont les manifestations prenaient de l'ampleur à Londres, n'étaient pas près d'y trouver écho.

Toutes de bonne famille, et la plupart de noble lignée écossaise, les jeunes pensionnaires étaient rompues au règlement intérieur dont les maîtres mots étaient « discrétion et courtoisie ». Bess-Kërvil les préparait à tenir leur place auprès d'un mari fortuné et oisif, ce qui les occupait à plein temps comme l'avait constaté

Sybille. Bien sûr, les « *accomplishments* » du siècle précédent – savoir composer un bouquet sans faute de goût, broder avec le sourire, jouer du piano sans les mains et dessiner les yeux bandés – étaient depuis peu complétés par un enseignement académique sérieux et ennuyeux à souhait. Former des esprits soumis dans des corps corsetés était de toute évidence la devise de la directrice, hybride de fouine, d'araignée et de momie. Drapée dans son austère dignité, la Gorgone*, comme l'avait surnommée Sybille, veillait jour et nuit au salut des âmes si influençables de ses pensionnaires ; la jeune *profiler* était d'ailleurs persuadée qu'elle se tissait une chrysalide anti-faux pli chaque soir pour dormir toute habillée, afin de pouvoir, dès l'aube, se remettre à rôder dans les couloirs en quête de victimes des mauvaises mœurs et des dernières modes.

Une forme insidieuse d'uniformisation des comportements était ainsi à l'œuvre et, sur ce point, songea Sybille, entre ce pensionnat moyenâgeux et son collège tout miteux à elle aux murs rongés par les tags révoltés, rien n'avait vraiment changé depuis un siècle. À part la mode, justement. Empêtrée dans ses jupons et camisolée à en suffoquer dans sa blouse d'uniforme, elle traînait les pieds en fin de rang.

N'en pouvant plus, elle s'arrêta devant une fenêtre et laissa les vingt-trois autres meringues en blouses bouffantes gagner le réfectoire sans elle. Elle n'avait qu'une envie : respirer, s'évader, sortir explorer la lande tourbeuse qu'elle voyait s'étendre à marée basse, au-delà du parc, jusqu'aux forêts du littoral. Cela faisait bientôt une semaine qu'elle n'avait pas mis le nez dehors, excepté pour une séance d'exercices physiques : un ridicule saute-moutons en longues jupes plombées.

Elle envia le chevalier aboyeur* qu'elle vit s'envoler et disparaître au-dessus de la lande.

– Je vous surprends encore à rêver, Miss Ferguson !

Sybille sursauta, tandis que l'écho de la voix givrée de la directrice se répercutait dans le couloir.

– Décidément, jeune fille, je doute qu'on parvienne à faire de vous une lady un jour, même d'un peu loin.

– Veuillez m'excuser, madame, je ne me sentais pas très bien...

– Dans ce cas, et puisque vous n'êtes visiblement guère en appétit, vous allez m'accompagner à l'infirmerie où vous patienterez en attendant le premier cours de l'après-midi.

Le ton froid de la Gorgone n'admettait aucune contradiction. Sous son regard perçant, Sybille se sentit épinglée comme un pauvre papillon : raté pour l'évasion. Décidée à ne rien laisser paraître de ses émotions, elle se composa un visage inexpressif ; après tout, c'était elle la *profiler* et elle ne se laisserait ni impressionner, ni sonder par cette parano au chignon tout moisi. Elle replaça la mèche blanche qui dépareillait sa chevelure brune, geste qu'elle faisait souvent pour reprendre assurance, et soutint sans ciller le regard de la directrice ; elle crut alors y lire un léger trouble, qui s'évanouit presque aussitôt.

– Avoir de pareils yeux, si ce n'est pas malheureux ! lâcha-t-elle en se signant, avant de tourner les talons et de s'éloigner en direction de l'infirmerie.

Sybille savait que les yeux vairons – son iris droit était bleu et le gauche marron –, longtemps considérés comme une marque d'infamie, avaient autrefois valu à de nombreuses innocentes accusées de sorcellerie de finir au bûcher. Sur le moment, elle aurait bien donné raison à ce mythe pour arriérés et jeté à la Gorgone un sort du genre « insectusinsignificushorribilus ». Faute de miracle, elle se résigna à la suivre.

Le couloir ne lui avait jamais paru si long et terne. À quelques pas devant elle, la haute silhouette longiligne de la directrice, guindée dans sa robe noire, semblait flotter. Si la lumière du jour filtrée par l'une des fenêtres n'avait réfléchi son ombre sur le mur opposé, Sybille aurait juré avoir affaire à un spectre.

« Une femme bien étrange, mais peu dangereuse », songea-t-elle. La Gorgone avait beau être la dernière personne au monde à militer pour le port du corset, Sybille était persuadée qu'elle n'était pas impliquée dans les enlèvements ; son profil psychologique, qu'elle avait établi avec le plus grand soin, permettait de la disculper sans le moindre doute. Elle se demandait néanmoins comment en exerçant cette inlassable surveillance digne d'un goulag sibérien, la vieille momie avait pu laisser s'évaporer trois pensionnaires…

– Jeune fille, la tança la directrice sans même se retourner, laissez-moi vous dire que votre attitude à l'égard de votre oncle, lord Ferguson, qui a eu la bonté de prendre en charge votre éducation, est ingrate et déshonorante.

Sybille soupira : la Gorgone n'était peut-être pas une kidnappeuse, mais elle présentait bien en revanche tous les traits de l'acariâtre psychorigide infréquentable.

*

*   *

Située en rez-de-jardin, l'infirmerie était une pièce claire et chaleureuse ouvrant sur le parc arboré du pensionnat. Le dispensaire, équipé d'une petite cuisinière, était séparé d'une modeste chambre aménagée de trois lits par un long paravent peint de papillons, de coléoptères et d'oiseaux limicoles, pareils à ceux qui peuplaient à marée basse la baie environnant l'édifice. L'hôtesse des lieux avait l'habitude de recueillir les « âmes en peine », comme elle nommait les pensionnaires en proie à la mélancolie. Elle ne faisait aucune difficulté pour leur apporter le réconfort dont elles avaient besoin, le temps d'une courte pause qui se prolongeait parfois une nuit ou deux. La directrice n'était pas dupe de cette comédie et l'acceptait d'autant mieux qu'une discipline de fer ne pouvait s'envisager sans petites compensations.

Tout en se disant qu'un bref séjour à l'infirmerie lui permettrait d'échapper quelques heures à l'atmosphère confinée du pensionnat, Sybille savait tenir l'occasion inespérée de faire mieux connaissance avec Miss Marvel, la séduisante infirmière, et d'évaluer si cette dernière ne dissimulait pas, sous ses dehors angéliques, un tempérament de psychopathe.

– Jeune fille, l'instruisit la directrice en la tirant de ses réflexions, je souhaite vous voir dans de meilleures dispositions en début d'après-midi, pour le cours du professeur Huxtable.

Sur ce souhait aux airs de menace, la Gorgone quitta l'infirmerie sans même un regard pour Miss Marvel. L'hostilité qu'entretenaient les deux femmes n'était un secret pour personne. Cependant, si l'infirmière restait courtoise en toute circonstance, la directrice affichait ouvertement son animosité en manifestant la plupart du temps une glaciale indifférence. Les penchants féministes de Miss Marvel, mais aussi son style vestimentaire qui tenait davantage de la « Gibson Girl* » que de la dame patronnesse faisaient d'elle un esprit libre et incontrôlable : tout ce qui insupportait la Gorgone.

– Mettez-vous à votre aise, Sybil, je vous en prie, proposa Miss Marvel avec un sourire engageant. Vous permettez que je vous appelle par votre prénom, n'est-ce pas ?

Sybille opina d'un léger signe de tête tout en s'asseyant sur la banquette que lui indiquait l'infirmière. Sa voix chaude et grave, presque envoûtante, la mit tout de suite en confiance.

– Si vous n'y voyez pas d'inconvénient, je vais prendre votre pouls, dit Miss Marvel en saisissant avec délicatesse le poignet gauche de la jeune fille. Ressentez-vous une gêne ou une douleur quelconque, des maux de tête, des vertiges, de la fatigue ?

– Un peu de fatigue, oui peut-être, répondit Sybille en pensant très fort que « lassitude » serait sans doute un état plus juste ; sans compter ce sentiment d'oppression qui ne la quittait plus.

– Tout va bien, votre tension est normale. Je pense savoir ce dont vous avez besoin, affirma l'infirmière en se dirigeant vers une petite bouilloire qui s'était mise à siffler sur la cuisinière : d'un bon thé, accompagné de gâteaux secs ; je m'apprêtais justement à m'en faire un. Après cela, je vous propose une promenade dans le parc.

Quelque chose me dit qu'un peu d'air frais vous ferait le plus grand bien. Qu'en pensez-vous ?

Sybille se contenta d'acquiescer, se disant que Miss Marvel se révélait une infirmière plutôt perspicace. Elle observa plus attentivement la jeune femme, qui avait mis le thé à infuser et disposait à présent des biscuits sur une assiette. La petite trentaine, gracieuse dans sa gestuelle et ses déplacements, elle était vêtue d'un chemisier brodé, d'une jupe à volant, portait autour du cou un fin ruban noir et assumait avec beaucoup de naturel sa coiffure châtaine aux reflets cuivrés, surélevée « à la Pompadour ». Son visage, aux traits délicats, était éclairé par des prunelles bleues. Sybille avisa le manteau vert à capuche au col ourlé d'hermine, accroché à un portemanteau perroquet près de l'entrée ; elle se dit que la si féminine Miss Marvel devait être très à son avantage quand elle le portait.

Sybille sursauta soudain quand elle entendit une série de claquements secs frappés contre la fenêtre. En regardant mieux, elle aperçut un oiseau au plumage noir et aux yeux cerclés d'orange ; recroquevillé derrière le carreau, il semblait attendre qu'on lui ouvre. Ce que fit aussitôt Miss Marvel, en lui présentant une petite cage dans laquelle il se réfugia sans crainte.

– C'est un méliphage de MacGregor, précisa l'infirmière en plaçant une petite coupelle de miel près de lui.

Je l'ai apprivoisé, mais je crains qu'il ne s'acclimate mal à son nouvel environnement.

Transi de froid, l'oiseau hésita un long moment avant de se décider enfin à goûter au nectar. Rassurée, Miss Marvel revint alors vers Sybille avec le plateau qu'elle avait préparé.

– Je propose que nous trinquions à votre rétablissement, dit l'infirmière en levant sa tasse, qu'elle fit tinter contre celle de Sybille tout en lui adressant un clin d'œil complice.

Comme pour se joindre à ce vœu, l'oiseau sifflota quelques notes. Affamée, Sybille fit honneur aux *shortbreads*. Miss Marvel s'amusa de l'appétit soudain retrouvé de sa patiente. La jeune *profiler*, qui excluait à présent que l'infirmière ait pu jouer un quelconque rôle dans la disparition d'Helen, jetait de fréquents regards par la porte-fenêtre du dispensaire ; elle s'attardait parfois sur les branchages du bosquet d'hêtres et de chênes, qui formait comme un îlot sauvage sur le côté de la large prairie. Miss Marvel s'en rendit compte et lui proposa de faire quelques pas dans le parc, ce dont Sybille lui fut reconnaissante.

L'air, frais et iodé, ne lui avait jamais semblé plus doux, ni la faible lumière du soleil plus agréable qu'à l'instant où elle foula le pré qui cerclait la vieille bâtisse. L'herbe, coupée ras et toute humide de la récente averse, exhalait des senteurs poivrées. Sybille frissonna et se frictionna les épaules. Face à elle, au-delà d'un petit muret en pierres qui marquait la limite du jardin, c'était la mer, que l'on distinguait à peine en raison de la brume stagnante. Sur la droite, se trouvait le bois qu'elle avait aperçu depuis le dispensaire, et, tout à côté, deux jardiniers s'affairaient à vider des brouettes pleines d'herbe dans l'étable d'une maison qui jouxtait les premiers arbres. Sous le regard amusé de Miss Marvel, Sybille se mit alors à tourbillonner sur elle-même en riant, les bras ouverts, heureuse de sentir sur son visage les gouttes éparses de la nouvelle averse. Et tandis que tout tournoyait autour d'elle, le ciel, l'herbe et la façade du pensionnat, Sybille aperçut le profil sévère de la Gorgone qui l'observait derrière la fenêtre de son bureau.

*

*   *

Le professeur Thorneycroft Huxtable avait repris son cours sur l'*Iliade*, commencé quelques jours plus tôt. Cet homme à l'allure compassée et précieuse respirait l'austérité : ses cheveux blancs clairsemés, ses yeux gris cerclés de lunettes tristes et ses lèvres pincées s'harmonisaient parfaitement. Lui-même avait, une dizaine d'années auparavant, dirigé un pensionnat dont il était le fondateur, en Angleterre. Accablé par un scandale retentissant – l'enlèvement d'un élève – qui avait jeté le discrédit sur son établissement, il avait alors pris sa retraite. Désireuse de diversifier un peu l'enseignement délivré par son institution, la Gorgone avait fait appel aux services du vieux professeur, qui avait accepté de reprendre du service, à peine quelques semaines avant la première disparition d'élève. Cette « coïncidence » n'avait pas échappé à Sybille, qui faisait d'Huxtable son suspect favori ; jalousie, folie ou malveillance, les mobiles à la charge du professeur de lettres ne manquaient pas, selon la jeune *profiler* qui ne croyait pas aux hasards, et encore moins aux malédictions.

Cet après-midi-là, Huxtable s'était lancé dans un long commentaire sur la guerre de Troie, expliquant pourquoi, de son avis, l'enlèvement d'Hélène n'aurait jamais dû entraîner Grecs et Troyens dans une telle tragédie. Fidèle à sa réputation, le vieil érudit s'était perché sur des hauteurs inaccessibles à ses élèves : une partie d'entre elles s'assoupissait, pendant que les autres s'amusaient en douce de sa gestuelle maniérée.

Sybille, quant à elle, réfléchissait. Tout en vérifiant discrètement les réglages de son *passehack*, elle échafaudait un plan d'exploration des alentours de l'infirmerie où elle avait obtenu de passer la nuit. Elle était persuadée qu'une petite visite du côté de la maison des jardiniers serait instructive ; ce n'était qu'une intuition, mais le jeune agent savait que les siennes lui avaient toujours été très précieuses.

Sybille fut soudain tirée de ses pensées, quand Huxtable interrompit net ses considérations sur la guerre de Troie.

Le vieux professeur resta un long moment prostré sur son estrade, le regard perdu dans le vague, avant de s'adresser de nouveau à ses élèves, déstabilisées par cette attitude inhabituelle :

– Jeunes ladies, lança-t-il d'une voix presque éteinte, je souhaiterais vous dire quelques mots au sujet du conflit qui s'est engagé avec l'Empire allemand, et dont je crains qu'il ne soit une catastrophe autrement plus terrible que celle qui a entraîné la chute de Troie.

Pour la première fois de sa carrière, le professeur Huxtable était parvenu à capter l'attention de son auditoire : les vingt-quatre jeunes filles l'écoutaient dans un silence respectueux.

– Nos ennemis, poursuivit-il, ne se priveront pas d'user de stratagèmes machiavéliques, et leurs chevaux de bois prendront les formes les plus inattendues. Ils me font d'ailleurs penser aux bourdons de la fable de Phèdre, ce philosophe épicurien du Ier siècle : dépourvus de moralité, et prêts à toutes les bassesses pour s'approprier terres et richesses. Vous trouverez sans doute ma comparaison facile, me répondrez que nous ne sommes pas des abeilles – et vous aurez raison, car les abeilles sont mille fois mieux organisées que nous…

Un murmure d'indignation parcourut les rangs. Sybille nota, elle, le petit sourire ironique qui étirait les lèvres d'Huxtable. Un court instant, ses yeux pétillèrent d'un éclat insoupçonné et son visage rajeunit de vingt ans. La jeune *profiler* en aurait mis sa main à couper : cet homme jouait double jeu ; le vénérable professeur Huxtable, et le sinistre Mr Thorneycroft ? Peut-être…

Après quelques autres réflexions, que Sybille jugea pleines d'emphase, Huxtable ponctua son discours sur une note optimiste :

– Mais le Royaume vaincra, comme toujours, soyons-en certains. Ladies, que Dieu sauve le roi George et vienne en aide à nos vaillants soldats !

Rassurées par le ton plus conventionnel des dernières paroles de leur professeur, les jeunes pensionnaires relâchèrent leur attention et attendirent avec impatience la fin du cours.

Dix minutes plus tard, c'est avec une joie non dissimulée qu'elles quittèrent la salle de classe. Troublée par l'impression que lui avait laissée le professeur, Sybille décida de le suivre. Elle emprunta sur ses pas l'escalier qui montait vers la salle de lecture – en réalité un modeste salon où, derrière quelques bibliothèques vitrées, s'alignaient des ouvrages au cuir défraîchi consacrés en majorité à l'instruction des jeunes ladies ; parmi eux, une petite place était réservée aux livres des poètes et philosophes latins. Huxtable y avait ses habitudes : il s'installait dans un fauteuil et se laissait absorber par la lecture des œuvres d'Horace. Ce rituel immuable se vérifia une fois de plus. Sybille, qui avait pioché un livre au hasard, s'apprêtait elle aussi à s'asseoir quand elle fut bousculée par-derrière ; elle eut juste le temps d'entendre des éclats de rire avant de s'évanouir et de s'effondrer sur le parquet.

Lorsqu'elle recouvra ses esprits, Sybille ne reconnut pas le visage penché sur elle et ne vit d'abord que deux verres de lunette démesurément grossis.

– Ah ! Notre jeune amie revient à elle ! s'exclama Huxtable, qui lui tendit une tasse. Tenez, buvez, cela vous revigorera.

Sybille avala le contenu d'un trait, sans y prêter attention. Elle sentit aussitôt sa gorge la brûler et se mit à tousser, ce qui provoqua une nouvelle salve de rires.

– J'ai pensé qu'une larme de whisky vous remettrait d'aplomb, précisa Huxtable, en esquissant un sourire malicieux.

Sans se retourner, le professeur s'adressa alors au groupe de quatre filles qui continuait de glousser derrière lui :

– Quant à vous, mesdemoiselles, je vous prierai d'adopter un comportement plus conforme à ce qu'on est en droit d'attendre de vraies ladies. Dans le cas contraire, je pourrais fort bien dénoncer vos agissements à notre chère directrice, qui se ferait sûrement une joie de vous remettre sur le droit chemin.

Les rires cessèrent aussitôt. Sybille n'en était pas certaine, mais il lui sembla qu'Huxtable lui avait adressé un clin d'œil avant de l'aider à se redresser. La tête lui tournait encore un peu, mais elle fut surtout étonnée par la vigueur dont avait fait preuve le vieux professeur pour la relever ; une force tout à fait incroyable pour un homme qui approchait les soixante-quinze ans.

– Puisque je constate que vous êtes remise, mademoiselle, lui dit Huxtable, je vais vous laisser. J'avoue éprouver quelques difficultés à me concentrer sur les œuvres de ce cher Horace, et je crois qu'une petite promenade dans le parc me fera du bien. Je vous félicite, en tout cas, pour le choix de vos lectures, ajouta-t-il en indiquant le livre qui gisait sur le parquet. Il s'agit, à mon sens, de l'un des rares ouvrages instructifs de cette bibliothèque.

Huxtable ferma les yeux et se mit à réciter avec un ton plein de sensibilité :

– *« Et ce n'est pas seulement la solitude et le calme qui m'effraient autour de moi ; ce que je fuis partout, c'est moi-même, c'est ma pensée qui parfois m'entraîne et me fait tournoyer à sa suite. »* Rien de plus profond que ces chants de Pétrarque, murmura-t-il après quelques secondes.

La jeune *profiler* se baissa pour ramasser le livre et en découvrir le titre : *Canzoniere*. Quand elle releva les yeux vers le professeur, celui-ci s'était déjà éclipsé de la pièce. Une élève avec laquelle Sybille avait lié un début d'amitié se précipita alors vers elle et prit ses mains dans les siennes :

– Oh, Sybil, j'ai eu si peur quand je t'ai vue évanouie !

– Je vais très bien, Violet, je t'assure...

Les autres pensionnaires présentes s'étaient remises à glousser. La meneuse du petit groupe commença même à imiter Violet, d'une voix affectée. Elle fut aussitôt suivie par une deuxième fille qui lui donna la réplique.

– Cette Nellie est une vraie teigne, chuchota Violet.

Sybille était bien d'accord. D'ailleurs, pensa-t-elle, si Miss Teigne pouvait avoir la bonne idée d'être la prochaine à disparaître, elle en serait ravie. Dans l'immédiat, Nellie, suivie de sa cour, s'approchait d'elle avec ses anglaises grotesques, ses dents de lapin, ses yeux de fouine ahurie et un sourire mauvais. Elle frôla Sybille et, sans s'arrêter ni même la regarder, lui susurra quelques mots avant de quitter la pièce :

– La prochaine fois, minable petite Française, c'est dans les escaliers que tu te vautreras par accident.

Sybille resta stoïque, se contentant d'esquisser une moue dubitative.

– À ta place, je serais désespérée, lui avoua Violet une fois qu'elles furent seules : quitter Paris pour venir se cloîtrer ici, et en plus subir la bêtise de cette dinde de Nellie, ma pauvre... Sans compter cette blouse immonde qu'on nous fait porter. Ah, la mode parisienne, avec ses jupons et ses chapeaux, c'est quand même autre chose... Quelle élégance, quelle légèreté !

Sybille aurait aimé pouvoir répondre que ce qui la faisait rêver, elle, c'étaient plutôt les bons vieux groupes de pop-rock anglais, les sweats à capuche et les salopettes extra-larges « made in London », bref tout ce qui n'existait pas encore à cette époque arriérée.

– Tu te sens capable d'assister au cours de broderie de Miss Paddington ? s'enquit Violet.

Sybille acquiesça d'un petit hochement de tête. Ce n'était pourtant pas l'envie de déserter qui lui manquait. Et puis elle avait l'esprit ailleurs. Cette truffe de Nellie lui avait, bien malgré elle, rendu un fier service en la bousculant ; sous l'effet de la surprise, elle avait eu un flash comme souvent lorsqu'elle ressentait une émotion vive, puis elle avait perdu connaissance. Contrairement à d'habitude, sa vision avait cette fois-ci été très réaliste. Sybille en était encore troublée. Elle avait vu Hector et Pandora, ses anciens équipiers, courir en pleine nuit dans la prairie après le professeur Huxtable, qui tentait de gagner la maison des jardiniers ; elle-même les poursuivait. Soudain, le feu avait embrasé le petit bois tout proche pour se propager à travers le parc à la vitesse d'un cheval au galop, ravageant tout sur son passage. La scène avait beau être imagée, son interprétation n'était pas si évidente pour autant. Une certitude, cependant : jusqu'ici ses « rêves éveillés » l'avaient toujours avertie d'une menace…

4

Après minuit sur la lande

« Au début d'une enquête, voyez-vous, il est toujours utile de savoir que votre client est en relations étroites avec quelqu'un qui, que ce soit pour le Bien ou pour le Mal, est exceptionnellement doué. »

Sherlock H.

Plus tard, cette même nuit

Sybille s'impatientait. Elle avait failli s'endormir à deux reprises déjà et désespérait de parvenir à quitter la chambre avant l'aube. De toute évidence, Miss Marvel, qui tournait tant et plus dans son lit sans parvenir à trouver le sommeil, n'avait pas l'esprit tranquille.

La jeune *profiler* prit soin de protéger son bracelet avec le drap avant de l'initialiser ; une petite lueur irradia et l'écran miniaturisé afficha « 2 h 13 ». Bonne nouvelle : minuit, l'heure fatidique des mauvaises surprises, celle des démons affamés et autres spectres locaux caractériels, était passé. Sybille résista à l'envie d'adresser un message à Jason – qui dormait sans doute comme un bienheureux depuis un moment. Elle eut une petite pensée pour Alyse, dont l'ingéniosité la laissait admirative : la nouvelle « inventrice » du Cyclone avait eu l'idée de remplacer leurs vieilles consoles de communication par un objet personnalisé équipé d'un appareillage ultra-high-tech. Pour Sybille, il s'agissait d'un discret bracelet en or blanc, qu'elle faisait à présent glisser avec nervosité autour de son poignet. N'entendant enfin plus le sommier de Miss Marvel couiner, elle se redressa et prêta l'oreille. L'infirmière ne bougeait plus. Sans perdre une seconde, Sybille repoussa ses couvertures, puis elle se leva avec précaution. Pour gagner du temps, elle s'était allongée tout habillée et n'avait plus qu'à passer un vêtement chaud. Elle jeta son dévolu sur le manteau de Miss Marvel : elles faisaient la même taille et, la capuche relevée, personne ne verrait la différence, pas même la Gorgone.

Parvenue à ouvrir la porte sans la faire grincer, Sybille s'apprêtait à se faufiler dans le parc, quand l'oiseau de Miss Marvel se mit à siffler. Affolée, elle se précipita vers le méliphage pour tenter de le faire taire. Ce dernier la fixa plusieurs secondes en silence avant de chanter de nouveau. Miss Marvel marmonna dans son sommeil. Sybille tenta de rassembler ses pauvres connaissances sur les oiseaux : elle se rappelait juste que certains d'entre eux cessaient de chanter quand on leur cachait la lumière du jour. Elle essaya l'astuce sans trop y croire, et posa un châle sur la cage. Par chance, le méliphage cessa aussitôt de siffler. Soulagée, Sybille put enfin sortir du dispensaire.

La nuit était d'encre. Un vent glacial agitait les feuillages des arbres. Par instants, les nuages qui couraient au-dessus du parc s'effaçaient et Sybille entrevoyait le halo pâle de la lune. La jeune *profiler* se demanda ce qu'elle faisait, là, dans ce décor d'un cauchemar grandeur nature qui n'attendait plus qu'elle pour commencer. Au loin, la faible lueur qui éclairait l'intérieur de la grange accotée à la maison des jardiniers lui parut à la fois rassurante et irréelle : quelqu'un veillait encore dans cette vieille cabane.

Sybille s'efforça de chasser les images angoissantes qui se formaient malgré elle dans son esprit. Elle ajusta sa capuche et se dirigea vers la masure, bien décidée à éclaircir les interrogations que sa vision avait fait naître. Malgré l'épais manteau de Miss Marvel, elle grelottait ; sans doute autant d'inquiétude que de froid. Assez étrangement, plus elle approchait de la grange, plus la lumière qui en provenait lui semblait s'affaiblir. Parvenue devant l'assemblage de planches à claire-voie qui tenait lieu de porte, elle hésita, se reprochant une fois encore d'avoir cédé à sa curiosité. Celle-ci restant la plus forte, elle se plaqua contre la porte et regarda à travers une petite fente. Personne. Rassurée, Sybille se glissa à l'intérieur, et sursauta : pendue haut par une grosse corde reliée à une poutre, une citrouille au faciès effrayant éclairait les lieux. Par sa bouche zigzaguée, la tête grotesque diffusait une lumière chaude et tremblante. Sybille se demanda à quoi rimait une telle mise en scène : on était pourtant encore loin d'Halloween... Le sol était couvert d'herbe pas tout à fait sèche qui formait parfois de petits monticules ; autrement, l'endroit était vide : pas un seul meuble, aucun outil.

Soudain, le vent s'engouffra dans la grange et la flamme de la bougie vacilla. Un cri perça alors le silence de la nuit. Une plainte interminable, aiguë, douloureuse, qui semblait traverser le petit bois à pleine vitesse et virevolter autour de la grange. Sybille se figea. Ce cri, elle le connaissait, pas de doute. Pourtant, son cerveau refusait obstinément de le reconnaître parmi les milliers d'autres sons enregistrés dans sa phonothèque mémorielle lors de ses entraînements au Cyclone. Le hurlement s'éloigna. Avant de quitter les lieux, Sybille décida d'examiner une dernière fois la citrouille, au cas où quelque chose lui aurait échappé.

– Ma déco te plaît, petite humaine ?

La jeune *profiler* se retourna dans un sursaut. L'être qui venait de s'adresser à elle se tenait devant la porte, mains sur les hanches, un rictus mauvais déformant sa bouche. Sybille l'identifia aussitôt : un *redcap** des Highlands* d'Écosse – son béret rouge, ses yeux injectés, ses longs cheveux blancs de vieillard et le kilt* qu'il portait ne lui laissèrent aucun doute. Le genre de gobelin* serial-killer qu'on pouvait sans hésiter classer parmi les créatures légendaires les plus cruelles ; l'une de celles dont il ne fallait surtout, surtout jamais croiser le chemin. Affolée, Sybille chercha autour d'elle un objet pour se défendre. Elle ne trouva rien, à part cette fichue citrouille. Faute de mieux, elle voulut s'en emparer et détacha la corde qui avait été passée autour de la poutre pour la suspendre ; mais, trop nerveuse, elle ne maîtrisa pas son geste et la courge alla s'écraser sur le sol. Agacée par sa maladresse, Sybille envoya bouler la tête explosée d'un coup de pied rageur.

– Je l'avais pourtant sculptée avec amour, grogna le *redcap* en avançant vers elle. Je suis très, très contrarié, sais-tu ?

La jeune *profiler* constata avec horreur qu'en s'éventrant, la citrouille avait enflammé la paille répandue à ses pieds.

– Et quand je suis contrarié, je ne me contrôle plus, rien à faire, poursuivit le gobelin en faisant glisser la gaine protectrice de son bâton de marche, dévoilant une longue pointe métallique.

Sybille paniqua. Cette fois-ci, elle ne voyait pas comment elle s'en sortirait.

Le *redcap* s'apprêtait à lever son bâton, mais son geste fut entravé par un oiseau qui avait fait irruption dans la grange pour piquer droit sur lui. Sybille reconnut tout de suite le méliphage de Miss Marvel et se demanda comment un tel miracle était possible. Le gobelin se débattit avec énergie et parvint à projeter l'oiseau à terre :

– Maudit volatile, je vais te cr...

Le *redcap* s'interrompit net, incrédule : en un instant, l'oiseau s'était métamorphosé en être humain – un highlander* bien bâti portant un tartan* rouge et vert aux couleurs du clan MacGregor :

– Surpris, vieux bouc rouge ? lança l'homme, qui avait dégainé un long poignard. Je suis curieux de voir combien de temps tu tiendras face à un vrai combattant.

– Je vais t'envoyer brûler en enfer, fulmina le *redcap* : là où devraient pourrir tous ceux de ton clan de voleurs, de sorciers et de bannis !

Sybille était tétanisée. Elle ne prêtait même pas attention aux flammes qui commençaient à lécher les rondins de bois. Soudain, elle sentit qu'on la tirait par le bras : sortant de sa torpeur, elle accepta de suivre le jeune homme qui la pressait de l'accompagner. Elle vit juste qu'il portait le vêtement des jardiniers du parc, mais ne put distinguer son visage dissimulé sous une capuche.

Avant de franchir la porte que le feu dévorait déjà, Sybille ne put néanmoins s'empêcher d'adresser un regard à l'homme-oiseau qui lui avait sauvé la vie en s'interposant entre elle et le *redcap*. Il parait avec dextérité les coups de boutoir désordonnés du gobelin qui s'épuiserait très vite à ce petit jeu. Sybille se retrouva projetée à l'extérieur par le jardinier, qui lui avait couvert la tête avec sa veste pour la protéger des flammes. En se retournant, elle réalisa avec effroi que la grange brûlait entièrement. La charpente, consumée par le feu, commençait même à s'affaisser par endroits.

– Il faut faire quelque chose, hurla-t-elle en pensant à son sauveur : on ne peut pas l'abandonner !

– Ne t'inquiète pas pour lui, il sait ce qu'il fait, la rassura le jardinier.

Surprise par la voix du jeune homme, Sybille se retourna vers lui et le dévisagea pour la première fois.

– Jason ? s'étonna-t-elle. Que... que fais-tu là ?

– J'ai réussi à me faire embaucher comme aide-jardinier voici deux jours ; mais je t'expliquerai. En attendant, il ne faut pas traîner dans les parages : l'incendie va attirer l'attention et on ne doit pas te trouver ici, surtout avec moi. Et puis le *redcap* peut encore s'en sortir et nous rattraper.

Jason prit Sybille par la main et tous deux se mirent à courir vers le pensionnat.

De nouveau, retentit le hurlement que Sybille avait entendu un peu plus tôt. Une longue plainte déchirante. Tandis qu'elle cherchait un second souffle, toujours entraînée par son équipier, elle vit une ombre glisser sur la façade du pensionnat à la lueur d'un rayon de lune ; la mémoire lui revint aussitôt : ce cri, c'était le *keening**. Le soupir de la banshee*, qui annonçait la mort imminente d'une personne proche. Soudain, contre toute attente, le gémissement s'interrompit, bientôt remplacé par un chant mélodieux. Bouleversée, Sybille cessa de courir pour regarder la vieille fée, vêtue d'une robe blanche en haillons, disparaître dans le petit bois. Elle rejoignit alors son équipier, qui l'attendait près de la porte de l'infirmerie. Jason toqua quelques coups brefs à la porte et Miss Marvel, qui semblait guetter leur venue, ouvrit aussitôt. Quand ils furent rentrés, le jeune colosse et l'infirmière s'isolèrent un court instant pour discuter à voix basse. Miss Marvel passa ensuite une capeline par-dessus sa chemise de nuit avant d'adresser un sourire à Sybille, sans lui faire le moindre commentaire sur l'emprunt de son manteau. Comme Jason les pressa, elles le suivirent dans le couloir et gravirent en silence l'escalier qui menait à l'étage. Au grand étonnement de Sybille, son équipier s'arrêta devant le bureau de la

Gorgone, dont il força la serrure sans aucune difficulté grâce à son *passehack*.

– C'est bien toi qui m'as dit qu'il s'agit de l'endroit le plus sûr du pensionnat, surtout quand la propriétaire des lieux ne s'y trouve pas ? commenta-t-il en s'amusant de la gêne manifestée par Sybille.

Sitôt entré, Jason alla rabattre les volets, qu'il bloqua avec une barre en bois.

– Bon, à présent que vous êtes toutes les deux en sécurité, je crois qu'il est temps que je te donne les explications promises, Sybille.

– Avant tout, réagit la jeune *profiler*, je dois vous dire que tout à l'heure, dans le parc, j'ai… j'ai vu une banshee…

– Une banshee ? s'exclama Miss Marvel. Tu en es sûre ?

– Aussi sûre que je vous vois en chemise de nuit dans le bureau de la Gorgone, confirma-t-elle. Je me demande d'ailleurs bien à qui étaient destinées ses plaintes…

– Elle est sûrement venue pour moi, avoua l'infirmière, la mine sombre.

– Dans ce cas, ne vous tourmentez plus, la rassura Sybille : vous êtes tirée d'affaire. La banshee a fini par abandonner ses plaintes pour un chant très mélodieux.

– C'est étonnant que tu l'aies vue puisque tu n'as aucun lien de parenté avec moi, s'étonna Miss Marvel.

– C'est sans doute lié à mes capacités extrasensorielles, supposa Sybille. Mais je dois avouer qu'elles ne me sont pas d'un grand secours pour comprendre ce qui est arrivé cette nuit.

– Je vais t'éclairer en essayant de faire court, commença Jason. Tout d'abord, c'est Miss Marvel qui m'a permis d'entrer à Bess-Kërvil comme aide-jardinier, en me faisant passer pour son neveu.

Surprise, Sybille dévisagea l'infirmière. Elle ne comprenait pas pourquoi elle avait agi ainsi, et surtout pour quelle raison Jason l'avait contactée sans l'en informer.

– Sache ensuite, poursuivit Jason, que tu n'aurais jamais dû te retrouver mêlée aux évènements de cette nuit. Tout est parti d'une méprise.

– Quelle méprise ?

– Le manteau que tu portes…

Sybille ne comprenait pas comment un simple vêtement avait pu la mettre dans une posture si délicate.

– À cause du manteau, le *redcap* t'a confondue avec Miss Marvel, qu'il était venu assassiner.

– Mais c'est horrible… Pour quelle raison ?

– « Marvel » n'est pas mon vrai nom, précisa la jeune femme. Je me suis fait engager comme infirmière à Bess-Kërvil à la demande du Cyclone, dont je suis l'agent de liaison pour les mondes de Sherlock Holmes.

Cette révélation laissa Sybille sans voix. Si elle avait assez vite mis hors de cause l'infirmière, rien ne lui avait laissé deviner le rôle qu'elle jouait. Contrariée de n'avoir pas été mise dans la confidence, elle se tourna vers son équipier, qui lui adressa un sourire navré.

– Je suis désolé, reconnut Jason, mais Hypnos m'avait donné ordre de ne rien te dire au sujet de « Miss Marvel ». Il pensait que si tu l'avais appris, cela aurait pu fausser ton enquête.

– Bonjour la confiance…, maugréa Sybille.

– En parlant de confiance, réagit Jason, tu aurais pu me dire que tu envisageais une balade nocturne.

– Je ne pensais pas tomber sur un psychopathe, et puis ce n'est pas une raison…

– Je comprends ce que tu peux ressentir, lui assura l'infirmière. Mais je pense que c'était la meilleure décision, pour te laisser enquêter au mieux et, surtout, pour assurer ta protection. De mon côté, je n'ai sans doute pas été assez discrète. Cela m'a valu une lettre de menaces de mort signée d'un certain « M », qui a vite découvert ma véritable identité et le rôle que je jouais vraiment. Comme j'étais en contact avec le clan MacGregor, celui de votre amie Helen, leurs membres m'ont proposé que l'un de leurs éclaireurs, qui ont la capacité de se métamorphoser en oiseaux comme tu t'en es rendu compte, veille sur moi discrètement. Grand bien leur en a pris…

Sybille observa plus attentivement l'infirmière. Même en chemise de nuit, elle possédait une grâce peu commune et un charme qui ne devaient pas laisser les hommes insensibles. Sa voix chaude et grave contribuait elle aussi au magnétisme qu'exerçait la jeune femme.

– J'allais oublier, madame, dit Sybille en commençant à se dévêtir : il faut que je vous rende votre manteau.

– Tu peux le garder, l'arrêta l'infirmière. Il te va vraiment très bien. Au fait, je m'appelle Irène.

Sybille comprit enfin pourquoi le visage de Miss Marvel lui semblait si familier. Se tenait devant elle, sourire aux lèvres, celle que Sherlock Holmes appelait avec le plus grand respect : *la Femme*. Celle qui lui avait fait subir son échec le plus retentissant. Le détective la considérait comme son égale, et éprouvait pour elle une fascination qui allait sans doute bien au-delà de la simple admiration. Sybille s'étonna cependant de la voir si jeune, alors qu'elle avait, a priori, seulement quatre ans de moins que Sherlock Holmes et devait donc normalement avoir passé les cinquante-cinq ans.

– Vous… vous êtes Irène Adler ? s'enquit Sybille.

– C'est bien moi, reconnut l'infirmière d'une petite voix un peu gênée. Prima donna à l'Opéra impérial de Varsovie, aventurière et agent de liaison du Cyclone, précisa-t-elle en souriant.

5

221B

« Regardez par la fenêtre, Watson ! Considérez comme les silhouettes émergent à peine de ce brouillard ! Un voleur ou un assassin, par un jour pareil, pourrait rôder dans Londres comme un tigre dans la jungle, et choisir sa proie sans être vu jusqu'à ce qu'il lui saute dessus. »

Sherlock H.

Londres, Mondes Imaginaires de Sherlock Holmes, le lendemain

Sous une pluie battante, un coupé Brougham s'engagea au trot vif dans Paddington Street, projetant une eau noirâtre sur les passants.

– La peste soit de ces patchnocks de cochers ! Vermine ! Larve ! fulmina un colosse au crâne rasé, qui dressait un poing menaçant en direction du véhicule et de son conducteur, à présent hors de portée de ses jurons. Le géant, vêtu d'un skeelt* aux couleurs de son clan et attifé d'un long manteau en poil de grizzly, ne cessa pas pour autant de vociférer. L'un de ses compagnons, une jeune fille qui avait rassemblé ses cheveux sous un bonnet noir, enfonça ses mains dans les poches de son duffle-coat et baissa la tête, visiblement gênée :

– Remets ta capuche, Gueule-de-Loup. Et arrête de te donner en spectacle, on nous regarde.

Le Velu-Fendard* obtempéra en grommelant. Il ne décolérait pas.

– Non, mais tu as vu comme il a ri, ce bouffon ? Si jamais on croise de nouveau sa route, à celui-là, avec sa tête de crapaud pustuleux, je lui fais avaler les lanières de son fouet par les narines.

– Laisse tomber, Loup, l'apaisa Pandora en lui prenant le bras. Allez, viens, on n'est plus très loin.

– Temps pourri ! grogna le Velu-Fendard qui, comme tous les ogres, détestait la pluie et l'eau en général. Tu es sûr qu'on est sur la bonne voie, au moins ? bougonna-t-il.

Pandora se contenta d'un sourire. Ils arrivaient tout droit d'un royaume aux forêts plus impénétrables et mal famées les unes que les autres, alors ce n'était pas dans cette cité saturée de panneaux indicateurs qu'elle allait s'égarer. Ils n'étaient d'ailleurs à présent plus très loin. Elle adressa un regard inquiet à Hector, considérablement affaibli par un mal mystérieux et que Gueule-de-Loup soutenait d'un bras pour l'aider à marcher. La jeune demi-fée ne comprenait pas l'origine de cet épuisement soudain. Les déplacements à travers les brumes de la nuit pouvaient provoquer quelques effets secondaires légers, mais certainement pas une telle baisse de tonus, désormais aggravée par des bouffées d'angoisse.

Pandora jeta un coup d'œil discret vers Gueule-de-Loup, qui avait la mine des mauvais jours. Elle savait qu'il ne se remettait pas d'avoir laissé s'échapper Faydit, le sorcier à l'origine de presque tous leurs ennuis[1]. Quand elle avait fait naître les brumes de la nuit pour s'y déplacer, l'âme damnée de Mnémosyne s'y était glissée, métamorphosée en corneille. Gueule-de-Loup l'avait aussitôt pris en chasse avant de perdre sa trace. Il s'était alors retrouvé, avec Hector et elle, à Londres. Par un heureux hasard, Pandora était parvenue à identifier le monde imaginaire dans lequel ils avaient pris pied, en lisant un filet dans *The Daily Telegraph* ; y était annoncée la publication du *Manuel pratique d'apiculture, avec quelques observations sur la ségrégation de la reine*, dû au détective Sherlock Holmes. Quand elle avait découvert où les brumes féeriques les avaient menés, elle avait commencé

1. Voir : *Petits contes à régler. T. 1. Le Cas Rubis C.*

par penser que tout cela n'avait aucun sens. Puis, elle avait décidé de faire confiance aux Oiseaux protecteurs qui les avaient guidés : il lui fallait juste découvrir ce qu'elle avait à faire dans le Londres de Sherlock Holmes. Et le mieux pour tenter d'y voir plus clair n'était-il pas de commencer par se rendre chez le célèbre détective, son seul point de repère ? Elle avait quelques minces notions sur la vie et l'œuvre de Sherlock Holmes ; il lui revenait notamment une adresse, le 221B Baker Street. Elle espérait que ce serait suffisant.

Dans l'immédiat, Pandora entreprit de dérider Gueule-de-Loup.

– Hé, Gros-Loup, tu ferais presque une concurrence déloyale aux gardes de Buckingham Palace, avec ton manteau ! ironisa-t-elle en désignant d'un signe de tête deux grenadiers qui passaient sur le trottoir opposé, coiffés de leur couvre-chef en poil d'ours.

Le Velu-Fendard grogna dans sa barbe et esquissa un léger sourire.

– N'empêche, moi au moins j'étais équipé pour l'expédition, tandis que toi, hein…

Pandora repensa à la petite boutique où elle avait troqué sa tunique contre un duffle-coat plus conforme aux mœurs vestimentaires locales. Le marchand s'était extasié devant la qualité du tissu et n'avait fait aucune difficulté pour la reprendre. En prime, elle avait eu droit à un vieux bonnet, parfait pour y dissimuler ses cheveux longs et se donner l'air d'un gamin des rues afin de mieux se fondre dans le décor. Quant à Hector, il avait gardé sa veste et son pantalon qui pouvaient faire couleur locale. En revanche, leurs Bottes de Sept-lieues ne cadraient pas vraiment avec l'esprit des lieux, mais Pandora ne s'en serait séparé pour rien au monde : en raison de leurs propriétés particulières, elles pourraient s'avérer d'un grand secours.

La mode était au gris et au beigeasse en cette fin d'été : ils venaient de croiser leur troisième peloton de militaires, et les civils eux-mêmes semblaient avoir fait le deuil des tenues aux couleurs vives. L'effort de guerre semblait à ce point peser sur les esprits, que l'austérité devenait signe de bon goût et gage de sens civique.

Quand ils arrivèrent au croisement de Paddington Street et Baker Street, Pandora se rencogna dans l'ombre d'un porche. Gueule-de-Loup tenta de se faire une place à ses côtés avec Hector, sa carrure imposante l'empêchant cependant d'y caler ses bras-battoirs.

– C'est là : Baker Street, annonça Pandora.

– Pas trop tôt. Et c'est quelle maison ? Elles se ressemblent toutes...

– Le numéro 221B.

– Parfait, allons-y alors, assez perdu de temps comme ça !

– Surtout pas ! le retint Pandora. Regarde là-haut.

La demi-fée lui désigna une forme noire sur le toit d'une maison en briquettes située en oblique face à eux et qu'elle fixait depuis quelques instants.

– Eh bien quoi ? s'impatienta Gueule-de-Loup. C'est un vulgaire oiseau, et apr…

Le Velu-Fendard comprit soudain pourquoi Pandora se montrait si prudente, et en resta bouche bée : le volatile avait toutes les apparences d'une corneille, et il connaissait très bien l'une d'elles.

– Le Fétide, l'infâme ! souffla-t-il.

Quand la corneille s'envola enfin, Pandora tira son compagnon par la manche pour s'engager dans Baker Street.

– Je… J'en peux plus, lâcha Hector. J'ai si froid. Je dois me cacher, sinon elle va me retrouver…

Pandora voulut l'apaiser en lui assurant qu'elle veillait sur lui avec Gueule-de-Loup et qu'il n'avait rien à craindre tant qu'ils restaient ensemble. Elle lui caressa le front et remarqua alors qu'il était brûlant.

– Tu as de la fièvre, je vais t'emmener chez un médecin, lui dit-elle d'une voix douce.

– Non, je dois me planquer, un endroit sûr, pas d'inconnu ! s'alarma Hector en se débattant.

Emporté par son élan, il perdit l'équilibre et s'affala sur le trottoir, avant de s'adosser contre la grille d'un jardinet. Pandora s'accroupit à ses côtés, lui caressant le visage tout en le serrant contre elle.

– C'est horrible, murmura Hector : je... j'ai oublié...

– Qu'as-tu oublié ? demanda la jeune demi-fée, touchée par le désarroi de celui qu'elle aimait.

– Mon enfance, toute ma vie avant de te rencontrer...

– Tu ne m'as pas oubliée, c'est l'essentiel, non ? se força-t-elle à plaisanter.

Elle s'inquiétait pourtant de voir à quelle allure progressait l'amnésie qui frappait Hector : Mnémosyne, la déesse de la mémoire, n'avait pas manqué son coup quand elle l'avait tenu sous son emprise et avait entrepris d'effacer ses souvenirs[1]. Pandora se doutait qu'un simple médecin ne pourrait rien pour Hector, et qu'il faudrait trouver au plus vite une magicienne-rebouteuse ; or, elles ne devaient pas être si nombreuses dans ce monde-ci.

Skarabesque, le petit scarabée apprivoisé d'Hector, s'agita dans la poche où elle s'était lovée, et s'en extirpa pour venir s'installer sur l'épaule de son maître ; il était peu habituel de la voir s'agiter et sortir en pleine journée, mais le hanneton des pins* femelle n'était pas un insecte ordinaire : elle l'avait déjà prouvé en leur sauvant la mise, entravant les desseins de Mnémosyne.

– J'ai bien l'impression que Skarabesque est de mon avis, s'amusa Pandora : tu fais ton héros à la manque juste pour te laisser choyer.

---

1. Voir : *Petits contes à régler. T. 1. Le Cas Rubis C.*

– Tu es vraiment une minuscule sorcière sans cœur… Allez, aide-moi plutôt à me redresser, si ce n'est pas trop abuser de ta générosité.

Pandora dut faire preuve de conviction pour rassurer Hector, qui avait recommencé à délirer et s'effrayait de voir des serpents surgir de toutes parts pour le persécuter. Lorsqu'ils parvinrent enfin devant le 221B, elle sonna au portillon. Une dame entre deux âges apparut sur le perron pour lui faire signe d'entrer.

– Tu ne viens pas ? demanda Pandora à Gueule-de-Loup voyant qu'il restait planté devant la porte.

– Non, je préfère vous attendre dehors pour m'assurer que le Fétide ne va pas nous jouer un de ses tours de sorcier.

Pandora fit asseoir Hector sur une chaise dans l'entrée. Mrs Hudson replaça la chevillette et se retourna vers ses hôtes.

– Ainsi, vous connaissez monsieur Sherlock Holmes ? leur demanda-t-elle.

– Oui, enfin, pas exactement… l'une de mes connaissances a déjà fait appel à ses services, bredouilla Pandora, prise de court. Et nous aurions aimé…

– Oh, mais votre ami semble fort mal en point ! l'interrompit Mrs Hudson en se précipitant vers Hector. Le malheureux grelotte, il a sans doute de la fièvre ! Vous auriez dû me le dire tout de suite.

Sans laisser à Pandora le temps de réagir, la logeuse se rua dans sa cuisine.

Soucieuse d'écourter la visite pour se mettre au plus vite en quête d'une guérisseuse, la demi-fée s'impatientait. La maîtresse des lieux réapparut une dizaine de minutes plus tard, un bol fumant dans les mains :

– C'est une vieille recette de famille, précisa Mrs Hudson en tendant le bol à Pandora : une infusion de simples avec une cuiller de miel pour atténuer l'amertume. Je vous laisse la faire boire à votre ami. Après cela, vous l'installerez plus confortablement au salon. Pendant ce temps, je vais finir de préparer le thé ; vous prendrez bien quelques scones avec moi ?

N'ayant pas le cœur de refuser, Pandora remercia Mrs Hudson, dont le sourire chaleureux s'élargit encore. Puis elle traîna Hector jusqu'à un sofa dans lequel il s'affala. Quand dix-sept heures précises sonnèrent à l'horloge du salon, Mrs Hudson les rejoignit avec le service à thé. Pandora eut alors un peu honte d'envahir ainsi cette brave femme dévouée et accueillante, aux airs fragiles. Elle jeta un discret regard vers Hector, dont les bottes boueuses reposaient sur l'accoudoir usé en soie verte du canapé ; pour parfaire le tableau, le jeune agent ronflait comme un gralor* des monts Velus-Fendards. Au moins, pensa Pandora, pendant qu'Hector dormait, il ne souffrait plus de ses hallucinations, ce qui la reposait elle aussi. En regardant par la fenêtre, elle se fit la réflexion que la luminosité était très faible, sous l'effet du *fog*, et se dit qu'ils feraient mieux de ne pas s'attarder.

– Un nuage de lait ?

– Hmm ? Oh, non, je vous remercie, répondit Pandora, tirée de ses rêveries, en saisissant la tasse brûlante que lui tendait Mrs Hudson.

– Ainsi, vous vous intéressez à monsieur Holmes ? demanda la logeuse en s'asseyant.

– Oui, comme je vous le disais l'une de mes amies nous a chaudement recommandé de nous adresser à lui.

– Je vois... Pardonnez ma curiosité, mais j'entends à votre léger accent que vous n'êtes pas anglaise. Que peut bien pousser deux jeunes gens comme vous, qui viennent peut-être de loin, à venir consulter un détective privé, au cœur de Londres ?

Pandora se doutait bien qu'elle devrait s'expliquer à ce sujet, mais pensait que la question serait posée par le détective lui-même – bien que Sherlock Holmes, se disait-elle, aurait sans doute au premier regard déduit la raison de leur visite à partir de tout un faisceau d'indices invisibles aux yeux de n'importe qui d'autre.

– Nous venons en effet du continent et sommes à Londres pour quelques jours, confirma-t-elle à Mrs Hudson, en cherchant ses mots.

Elle regrettait n'avoir pas davantage de dispositions pour les langues étrangères, contrairement à la plupart de ses anciens équipiers, et cette conversation en anglais lui semblait un vrai calvaire.

– Nous aurions aimé parler avec monsieur Holmes d'une affaire un peu particulière qui concerne nos parents, précisa-t-elle. Mais nous ignorions qu'il ne logeait plus chez vous.

– Le cher homme a en effet quitté Londres quand il a pris sa retraite, voici déjà quelques années. Je le regrette bien, d'ailleurs, en dépit de ses surprenantes manies auxquelles, je peux l'avouer à présent, j'avais fini par m'habituer. Bien sûr, je n'irais pas jusqu'à affirmer que les coups de revolver tirés contre les murs, ou les explosions et odeurs liées à ses expériences, me ravissaient. Mais au fond ce n'était pas bien méchant et, même, plutôt distrayant. Mais je dois vous ennuyer avec ma nostalgie de vieille dame !

– Pas du tout, lui assura Pandora. Ce devait en effet être bien animé... Savez-vous où vit désormais monsieur Holmes ? Peut-être auriez-vous une adresse à nous donner ?

– Je crains ne pas pouvoir vous renseigner sur ce point, ma pauvre enfant... Toutefois, si ma mémoire est bonne, il me semble qu'il s'est installé dans le Sussex ; c'est du moins ce qu'il m'a annoncé la dernière fois que je l'ai vu. Oh, mais j'y pense, attendez...

Mrs Hudson se leva pour saisir sur une commode un petit livre bleu en cuir. Elle le tendit à Pandora, qui en découvrit le titre – *Manuel pratique d'apiculture, avec quelques observations sur la ségrégation de la reine*.

– Je l'ai reçu par la poste ce matin. Monsieur Holmes me l'a aimablement dédicacé, comme vous pouvez le voir. Aucune adresse ne figurait au verso de l'enveloppe, mais une photographie avait été glissée dans l'ouvrage.

Pandora ouvrit le livre et le feuilleta rapidement. Une fine carte de papier glacé s'échappa d'entre les pages. Elle la rattrapa au vol : il s'agissait d'un portrait en pied, noir et blanc, d'un homme grand et mince, aux cheveux noirs clairsemés et désordonnés, dont le visage anguleux – un nez aquilin, des yeux perçants et vifs, des lèvres fines étirées en un léger rictus – frappait par l'intelligence assurée qu'il exprimait. Pandora identifia sans peine Sherlock Holmes, dont elle connaissait les représentations dues à Sydney Paget. Le détective, vêtu d'une ample tunique blanche à manches longues, portait sous le bras un casque d'apiculteur avec voile protecteur. Il posait devant deux ruches situées au centre d'un verger. En arrière-plan, on apercevait une petite maison au toit en chaume ; sur le côté et dans le lointain, on devinait la minuscule frange bleue de la mer. Au dos de la photographie, Pandora trouva ce mot, qu'elle lut à voix basse :

« Chère Mrs Hudson, j'ai le plaisir de vous faire parvenir cette somme de mes observations instructives du petit monde fort passionnant et si méconnu des abeilles, que je surveille avec autant d'intensité qu'à Londres je surveillais le monde du crime. Je profite de ce petit mot pour vous informer que l'on m'a invité à passer quelque temps dans votre Écosse natale, ce qui me donnera l'occasion de découvrir enfin les charmes rustiques des Highlands. Votre dévoué et, sans aucun doute, regretté Sherlock Holmes. »

Intriguée par les ruches, Pandora les examina attentivement. Leur forme n'était pas habituelle : coniques et en colimaçon, elles rappelaient un peu l'architecture des termitières en terre rouge. Un détail attira son attention et elle voulut satisfaire sa curiosité.

– Auriez-vous une loupe, Mrs Hudson, je vous prie ? demanda-t-elle à son hôtesse.

– J'en ai même toute une collection, si cela vous intéresse ! répondit la logeuse en se levant pour aller farfouiller dans son secrétaire. Voici, dit-elle en tendant un sac en toile à Pandora, faites votre choix !

Quand elle dénoua le cordon, Pandora découvrit une dizaine de loupes. Elles étaient toutes identiques, à l'exception de l'une d'elles, métallique et plus légère que les autres.

– Monsieur Holmes n'était, disons, pas très ordonné, précisa Mrs Hudson. Il égarait souvent ses affaires et j'ai maintes fois retrouvé l'une de ses loupes, oubliée sous un coussin, parmi ma vaisselle ou derrière mes bouteilles de liqueur.

Pandora jeta son dévolu sur la loupe qui se différenciait des autres, puis se pencha de nouveau sur les ruches. Elle fut tout heureuse de découvrir une adresse au bas de celle de droite : « *Bellamy and Son, Woodcraft, Fulworth Main Street* ».

– Les ruches de monsieur Holmes ont été faites à Fulworth ! annonça-t-elle joyeusement en relevant le nez de la photographie. Nous tenons là un indice important, Mrs Hudson !

– Je le crois aussi, ma chère ! se réjouit à son tour la logeuse. Toutes mes félicitations pour votre perspicacité : j'ai regardé avec la plus grande attention cette photo sans rien remarquer. Au moins, vous savez à présent où vous rendre pour trouver monsieur Holmes : Fulworth, dans le Sussex.

– Seulement, s'il a pris sa retraite, je doute qu'il accepte de nous aider..., soupira Pandora.

– Oh, ne vous en faites pas pour cela ! la rassura Mrs Hudson en lui prenant la main. Croyez-moi, je le connais bien et suis persuadée, pour peu que votre affaire suscite son intérêt, qu'il acceptera d'enquêter sans hésiter. Et puis, sous des dehors un peu austères et bourrus, monsieur Holmes possède un cœur en or : si vous parvenez à l'attendrir, ce dont je ne doute pas, il se fera une joie de vous venir en aide, à vous et vos parents. Mais je vois que vous n'avez pas encore goûté à mes scones ; prenez-en un, cela me fera plais...

Mrs Hudson s'interrompit quand, soudain, une boule métallique, lancée depuis la rue, fit voler la fenêtre en éclats avant de rouler à ses pieds. La logeuse considéra l'objet avec dédain, puis, sans se départir de son sourire avenant, se retourna vers Pandora qui s'apprêtait à se servir mais avait suspendu son geste :

– Finissez donc de prendre ce scone, ma chère, et buvons notre thé avant qu'il ne tiédisse. Ne laissons pas cette farce de mauvais goût perturber notre *tea time*.

Bien plus nerveuse que Mrs Hudson, Pandora jeta un regard vers Hector, dont le sommeil n'avait pas été troublé par l'incident. Puis elle ramassa la boule : elle était toute lisse et d'une étonnante légèreté. Tout d'un coup, la sphère vibra et se hérissa de petits spores par lesquels de la fumée commença à s'échapper. Pandora lança aussitôt l'objet le plus loin possible, se précipitant vers Hector pour tenter de le réveiller.

– Mrs Hudson, vite, venez m'aider ! cria-t-elle.

– Mais que se passe-t-il, à la fin ? demanda la logeuse. Et cette fumée, que...

– Ce sont des gaz, l'interrompit Pandora : il ne faut pas rester dans cette pièce, dépêchez-vous !

Pandora savait que l'air allait vite devenir irrespirable dans le salon. D'ailleurs, Mrs Hudson commençait déjà à suffoquer.

– J'entends marcher à l'étage, articula la logeuse avec difficulté. Ces vandales sont entrés chez moi, mais ils vont voir de quel bois je me chauffe !

Tandis que Mrs Hudson, armée d'un tisonnier, commençait à gravir l'escalier, un être de petite taille pénétra dans la pièce par la fenêtre brisée. Pandora eut un mouvement de recul en l'apercevant : il avait les cheveux blancs coiffés d'un béret rouge, portait un kilt, et son regard brûlait de haine. Le poignard qu'il tenait dans sa main droite laissait deviner ses intentions. Pandora se déchargea d'Hector, qu'elle était parvenue à redresser, puis fit face à l'intrus. Celui-ci ricanait en avançant vers elle. Désarmée, la demi-fée se sentait impuissante : pourrait-elle recourir à ses dons, dans ce monde qui n'était pas le sien ? Pandora entendit des cris, à l'étage, mais s'efforça de ne pas y penser. Elle se concentra, et tenta, sans effet, un sort d'opposition primaire. Son adversaire fut bientôt rejoint par deux autres, copies conformes du premier ; tous trois commencèrent à l'encercler, sûrs de leur force. Le plus proche de Pandora n'eut pas le temps de passer à l'attaque : tout à coup violemment percuté par une masse, il alla s'encastrer en étoile, bras et jambes écartés, dans l'armoire de Mrs Hudson.

– C'était moins une, pas vrai ma belle ? s'esclaffa Gueule-de-Loup.

Après une courte hésitation, les autres assaillants firent de nouveau face.

– C'est quoi tous ces gnomes en kilt ? demanda le Velu-Fendard.

À l'étage, les cris de Mrs Hudson avaient repris de plus belle : quels qu'ils soient, ses agresseurs semblaient mettre tout leur cœur à l'effrayer.

« S'ils sont tous aussi moches, songea Pandora, ce n'est pas bien difficile. » Elle savait Hector entre de bonnes mains, protégé par Gueule-de-Loup.

– Je vais porter secours à Mrs Hudson, décida-t-elle en se dirigeant vers les escaliers.

– Pendant ce temps, je m'occupe de ces deux affreux, précisa Gueule-de-Loup.

Quand Pandora parvint à l'étage, elle vit un *redcap* charger sur son épaule Mrs Hudson, qui tambourinait sur son dos en hurlant de frayeur. Sans se soucier, ni de la hauteur, ni de son fardeau, la créature s'approcha de la fenêtre grande ouverte donnant sur l'arrière-cour et se jeta dans le vide. Pandora vit le gobelin se réceptionner aux branchages d'un platane, puis se laisser glisser le long du tronc, et escalader avec une agilité stupéfiante l'enceinte donnant sur la rue ; évanouie et ballottée sur son épaule, Mrs Hudson fut la dernière à disparaître de l'autre côté du mur. Sans même prendre le temps de réfléchir, Pandora se hissa à son tour sur le rebord de la fenêtre et sauta. Grâce à ses Sept-lieues, elle rebondit dans la cour et put se réceptionner sur le mur d'enceinte. De là, elle gagna la rue et se lança à la poursuite du *redcap*.

Gueule-de-Loup, qui s'était débarrassé sans difficulté de ses adversaires, finissait de les ficeler avec les rideaux fleuris de Mrs Hudson. Le silence qui régnait désormais à l'étage l'inquiétait un peu. Il jeta un coup d'œil à Hector, qui dormait toujours comme un bienheureux, puis alla s'assurer que Pandora allait bien. Parvenu sur le palier supérieur, Gueule-de-Loup étouffa un juron : personne. Anxieux, il regarda par la fenêtre restée ouverte, puis redévala les dix-sept marches. Il hésita un peu à laisser Hector seul, mais dans l'immédiat il devait prêter main-forte à Pandora.

Une fois dehors, il fut surpris par l'opacité du brouillard. Ses mains en porte-voix, il se mit à héler Pandora et un écho étouffé lui répondit. Il se dirigea alors au pas de course vers la première rue transversale, où il vit débouler le *redcap* lancé comme une bombe. Il transportait toujours Mrs Hudson sur son épaule et Pandora se trouvait sur ses talons. D'un simple bond, la demi-fée aurait pu se jeter sur lui, mais elle craignait de blesser

Mrs Hudson. Gueule-de-Loup s'était mêlé à la poursuite mais il peinait à garder le contact. Tout en courant, ils distinguèrent d'abord une faible lueur au loin, puis ils identifièrent la forme d'une voiture attelée stationnée le long de Portman Square – un coupé Brougham dont les lanternes latérales diffusaient un halo pâle dans le brouillard humide. Alerté par le pas lourd du Velu-Fendard, le cocher se dressa sur son siège et se retourna vers eux, laissant voir son visage.

– Tête de crapaud pustuleux ! s'exclama Gueule-de-Loup, en reconnaissant l'homme qui l'avait éclaboussé dans Paddington Street.

Le *redcap* cria quelques mots au cocher, qui à son tour alerta le passager : la portière s'ouvrit en grand et le kidnappeur s'engouffra dans le coupé avec sa victime. Sans attendre, le cocher fouetta son cheval avec vigueur, et son attelage prit aussitôt de la vitesse. Pandora accéléra encore sa course et parvint d'un petit saut à s'accrocher à l'arrière du coupé. Le *redcap* se glissa alors sur le toit et tenta de la repousser. Pandora résista comme elle put mais, déséquilibrée, finit par lâcher prise en emportant son adversaire avec elle. Ce dernier ayant amorti sa chute, elle se releva sans difficulté. Tandis que Gueule-de-Loup finissait d'assommer le gobelin, Pandora regarda le Brougham disparaître dans le brouillard.

6

What's up Doc ?

« D'une manière générale, il vaut mieux que je ne quitte pas l'Angleterre. ScotlandYard se sent abandonné quand je m'en vais, et mon absence provoque une excitation malsaine dans les milieux criminels. »

Sherlock H.

Le galop du cheval leur parvenait toujours, de plus en plus lointain, quand retentit dans leur dos un vrombissement enroué. En se retournant, Pandora et Gueule-de-Loup furent éblouis par les phares d'une vénérable Ford B dépourvue de pare-brise et couverte d'une capote en cuir qui baillait un peu. Le conducteur s'arrêta à leurs côtés. Il arborait une élégante moustache grise, portait un manteau d'aviateur au col doublé de fourrure, une casquette, et des lunettes protectrices en cuir cerclées d'une armature métallique qui grossissait l'un des deux verres. De son œil déformé, il dévisagea la demi-fée :

– Miss Pandora, je présume ? s'enquit-il.

– Oui…

– Veuillez monter, ma chère, je vous prie, que nous puissions reprendre cette poursuite au plus vite. Vous aussi, monsieur Gueule-de-Loup : vous trouverez bien une petite place sur la banquette arrière.

Sans laisser au Velu-Fendard le temps de caler ses jambes, le conducteur redémarra. Le moteur toussa et mit un temps infini à monter en régime.

– Je crois avoir oublié de me présenter, cria l'homme pour couvrir le bruit de la Ford : docteur John Watson.

– Enchantée ! répondit Pandora en criant à son tour, le moteur s'étant mis à crachoter. On peut dire que vous tombez à pic !

– N'est-ce pas ? Je venais visiter Mrs Hudson, et votre ami Hector, qui errait comme une âme en peine dans le salon, m'a donné votre signalement en ajoutant que vous aviez disparu ! Ne vous inquiétez pas pour lui, j'étais accompagné de l'inspecteur Lestrade, de Scotland Yard, qui va prendre livraison des deux malfrats que vous avez emballés, et veiller à ce qu'il n'arrive rien à votre ami. J'espère seulement que mon bolide ne nous lâchera pas avant d'avoir pu rattraper les kidnappeurs.

C'était aussi ce qu'espérait Pandora. Peu habitué aux véhicules motorisés, Gueule-de-Loup était quant à lui traumatisé par le vacarme et les embardées soudaines que faisait la Ford ; il se bouchait les oreilles en priant les divinités protectrices des tavernes à poklatch* d'adoucir son supplice et de déblayer la route devant eux.

Watson prit un virage serré et ils se retrouvèrent dans Oxford Street, où ils eurent enfin en ligne de mire le coupé, auréolé de sa lumière pâlotte.

– Nous les tenons ! jubila Watson. Ces malfrats se dirigent vers l'East End, comme je le présumais ! Nous serons bientôt sur eux : leur cheval ne pourra rivaliser longtemps.

Il tapota sur ses lunettes et le verre droit se déplia tel un ressort pour former une longue-vue.

– Bien utile ce petit aménagement, commenta-t-il : fini toute cette purée de pois, j'y vois comme par temps dégagé ! Invention de Mycroft, le frère de Sherlock Holmes, précisa-t-il en tournant la tête.

Pandora eut un mouvement de recul en voyant l'œil monstrueux du conducteur venir se coller au sien. Profitant d'une ligne droite dans Regent Street, Watson accéléra autant que possible et fondit sur le coupé. Le vent glacial cinglait leurs visages ; les volutes de brume poisseuse qui collaient à sa longue chevelure noire et fondaient sur ses lèvres laissaient à Pandora un désagréable arrière-goût de barbe-à-papa, cette cochonnerie sucrée qu'elle tenait pour la plus grande imposture de l'histoire de la confiserie. Quand le vrombissement de la Ford leur parvint enfin, le cocher se retourna. En distinguant la carrure massive de Gueule-de-Loup, il fouetta sans retenue son cheval.

Quelques instants plus tard, les deux véhicules s'engageaient sur Victoria Embankment, le long de la Tamise. La Ford parvint à se placer sur le côté gauche du coupé pour le forcer à s'arrêter. Déjà debout, Pandora s'apprêtait à sauter sur l'attelage quand, jaillissant soudain des essieux du coupé, une faux à plusieurs lames vint s'attaquer aux roues de la Ford.

– Attention ! hurla Pandora : les pneus, ils vont nous…

Comprenant l'avertissement, Watson fit un écart pour se dégager des cisailles et la voiture partit en tête-à-queue avant de reprendre la poursuite, distancée par le coupé qu'elle ne rattrapa qu'à proximité de la Tour de Londres.

– Il est temps de montrer à ces scélérats de quel bois on se chauffe, se réjouit Watson quand la Ford se retrouva de nouveau à touche-touche avec l'attelage : à vous de jouer !

– Prêt, Gueule-de-Loup ? demanda Pandora.

– Encore quelques instants, murmura le Velu-Fendard en essayant de se mettre debout.

Si sur la terre ferme, il ne craignait personne, ses deux cent dix kilos et sa tendance au vertige n'en faisaient pas vraiment un funambule de premier plan. Le voyant tétanisé à l'idée de se lancer dans le vide, Pandora se décida à agir seule. Elle s'élança et, grâce à ses Sept-lieues, se réceptionna en un seul bond sur le toit du véhicule.

– Facile de faire sa crâneuse, quand on a des bottes féeriques, grogna Gueule-de-Loup. Aide-moi plutôt à grimper, j'ai un compte personnel à régler avec Tête de crapaud.

Avec la grâce d'un hippopotame qui s'essaierait au ballet, le Velu-Fendard fit plusieurs tentatives infructueuses avant que Pandora ne parvienne à le hisser sur le toit. Ravi à l'idée d'en découdre enfin avec le cocher, Gueule-de-Loup jubilait. Il cessa soudain de rire quand il s'aperçut qu'un peu plus loin une charrette barrait la route dans toute sa largeur. Un groupe de dockers s'affairait autour d'elle, en guidant la grue d'un entrepôt qui s'apprêtait à y déverser son chargement. Lancé à fond de train, le coupé ne pouvait plus éviter la collision. Gueule-de-Loup plaqua Pandora sur le toit et lui protégea la tête. Indifférent aux cris d'avertissement des ouvriers, le cocher fouetta de plus belle sa jument qui parvint à se faufiler entre la grue et la charrette, qu'elle accrocha au passage ; le grutier, qui avait commencé ses manœuvres, ne put retenir sa charge qui se déversa sur le Brougham : au moment où il passa sous les mâchoires d'acier, une pluie de charbon s'abattit sur le cocher, brisa le verre des deux lanternes latérales et s'embrasa aussitôt au contact des flammes et de l'huile chaude.

Voyant le feu se propager, Watson accéléra pour se placer sur le côté du coupé :

– Sautez ! hurla-t-il.

– Pas sans Mrs Hudson ! cria Pandora en se penchant vers la portière du coupé pour tenter de l'ouvrir.

Bravant ses vertiges, Gueule-de-Loup rampa jusqu'à elle pour l'aider tandis que les flammes dévoraient déjà une partie du toit.

– Elle est verrouillée, ragea Pandora.

– Pas pour longtemps, affirma le Velu-Fendard. Laisse-moi faire.

Se retenant au toit, il essaya d'enfoncer la serrure à coups de botte. Emporté par son élan, il fracassa la portière et se retrouva dans l'habitacle : Mrs Hudson gisait toujours inconsciente sur la banquette. Elle était seule. En se redressant, le Velu-Fendard aperçut un oiseau sur le rebord de la portière opposée, dont la vitre était ouverte ; dans son bec, il tenait un petit paquet.

– Le Fétide ! s'exclama-t-il, impuissant à empêcher la corneille de s'envoler.

Il se dépêcha alors de prendre Mrs Hudson dans ses bras et parvint *in extremis* à la mettre en sécurité dans la Ford. La route s'étrécissant, Watson fut alors contraint la mort dans l'âme de décélérer pour se remettre derrière le coupé, lancé dans sa folle course. Debout sur son siège, le cocher se protégeait comme il pouvait : son bras droit s'était transformé en torche, mais il continuait de fouetter la jument. Dans une cavalcade désespérée, l'animal s'orienta vers Execution Dock où, en un saut prodigieux, il entraîna à sa suite l'attelage dans le fleuve. Watson, qui suivait le coupé de trop près et savait qu'il ne pourrait plus freiner à temps, enfonça au contraire l'accélérateur.

« C'est le moment ou jamais de faire confiance aux talents d'inventeur de Mycroft Holmes ! » pensa-t-il sans grande conviction.

Au moment où la Ford B prit son envol, Watson pressa avec ses deux pouces sur le cercle argenté du volant, qui se détacha du manche et lui resta entre les mains : le capot s'ouvrit alors et apparut une hélice qui se mit aussitôt à tourner ; dans le même mouvement, les roues se rétractèrent, les marchepieds se déplièrent pour faire place à des patins, et la capote se scinda par le milieu pour se déployer en deux ailes « chauves-souris ». L'hybride de voiture et d'hydravion percuta les eaux de la Tamise, rebondit à plusieurs reprises, puis se stabilisa, prit de la vitesse et commença à s'élever tandis que Watson tirait à lui de toutes ses forces le manche directionnel.

– Ça marche ! s'exclama-t-il. Incroyable : ça marche ! Et mieux encore, ça vole ! Mycroft est un génie !

Watson s'efforçait d'appliquer à la lettre les conseils que l'inventeur lui avait prodigués et dut reconnaître que tout se déroulait à merveille. La Ford chauve-souris prit de l'altitude, avant de se mettre à tourner autour d'Execution Dock. Gêné par les nappes de brouillard, Watson éprouvait les plus vives difficultés à se repérer dans ce nouvel environnement : si le sens de l'orientation n'avait jamais été son fort, Londres vue du ciel lui sembla une ville tout à fait étrangère. La nuit qui tombait ne facilitait d'ailleurs pas la navigation. Quelques braseros crépitaient le long des docks, et par endroits dansaient des lumières, mais les rives de la Tamise restaient pour l'essentiel plongées dans l'obscurité. Il repéra enfin un tourbillon qui s'était formé à la surface du fleuve.

Gueule-de-Loup fulminait. Piètre nageur, il avait heureusement pour lui de flotter comme une baleine ; sans doute le devait-il à son gabarit de barrique, comme s'en amusait parfois son cousin Grocos. Il en était à son deuxième bain de la journée, tout cela par la faute d'un seul homme, qu'il tenait à présent sous le coude pour une froide vengeance :

– Alors, Tête de crapaud, elle est à ton goût ? demanda-t-il en enfonçant de nouveau le cocher sous les eaux glacées et malodorantes de la Tamise.

L'homme, amoindri par ses brûlures, désormais gelé et au bord de l'asphyxie, n'avait même plus la force de demander grâce. Gueule-de-Loup commençait à s'inquiéter pour Pandora. Elle lui avait emprunté son sglugh* avant de plonger, voici quelques secondes, à l'endroit où le coupé avait sombré. Comment avait-il pu être assez inconscient pour la laisser ainsi risquer sa vie, lui qui s'était engagé auprès des Oiseaux protecteurs à toujours veiller sur elle ? Il se relâchait, et ça ne lui ressemblait pas.

– Fini la trempette, Tête de crapaud : il est temps de se sécher ! grogna-t-il en repêchant le cocher.

Intrigué par le bourdonnement qui s'amplifiait à travers le brouillard, Gueule-de-Loup leva les yeux au ciel : il y découvrit une étrange bestiole aux airs de chauve-souris ivre avec deux yeux lumineux ; il se demanda un instant s'il n'était pas en proie à des hallucinations dues au contact trop prolongé avec l'eau, substance qu'il jugeait maléfique au possible. Quand il réalisa qu'il s'agissait d'une machine volante, il se mit à vociférer et à éclabousser autour de lui jusqu'à former un mini-siphon.

Dans cette eau saumâtre, sombre et glacée, qui lui brûlait les poumons, Pandora se propulsait grâce à ses Sept-lieues, qui faisaient des palmes très efficaces. Elle n'aurait pu y voir bien loin sans le couteau de

Gueule-de-Loup : le manche, taillé dans du bois-roche luminescent des monts Velus-Fendards, nimbait sa descente d'une lueur bleue. Elle espérait juste avoir assez de souffle pour la remontée. Aussi incroyable que cela paraissait, la jument était toujours vivante, et Pandora continuait de recevoir en pensée ses appels de détresse. Elle n'avait pu la dételer dans sa course folle, mais elle ferait encore tout son possible pour y parvenir. Elle aperçut enfin l'attelage, qui reposait sur le fond limoneux couvert d'algues. Dans ses tentatives affolées pour rompre ses liens, l'équidé soulevait un épais nuage de vase : sa robe brun-rouge et sa crinière roux vif qui s'effrangeait lui donnaient une allure majestueuse. Quand elle sentit la présence de Pandora, la jument cessa de se débattre et l'appela à elle ; la demi-fée ne s'en étonna pas et s'approcha sans hésiter. Elle savait son attitude insensée : ses poumons se compressaient et elle aurait déjà dû amorcer sa remontée. Elle consacra pourtant ses dernières forces à couper les brides de l'étrange licol en écorce de bouleau qui entravait l'animal. Ses sens se troublèrent peu à peu. Avant de perdre connaissance, elle eut un dernier regard pour la jument qui, enfin libérée de son harnais, se mouvait avec grâce autour d'elle : il lui sembla même que l'arrière-train de l'animal avait pris la forme d'une longue nageoire.

Assis sur la banquette arrière de la Ford-hydravion qui venait d'amerrir, Gueule-de-Loup tentait tant bien que mal de se réchauffer ; il s'était ébroué et son manteau en poil de grizzly gouttait, ce qui lui donnait un air pitoyable.

Debout sur l'un des flotteurs, Watson scrutait les eaux noires de la Tamise à la recherche de Pandora.

– C'est de l'inconscience pure ! répétait-il. Vous auriez dû la raisonner, Gueule-de-Loup ! Qu'est-ce qui lui a pris de vouloir aller sauver cette jument, sûrement noyée depuis longtemps ?

Le Velu-Fendard grommela dans sa barbe qu'on ne l'y reprendrait plus, et qu'à l'avenir il y réfléchirait à deux fois avant d'accepter un rôle de nounou – pour lequel, en tant qu'ogre, il n'était après tout pas le mieux qualifié. Abattu et rongé par la culpabilité, il s'apprêtait à se remettre à l'eau pour tenter de localiser Pandora, quand un animal chimérique semblable à un gigantesque hippocampe jaillit à quelques mètres de l'hydravion. La créature déroula sa longue nageoire, puis replongea aussitôt en abandonnant derrière elle un corps inerte, qui flotta un bref instant à la surface avant de commencer à couler.

– Pandora ! s'exclama Gueule-de-Loup, qui se jeta aussitôt dans le fleuve, prenant de court son compagnon resté sous le coup de la surprise.

En quelques mouvements de brasse, le Velu-Fendard rejoignit la demi-fée, qu'il ramena à l'hydravion en prenant le plus grand soin d'elle.

– Elle ne respire plus ! s'alarma-t-il en la hissant sur le flotteur.

– Allongez-la sur le dos, lui intima Watson d'une voix posée.

Le Velu-Fendard s'exécuta, et le docteur tenta de ranimer Pandora en lui comprimant le thorax. Quand elle se mit à hoqueter, puis à recracher l'eau contenue dans ses poumons, Watson la plaça sur le côté. Gueule-de-Loup résista alors à l'envie de serrer la miraculée dans ses bras, se disant qu'il serait bien capable de l'étouffer de nouveau ; il l'aida plutôt à se redresser.

– Comment vous sentez-vous, jeune fille ? s'enquit Watson.

– Épuisée et gelée, avec des courbatures partout, répondit-elle. Que s'est-il passé ? J'ai plongé pour libérer la jument de ses entraves, mais je n'avais plus de souffle pour remonter et j'étais en train de me noyer...

– Une... créature vous a remontée à la surface, lui apprit Watson. Cela peut paraître incroyable, mais nous l'avons bien vue.

– Ouais, un serpent marin avec une longue nageoire, grommela Gueule-de-Loup.

– Je ne sais pas si vous croyez aux légendes, ajouta Watson avec un petit sourire indéfinissable, mais la mythologie celtique est peuplée de créatures marines. Si Holmes m'entendait, il serait sans doute affligé, mais il se pourrait que la jument que vous avez voulu sauver soit un kelpie*. Les kelpies se désintéressent d'habitude du sort des humains, mais celui-ci a dû apprécier le courage dont vous avez fait preuve pour lui venir en aide.

Pandora resta songeuse, tandis que Gueule-de-Loup l'enveloppait dans un plaid et se mit à la frictionner.

– Bien, je crois qu'il est temps de rentrer, suggéra Watson. Je pourrai ainsi m'occuper de cette chère Mrs Hudson.

– C'est normal qu'elle soit toujours inconsciente ? demanda Gueule-de-Loup.

– Ne vous en faites pas, le rassura Watson : je pense qu'elle est victime d'un sortilège d'endormissement des plus élémentaires, et je connais une rebouteuse très compétente en ce domaine qui pourra…

– Vous avez dit une rebouteuse ? le coupa Pandora, qui grelottait. Je pourrai vous accompagner quand vous irez la voir ?

– Bien entendu. Monsieur Gueule-de-Loup, voulez-vous, je vous prie, aider Pandora à s'installer dans notre… euh… machine-à-aller-partout, et veiller à ce qu'elle soit bien au chaud ?

– Je ne comprends toujours pas pourquoi ces faces de mollusques s'en sont pris à Mrs Hudson, grommela le Velu-Fendard en s'acquittant de sa tâche.

– Vous êtes sûr de ce que vous m'avez dit tout à l'heure ? lui demanda Watson en ajustant ses lunettes. Vous avez bien vu un paquet rouge dans le bec de cette corneille ?

– Je sais quand même ce que j'ai vu, s'agaça Gueule-de-Loup en prenant place à l'avant de l'hydravion. Ce satané Faydit, si je le tenais, je lui ferais passer le plus mauvais quart d'heure de sa misérable existence !

Watson alluma le moteur, ce qui déclencha la rotation de l'hélice.

– Si ce que vous me dites se confirme, avoua-t-il à Gueule-de-Loup, alors j'ai bien peur que l'enlèvement de Mrs Hudson n'ait servi qu'à faire diversion.

– Comment ça, diversion ?

– Ces bandits cherchaient quelque chose de bien précis, dont ils ont de toute évidence réussi à s'emparer, précisa Watson tandis que l'hydravion prenait de la vitesse, dessinant une gerbe d'écume dans son sillage.

– Cette « chose » semble avoir une grande valeur, à vous écouter, s'étonna Gueule-de-Loup.

Le Velu-Fendard jeta un regard satisfait vers l'ancienne potence d'Execution Dock où il avait ficelé Tête de crapaud avec les lanières de son fouet.

– Sherlock Holmes accorde en effet à ce petit paquet rouge un prix inestimable, confirma Watson alors que l'hydravion prenait son envol en direction de Tower Bridge. Par prudence, ajouta-t-il, il l'avait dissimulé au 221B Baker Street dans un endroit a priori connu de lui seul, et il m'avait chargé de passer le prendre pour les besoins d'une enquête. Si ces scélérats s'en sont emparés, quelque chose me dit que nous allons tous bientôt devoir faire face à de très sérieux problèmes...

7

Mycrof Flying Express

« Watson possède en propre quelques qualités remarquables, auxquelles dans sa modestie il accorde peu d'attention, accaparé qu'il est par celle qu'il voue (exagérément) à mes exploits. Un associé qui prévoit vos conclusions et le cours des évènements est toujours dangereux ; mais le collaborateur pour qui chaque évènement survient comme une surprise perpétuelle, et pour qui l'avenir demeure constamment un livre fermé, est vraiment un compagnon idéal. »

Sherlock H.

Le même soir, au 221B Baker Street

Quand il pénétra dans l'ancienne chambre de Sherlock Holmes, le docteur Watson fut saisi d'une bouffée de nostalgie : les lieux étaient demeurés tels que son ami les avait laissés. Avec leur désordre ambiant et une multitude d'objets aussi insolites qu'inutiles pour le commun des mortels. Seuls manquaient les précieux dossiers du détective, rapatriés dans le Sussex.

– Comme vous pouvez le constater, précisa Mrs Hudson, je n'ai touché à rien. Monsieur Holmes, qui m'a versé une pension permettant de couvrir au moins les cent prochaines années, me l'avait expressément demandé.

Watson confirma d'un petit hochement de la tête. Il était surtout rassuré de voir que l'antidote qu'il était passé prendre sur le chemin du retour avait si bien requinqué son ancienne logeuse. L'effet amnésiant de la potion lui avait en prime fait oublier la mésaventure qu'elle avait vécue.

– Vous pourrez aussi noter que je me suis pliée aux lubies les plus insensées de mon locataire fantôme et n'ai pas même fait la poussière, ajouta la logeuse d'un ton indigné, en traçant avec son index un sillon sur la commode.

– Je vous remercie, Mrs Hudson, la félicita Watson : c'est parfait. Vraiment parfait...

Le docteur esquissa un sourire. Holmes vouait un véritable culte à la poussière, dont les strates accumulées constituaient, à ses yeux, une méthode de classement incomparable. Watson contempla quelques secondes la dizaine d'impacts de revolver qui pointillaient les murs et dessinaient tous les initiales « *V.R.* », à la gloire de la reine Victoria. Puis il s'intéressa à un petit cadre accroché au-dessus du lit. Il s'agissait du portrait en pied et en robe de soirée d'une très belle femme, dont le visage aux traits fins était encadré de mèches bouclées châtain roux ; un sourire ironique étirait ses lèvres, et au bas de la photo figurait l'inscription suivante : « *Tel est pris qui croyait prendre. Avec mes meilleurs souvenirs. Irène Adler.* »

Watson décrocha le cadre avec précaution et, comme le lui avait indiqué Holmes, il découvrit un coffre fort encastré dans le mur. Il en composa le code et l'ouvrit avec une légère fébrilité. Son cœur manqua un battement quand il découvrit que la cache était vide.

« Bien sûr... », soupira-t-il en fermant les yeux pour se donner l'illusion d'une seconde chance. Quand il les rouvrit, il dut se rendre à l'évidence : les *redcaps* s'étaient bien emparés du petit paquet rouge auquel Holmes tenait comme à la prunelle de ses yeux.

Accablé, le docteur regagna le séjour de Mrs Hudson. La mine grave qu'il affichait ne laissa aucun doute à Pandora.

– Les *redcaps* sont passés avant nous, c'est ça ?

– Malheureusement, oui, confirma Watson.

Le docteur se laissa tomber dans un fauteuil, et contempla d'un air songeur la fenêtre à guillotine du salon dont le verre éclaté n'avait pas encore été remplacé.

– C'est une catastrophe, soupira-t-il. Sherlock Holmes m'informait dans son télégramme qu'il devait se rendre, pour une enquête, à Bess-Kërvil, un pensionnat pour jeunes filles situé en Écosse. Il m'y attendait au plus vite et me priait de lui apporter les documents qu'on nous a volés. Je serai bien désolé d'avoir à lui annoncer la mauvaise nouvelle...

Pandora avait eu le temps de faire le point sur la situation. Si Faydit se trouvait bien derrière le vol du document, ce dont elle ne doutait pas, il fallait absolument l'empêcher de nuire.

– Si vous n'y voyez pas d'inconvénient, docteur, mes amis et moi souhaiterions vous accompagner en Écosse. Nous connaissons mieux que personne l'auteur du vol et nous pourrons sans doute vous être utiles.

Surpris par la requête de la demi-fée, Watson observa un moment de réflexion. En temps normal, et connaissant le caractère de Sherlock Holmes aussi bien que ses méthodes d'enquête, il aurait refusé sans la moindre hésitation. Cette fois-ci, pourtant, il était partagé. Même s'il ne connaissait presque rien d'elle, la jeune fille qui lui faisait face paraissait d'une détermination surprenante, malgré son âge : elle en avait d'ailleurs largement fait ses preuves. Quant au plus imposant de ses deux compagnons, il pourrait se révéler taillé pour l'aventure délicate qui les attendait peut-être.

– C'est d'accord, se surprit-il à répondre.

– Je vous remercie, docteur. Je vous promets que nous nous ferons aussi discrets que possible.

Watson regretta presque aussitôt sa décision, se disant qu'il vieillissait et n'avait sans doute plus toute sa raison.

– Votre ami semble aller un peu mieux, constata-t-il en désignant Hector qui venait de reprendre connaissance. Le remède que vous a prescrit la rebouteuse semble faire effet ?

– Je crois, oui, confirma Pandora.

Elle aida Hector à se redresser.

– Où… où sommes-nous et qui est cet homme ? demanda le jeune agent en se prenant la tête à deux mains dans une grimace de souffrance.

– Nous sommes à Londres, au 221B Baker Street, et voici le docteur Watson que tu as vu tout à l'heure, lui apprit Pandora. Comment te sens-tu ?

– Le docteur Watson… ? Connais pas… On… On est où, déjà ?

– Je peux vous parler, Pandora ? lui demanda Watson en lui saisissant le bras.

Troublée par la détresse d'Hector, la demi-fée demeura quelques secondes indécise avant de se laisser entraîner à l'écart.

– Votre ami semble atteint d'une forme d'amnésie évolutive très étrange, chuchota le docteur. Les maux de tête qu'il ressent et la détérioration continue de ses facultés mémorielles m'inquiètent. Il n'est pas impossible que la mémoire lui revienne progressivement, mais il serait peut-être plus sage d'effectuer des examens complémentaires ?

Un bref instant, Pandora hésita à informer le docteur Watson de la nature réelle de l'amnésie dont souffrait Hector. Méfiante par habitude, elle ne lui avait encore rien dit au sujet du sortilège lancé par Mnémosyne. Et puis, pourrait-il seulement la croire ? Elle décida de taire la vérité dans un premier temps.

– Je... Je ne crois pas qu'il soit nécessaire, pour le moment, d'envisager des examens médicaux, lui assura-t-elle. Hector a vécu des évènements qui l'ont ébranlé émotionnellement, mais je peux vous certifier qu'il n'a pas subi de traumatisme physique.

– Comme vous voudrez, acquiesça Watson. Si vous n'y voyez pas d'inconvénient, je veillerai quand même sur lui et, au moindre signe inquiétant, nous procéderons à des analyses plus poussées.

– C'est entendu, docteur, merci.

La sonnette de la porte d'entrée carillonna. Après quelques instants, Mrs Hudson fit irruption dans le salon et tendit une petite enveloppe à Watson.

– Un pli pour vous, docteur, annonça-t-elle.

Quand il vit l'en-tête du club Diogène, Watson comprit tout de suite qu'il s'agissait d'un mot de Mycroft Holmes.

Il ne s'étonna pas de savoir comment son correspondant avait deviné qu'il se trouvait au 221B Baker Street : aucune information n'échappait à cet homme qui possédait, par ailleurs, des capacités de déduction au moins aussi aiguisées que celles de son cadet.

Watson décacheta l'enveloppe et en sortit une carte, qu'il lut avec attention. Cela fait, il la glissa dans l'une de ses poches. Mycroft lui demandait de passer prendre livraison d'une petite boîte afin de l'apporter à son frère.

– Je dois m'absenter une heure ou deux, annonça-t-il en boutonnant son manteau. Je vous laisse aux bons soins de Mrs Hudson et vous retrouverai ici dans la soirée. D'ici là, essayez de vous reposer un peu.

*

*   *

Gare d'Euston, peu avant minuit

Quand il pénétra dans le grand hall, désert à cette heure-là, Watson leva d'instinct les yeux pour admirer les plafonds à caisson. Il en profita pour s'assurer de l'heure à l'horloge murale, qui indiquait minuit moins quatre. Cela leur laissait tout juste le temps de gagner leur train.

De toute façon, l'express pour Glasgow attendrait. Mycroft avait distribué ses consignes dans ce sens, et quand l'homme le plus influent du Royaume donnait un ordre, même les fourmis de Sa Majesté se mettaient en quatre. Watson pressa quand même un peu l'allure, suivi par Pandora, Hector et Gueule-de-Loup. Il se repassait les derniers évènements en boucle, et se demandait s'il avait bien fait d'accepter la requête de la jeune fille : cette affaire semblait prendre un tour bien étrange et plus complexe qu'il n'y paraissait de prime abord. Il s'en était ouvert à Mycroft, qui n'avait pas paru trouver saugrenu qu'il fasse le voyage accompagné. Le frère du détective lui avait remis une petite boîte métallique, lui recommandant la plus grande vigilance en l'avertissant des convoitises qu'elle pourrait susciter de la part des ennemis de Sherlock : personne ne devait l'ouvrir, sous aucun prétexte. Mycroft n'avait cependant pas précisé sur qui portaient ses soupçons. Par mesure de précaution, il avait quand même ajouté avoir fait équiper avec quelques inventions de son cru une voiture entièrement privatisée, pour assurer leur sécurité et celle du mystérieux objet.

Watson et ses compagnons gagnèrent les quais. Arrivés à hauteur de la voiture centrale, ils s'y engouffrèrent. Le chef de gare donna aussitôt le signal du départ. La locomotive montait en régime, et la vapeur soufflée par le monstre d'acier alla se mêler aux arabesques en fer forgé des marquises qui formaient un ciel en verre au-dessus des voies. Le train s'ébranla.

Watson resta un long moment songeur, figé devant la fenêtre. Mains croisées dans le dos, il se mit à regarder défiler le paysage avalé par la nuit : maisons en briquettes sur le point de crouler et entrepôts désaffectés. Sa pipe, qu'il avait bourrée de son tabac d'Arcadie et allumée sitôt monté dans la voiture, fumait au même rythme que la locomotive, et les volutes bleues du tabac ennuageaient la vitre. Bientôt, le train fila à travers la campagne anglaise sous une pluie battante, qui cinglait les fenêtres.

Après avoir aidé Gueule-de-Loup à installer Hector sur une banquette du vaste espace qu'ils occupaient seuls, Pandora rejoignit Watson.

– Vous avez l'air soucieux, docteur, s'enquit-elle.

– Trois fois rien, la rassura Watson, les yeux toujours collés à la fenêtre. Je réfléchissais à la discussion que je viens d'avoir avec Mycroft Holmes. Il m'a notamment mis en garde contre d'éventuelles forces surnaturelles qui pourraient entraver la bonne marche de la nouvelle enquête de son frère. Connaissant l'aversion viscérale de Sherlock à l'égard de tout ce qui relève du fantastique, il a pourtant insisté pour m'exposer ses craintes.

– Vous a-t-il précisé de quelle nature pouvaient être ces « forces surnaturelles » ? demanda Pandora.

– Pas précisément, non.

Sa curiosité attisée, Gueule-de-Loup prit à son tour part à la discussion.

– Je ne serais pas étonné que ce sorcier de Faydit, maudit soit-il à jamais, prépare encore un de ses coups tordus, affirma-t-il.

– Vous semblez bien connaître cet individu ? fit remarquer Watson. J'imagine que vous avez déjà eu maille à partir avec lui ?

Gueule-de-Loup faillit s'étrangler. Pris d'une quinte de toux, il ne put prononcer les injures destinées à qualifier Faydit et qui lui obstruaient la gorge. Pandora lui donna une grande claque dans le dos, pour l'aider à respirer.

– Faydit est un fourbe de la pire espèce, apprit-elle à Watson. Pourtant, il n'est pas dans ses habitudes d'agir seul et il se met le plus souvent au service d'un homme plus ambitieux encore. S'il a volé cet objet à Holmes, c'est sans doute à la demande de son maître. C'est ce dernier qu'il faut trouver.

Le docteur acquiesça d'un simple hochement du menton.

– Une dernière chose, à propos de Faydit, ajouta Pandora. Ce n'est pas un être disons… ordinaire. Je suis certaine que Mycroft ne se trompe pas en disant qu'une forme de puissance surnaturelle est sans doute à l'œuvre dans cette affaire.

– Je vous crois, Pandora, affirma Watson. Contrairement à Holmes, je suis plutôt enclin à penser, dans certaines limites, que d'autres formes de vie existent et qu'on ne peut pas toujours tout expliquer rationnellement. Votre mystérieux sauvetage des eaux de la Tamise en est un bel exemple. Si j'ai encore du mal à concevoir qu'un homme, en l'occurrence notre voleur, puisse se métamorphoser en corneille comme vous affirmez l'avoir vu, je suis pourtant disposé à y croire. Un homme averti en valant deux, je me tiendrai donc sur mes gardes.

Le docteur tapotait nerveusement la petite boîte métallique qu'il avait glissée dans l'une des poches de sa veste, pour l'avoir toujours à portée de main. Il jeta un regard circulaire, semblant seulement découvrir le compartiment où ils se trouvaient. Ses parois, lambrissées, étaient pourvues de nombreuses fenêtres à guillotine, pour certaines voilées de rideaux pourpres. Sur le côté droit, s'alignaient de petits boxes équipés de banquettes modulables en lits ; à l'opposé, des fauteuils en cuir grenat disposés autour de tables circulaires formaient de petites alcôves. Les tapis de laine épaisse disposés sur le plancher contribuaient à créer une atmosphère feutrée. Les boiseries du plafond étaient elles aussi étrangement tapissées à certains endroits de carrés de laine. Tout le long du compartiment, de part et d'autre, des becs de gaz en forme de fleurs allongées diffusaient une lumière pâle.

– Savez-vous où nous sommes ? demanda-t-il à ses compagnons.

– Eh bien, dans l'express pour Glasgow ? hasarda Pandora qui sentait pourtant que la question appelait une réponse moins évidente. Et je crois savoir qu'il s'agit d'un des premiers convois à expérimenter les couchettes pour voyageurs, ajouta-t-elle.

– Expérimental est le mot juste, ma chère. Ce train, le « My-Fly » – pour *Mycroft Flying Express* –, est une forteresse roulante tout droit sortie de l'imagination si fertile de Mycroft Holmes. En voici la preuve, ajouta-t-il en sortant un document de sa poche qu'il tendit à Pandora.

La demi-fée prit ce qui ressemblait à une notice pliée en accordéon. Tandis qu'elle parcourait avec un intérêt grandissant la table des matières, Gueule-de-Loup se sentit rattrapé par une angoisse sournoise. Cette même peur panique qui lui avait déjà noué l'estomac lors du vol au-dessus de la Tamise avec la Ford chauve-souris.

– C'est... c'est tout simplement prodigieux, murmura Pandora en relevant les yeux de la notice.

– N'est-ce pas ? acquiesça Watson. Avec cela, des militaires du *Gordon Highlanders** occupent le compartiment voisin, ce qui nous assure un bon renfort en cas de problème.

Voyant qu'Hector s'était éveillé en sursaut, le docteur alla s'enquérir de sa santé. Il l'apaisa et remit sa couverture en place. L'instant d'après, le jeune agent avait de nouveau sombré dans le sommeil.

– Bien, il se fait tard, déclara Watson. Pour l'instant, il me semble que le mieux que nous ayons à faire est d'imiter Hector. Puisque Mycroft a pensé à notre confort, il serait dommage de ne pas en profiter. Si vous le permettez, je vais m'allonger sur l'une de ces couchettes qui fera sans doute un assez bon lit pour cette nuit. Au moindre problème, n'hésitez pas à me réveiller.

Ils se souhaitèrent bonne nuit, et Pandora attendit que Watson referme derrière lui la porte coulissante de son box. Elle s'approcha alors de la petite table ronde qui jouxtait la banquette d'Hector, et y déploya la notice du « My-Fly ».

– Qu'est-ce que c'est ? s'enquit Hector d'une voix endormie.

– Ah, tu es réveillé ! se réjouit Pandora. Comment te sens-tu ?

– Beaucoup mieux, merci. Même si la mémoire ne m'est toujours pas revenue.

– Pour répondre à ta question, ceci est une notice concernant notre train, que m'a remise le docteur Watson. Gros-Loup, appela-t-elle : viens voir ça, tu ne vas pas en croire tes yeux.

Le Velu-Fendard s'approcha à contrecœur, en grommelant qu'il ne tenait pas vraiment à en apprendre plus sur la machine diabolique dans laquelle ils se trouvaient. Skarabesque quitta elle aussi la veste d'Hector pour voleter jusqu'à la feuille. Son maître la laissa faire et, pour la première fois depuis longtemps, un sourire s'esquissa sur ses lèvres. Pandora y vit un signe encourageant. Le scarabée finit par se glisser sous la notice. Gueule-de-Loup et Hector se penchèrent alors sur le document pour mieux l'observer. Il s'agissait d'une planche d'ingénieur qui représentait leur voiture dessinée sous tous les angles.

– C'est un plan du train, nota Gueule-de-Loup, mais je ne vois pas ce qu'il présente d'intéressant ?

– Il s'agit plus exactement d'un plan de notre voiture, précisa Pandora. Pour découvrir son originalité, suivez le scarabée…

Hector retourna la notice en prenant garde à Skarabesque, qui resta accrochée à la feuille et effectua une élégante figure acrobatique.

– C'est… c'est toujours notre voiture ? bredouilla-t-il en découvrant les nouveaux croquis.

– C'est bien elle, confirma Pandora. Ou plutôt l'envers du décor. Assez étonnant, non ?

– Un truc de psychopathe, oui…, souffla Hector. Quel cerveau complètement détraqué a pu imaginer une telle horreur ?

– Celui de Mycroft Holmes, révéla Pandora.

– C'est quoi, ces tuyaux d'orgue, qu'on voit sur le côté ? demanda Hector.

– Je pense qu'il s'agit d'une soufflerie, suggéra Pandora. Elle permet sans doute de mettre en œuvre l'ensemble du mécanisme.

Hector frissonna. Il n'osait plus bouger et commença à se méfier de tout. Il se mit à observer plus en détail l'ameublement, osant à peine tourner la tête de peur qu'un mécanisme ne se déclenche par inadvertance. Plus angoissant encore, il se sentait épié. Les parois avaient des yeux, il en était à présent certain. Il sursauta lorsque Skarabesque stridula. Il la regarda progresser jusqu'à lui et la prit dans ses mains avec délicatesse.

– Toi, au moins tu n'es pas une grosse bête toute moche, p'tite Skara, murmura-t-il en lui lissant les élytres.

Pandora sentit alors son médaillon porte-bonheur se charger d'énergie. Elle le prit dans la paume et éprouva toute sa puissance : les Oiseaux protecteurs l'avertissaient d'un danger imminent. Le pendentif de Gueule-de-Loup, qui lui avait été offert par le grand-père de la demi-fée quand il avait accepté de veiller sur elle, irradia lui aussi d'une lumière chaude.

– J'aime pas ça du tout, grogna le Velu-Fendard. C'est jamais bon signe quand ces fichus médaillons se mettent à luire.

Pour lui donner raison, les becs à gaz baissèrent alors d'intensité. Ils entendirent des bris de verre. Cela provenait du box où dormait Watson. La seconde d'après, un coup de feu retentit, puis leur parvint un râle de douleur et tout cessa. Pandora et Gueule-de-Loup se précipitèrent sur la porte, qui était verrouillée.

– Docteur ? Vous m'entendez ? appela Pandora en essayant d'ouvrir la porte.

– Laisse-moi faire, proposa Gueule-de-Loup.

D'un coup d'épaule, il fit sauter le loquet. En ouvrant, il découvrit Watson qui gisait sur le parquet, tenant encore son revolver dans la main droite. Le temps qu'il se remette de sa surprise, Pandora s'était déjà agenouillée auprès du docteur et lui prenait le pouls.

Gueule-de-Loup s'approcha quant à lui de la fenêtre, qui avait volé en éclats.

– Il respire, annonça Pandora. Il a simplement été assommé.

La demi-fée tapota les joues de Watson, qui finit par reprendre connaissance et se redressa à demi, une main sur son crâne endolori.

– Comment vous sentez-vous, docteur ? s'inquiéta-t-elle.

– La… la boîte, dans ma poche. Vérifiez, je vous prie.

Pandora fouilla la veste de Watson mais ne trouva rien, ce qu'elle lui signifia d'un mouvement de tête.

– Qui que ce soit, celui qui vous a agressé est sacrément agile, docteur, commenta Gueule-de-Loup en regardant par la fenêtre.

– C'est une catastrophe… Il faut absolument le rattraper, s'alarma Watson. Il… Il était de petite taille. J'ai tiré et je pense l'avoir touché, il n'ira pas loin.

– On s'en charge, affirma Pandora. Vous, vous restez ici avec Hector.

Ce dernier aida le docteur à s'asseoir sur la banquette, tandis que Pandora et Gueule-de-Loup se lancèrent à la poursuite du voleur.

Ils traversèrent une première voiture entièrement occupée par des soldats du *Gordon Highlanders*. Ils ne semblaient rien avoir entendu du drame qui s'était joué à quelques mètres. Pour la plupart assoupis, les militaires ne disposaient pas du même confort qu'eux et dormaient comme ils pouvaient, serrés avec leur barda sur les banquettes rudimentaires de leurs compartiments. Certains avaient d'ailleurs opté pour le plancher et s'étalaient de tout leur long jusque dans le couloir, obligeant quiconque désirait passer à les enjamber.

La voiture suivante était réservée aux civils. Pandora et Gueule-de-Loup la remontèrent entièrement. Ils jetaient un rapide regard à travers les vitres des compartiments, aux trois quarts inoccupés, pour tenter de repérer un éventuel suspect correspondant à la description donnée par Watson. Ici ou là, somnolaient un homme seul ou un couple, mais personne qui ait éveillé leurs soupçons. Il leur restait un dernier compartiment, dont la vitre était voilée par des rideaux. Pandora et Gueule-de-Loup échangèrent un regard entendu. Le Velu-Fendard prit son élan et fracassa la porte. Emporté par sa vitesse, il se retrouva nez-à-nez avec un homme grand et sec aux faux airs de corvidé qui le toisa avec dédain, un rictus aux lèvres. Il tenait dans l'une de ses mains la petite boîte dérobée à Watson, et était encadré de trois *redcaps* qui se mirent aussitôt en position défensive, dégainant les lames de leurs bâtons de marche.

– Le Fétide…, souffla Gueule-de-Loup.

Mû par la haine qu'il vouait au sorcier, le Velu-Fendard se jeta sur lui. Mais ses bras embrassèrent le vide : d'une vivacité surprenante, Faydit avait fait un pas de côté pour esquiver la charge. Un déplacement qui n'avait rien de naturel, comme le nota aussitôt Pandora. Elle s'étonna alors de constater que le sorcier pouvait recourir à ses pouvoirs, tandis qu'elle se trouvait incapable d'utiliser les siens.

– Heureux de te revoir, Pandora, persifla Faydit. Je constate que tu choisis toujours aussi mal tes alliés : t'encombrer de ce lourdaud d'ogre n'est pas très judicieux.

Pandora serra les poings : elle rêvait de faire payer ses crimes au sorcier, entre autres celui de sa marraine, mais elle savait Faydit hors d'atteinte tant qu'elle ne pourrait user de ses pouvoirs féeriques. Gueule-de-Loup, de son côté, rageait : harcelé par deux *redcaps* qui le tenaient en respect avec leurs lames, il se trouvait acculé contre la paroi du compartiment. Faydit s'amusait beaucoup de la frustration qu'il lisait sur le visage du Velu-Fendard.

– Bien, soupira-t-il : tu ne m'en voudras pas de t'abandonner, chère Pandora, mais le devoir m'appelle. Ma maîtresse retrouvera bientôt toute sa liberté, et elle souhaitera avoir une discussion, sans doute mortelle je te l'accorde, avec toi. Elle m'en voudrait de l'en avoir privée et je me vois donc dans l'obligation de t'épargner pour le moment.

Faydit confia la boîte métallique à l'un des *redcaps*.

– Détruis-la, lui ordonna-t-il.

Il salua alors Pandora de manière théâtrale et se métamorphosa en corneille pour s'envoler par la fenêtre restée grande ouverte.

Pandora venait de voir ses craintes confirmées : Faydit n'était que l'exécuteur des basses œuvres non pas d'un, mais de deux maîtres. Si le second lui était encore inconnu, le premier, la déesse Mnémosyne, était une vieille connaissance. Condamnée au bannissement perpétuel, et son âme emprisonnée, elle s'apprêtait à recouvrer sa liberté. Il fallait à tout prix empêcher que cela ne se produise.

– Gueule-de-Loup, vite, il faut leur reprendre la boîte ! réagit-elle.

Tandis que le Velu-Fendard tentait de se dépêtrer des deux *redcaps*, le troisième gobelin en profita pour se glisser par la fenêtre et se hisser sur le toit du train. Pandora se lança à sa poursuite, s'accrocha au rebord du toit et s'y jucha à son tour. Contrarié de ne pas pouvoir lui prêter main-forte, Gueule-de-Loup fonça en hurlant tête baissée sur un premier adversaire, qu'il assomma contre la paroi. Le second gobelin voulut alors lui enfoncer sa lame dans le flanc, mais le Velu-Fendard attrapa son bâton et l'envoya rejoindre son acolyte. Il se précipita ensuite à la fenêtre, mais constata qu'il était trop large pour se faufiler dans l'encadrement et dut renoncer. Il se rua alors dans le couloir, et finit par repérer une trappe qui donnait accès au toit.

Gueule-de-Loup considéra l'échelle métallique suspendue, qu'il fit descendre. Il hésitait à en gravir les échelons quand il aperçut Hector qui arrivait en courant.

– Où est Pandora ? demanda le jeune agent avec anxiété.

– Sur le toit, elle poursuit un *redcap*. Je vais la rejoindre.

– Sur le toit ? s'inquiéta Hector. Mais c'est de la folie !

– Complètement suicidaire, on est bien d'accord..., grommela Gueule-de-Loup.

Il avait à peine posé un pied sur le premier échelon, que ses angoisses le rattrapèrent.

– Laisse-moi y aller, se proposa Hector : je ne crains pas le vertige et j'ai des Sept-lieues.

– Hors de question ! l'arrêta Gueule-de-Loup. Tu es encore trop faible. En revanche, tu peux peut-être me prêter tes bottes…

Hector s'empressa de se déchausser. En échange, Gueule-de-Loup lui tendit ses brogues, des chaussures rustiques à grosses semelles.

Hector songea qu'il pourrait glisser au moins deux pieds dans chacune d'elles.

Gueule-de-Loup chaussa les Sept-lieues, qui s'adaptèrent aussitôt à sa pointure. Il comprit ainsi que tout ce qu'il avait entendu à leur sujet était vrai. Avec un peu d'expérience, on pouvait les contrôler par la pensée et elles obéissaient alors au doigt et à l'œil à leur utilisateur. Il songea que s'il n'avait pas encore la grâce d'une hirondelle, il se sentait désormais bien plus léger. Il plaignait d'ailleurs l'inconnu : seul contre deux adversaires équipés de bottes fées, ses chances de s'échapper avoisinaient le degré zéro. Regonflé, il gravit l'échelle métallique. Quand il atteignit le toit, il ouvrit la trappe sur la nuit et le ciel pluvieux. Il passa alors la tête et risqua un regard circulaire pour évaluer la situation. Du fait de l'obscurité, et gêné par les fumées de la vapeur que dégageait la locomotive, il mit un certain temps à repérer les deux silhouettes : l'une fine comme une liane et l'autre râblée, elles se faisaient face sur la voiture de queue. Sans perdre un instant, Gueule-de-Loup se hissa à son tour et commença à progresser avec prudence vers Pandora et le gobelin. La tôle était une vraie patinoire et sans les Sept-lieues, chaque pas supplémentaire aurait relevé de l'exploit.

Acculé à l'arrière du train, le *redcap* n'osait plus faire un pas. Pandora semblait au contraire très à l'aise : les bottes fées adhéraient parfaitement au revêtement du toit et obéissaient à toutes ses injonctions. Elle se mouvait comme elle le désirait, se replaçant d'un simple bond pour priver son adversaire d'échappatoire. Elle ne quittait pas des yeux la petite boîte que le gobelin tenait dans sa main droite. Comprenant qu'il s'apprêtait à la lancer dans le vide, Pandora se jeta sur lui. Déséquilibré, le *redcap* lâcha le petit objet, qui roula sur la tôle. En se précipitant, Pandora put le rattraper à temps.

– Pandora, prends garde à tes arrières, on a de la compagnie, l'avertit alors Gueule-de-Loup.

Les deux autres gobelins les avaient rejoints et entreprenaient de les encercler.

– Je dois te reconnaître un certain courage, petite humaine, admit son premier adversaire. Mais tu ne me laisses pas le choix.

Tout en parlant, le *redcap* commença sa métamorphose. Les traits de son visage se durcirent encore et se parcheminèrent, sa taille s'accrut de plusieurs toises et ses muscles augmentèrent de volume.

– Un nuckelavee*… ! s'exclama Gueule-de-Loup, qui avait entendu parler de ces êtres maléfiques qui se rencontraient parfois aussi en pays Velu-Fendard. Méfie-toi de son souffle, Pandora !

La créature entreprit de gonfler ses poumons, ce qui n'échappa pas à Pandora. Se préparant à parer l'attaque si prévisible de son adversaire, la demi-fée songea, qu'en plus d'un cerveau, elle avait dans sa manche au moins un autre atout que la créature maléfique ne semblait pas posséder : l'imagination. Celle-ci était la clé de tout, l'amie fidèle, la bonne étoile, l'étincelle. Là, nichée au fond de ses bottes. Et peu nombreux étaient ceux qui pouvaient se vanter de maîtriser les Sept-lieues aussi bien qu'elle. Bien sûr, sans entraînement l'imagination n'est parfois d'aucun secours. Mais, elle, avait répété maintes et maintes fois le petit tour qu'elle s'apprêtait à accomplir. Elle attendit le dernier moment pour bondir, au risque de recevoir la puissante rafale que venait de projeter le nuckelavee. Elle s'éleva enfin d'un bond prodigieux. Profitant de l'aveuglement rageur de son adversaire, elle le survola et effectua ses petites vrilles de la pointe des bottes. Un tourbillon féerique se forma alors, qui emporta la créature sur plusieurs mètres. C'était sans doute la première fois que le faiseur de tempêtes se prenait un vent. Pandora se posa en douceur sur le toit, essoufflée mais rassurée de savoir que le nuckelavee n'était pas tout à fait invulnérable.

– Bravo, ça c'est ce que j'appelle du rentre-dedans ! la félicita Gueule-de-Loup en posant une main sur son épaule.

– Un répit de courte durée..., relativisa Pandora qui n'avait pas quitté des yeux la créature.

Furieux, le nuckelavee reprit position.

Soudain, le train s'arrêta. Dans le silence qui s'installa, un air de cornemuse s'éleva de manière distincte. La musique, profonde et envoûtante, semblait se diffuser à travers toute la voiture qui fut bientôt parcourue d'un formidable tressaillement. La tôle du toit se mit à ondoyer, s'hérissant de milliers de bouclettes métalliques qui commencèrent à s'enrouler autour des bottes de Pandora et Gueule-de-Loup, emprisonnant aussi leurs adversaires. D'ailleurs, à y regarder de plus près, pensa la demi-fée en se dégageant de l'emprise des crocs d'acier, l'immense tentacule qui battait l'air ressemblait de plus en plus au corps annelé d'un serpent. Elle n'eut alors plus aucun doute : la créature créée par Mycroft s'était réveillée.

8

Chimère

« Si nous avons affaire à des forces débordant les lois ordinaires de la nature, notre enquête devient inutile. Mais il nous faut épuiser toutes les autres hypothèses avant de retomber sur celle-là. »

Sherlock H.

Au même moment, dans le train

Les joueurs de cornemuse du *Gordon Highlanders* faisaient retentir le *Cock o' the North*. Les *pipers** y mettaient tout leur cœur. Ils orientaient les bourdons de leurs instruments vers les bouches que Mycroft avait prévues à cet effet le long des parois. La musique se diffusait ensuite à travers l'ingénieux système de tuyauterie disposé horizontalement sous les lambris, qui l'amplifiait encore. Par un jeu d'écho dont Mycroft avait eu l'idée en pensant aux avalanches, toute une série de rouages se mettait ainsi en branle.

Un puissant tremblement secoua la voiture. Il fut suivi d'un sifflement inquiétant.

Watson, que le vacarme avait réveillé, se leva en vacillant un peu. Il allait bien mieux, mais se sentait encore faible. Il alla regarder par la fenêtre et comprit alors que le train était arrêté en rase campagne, à plus de deux heures de la gare suivante comme le lui indiquait sa montre. Il mit ce contretemps sur le compte d'un incident mécanique. En revanche, la marche militaire entonnée par les *Gordon Highlanders* et surtout le remue-ménage qu'il entendait derrière la porte l'incitèrent à aller aux nouvelles.

En quittant son compartiment, il trouva la voiture plongée dans l'obscurité et le silence. Le temps de s'accoutumer à la pénombre, il finit par identifier une silhouette qui se tenait à ses côtés.

– Hector ? que se… ? demanda-t-il.

Deux mains se plaquèrent sur sa bouche, l'empêchant de terminer sa phrase. Un doigt sur ses lèvres, Hector lui fit signe de garder le silence.

Soudain, la dizaine de becs à gaz de la voiture poussèrent ensemble leurs flammes, dévoilant les lieux.

Stupéfait, Watson recula d'un pas, comprenant à présent d'où provenait le grondement : les luminaires étaient devenus les têtes monstrueuses d'une hydre mécanique ; les tapis de laine semblaient avoir pris vie, leurs brins pulsant et refluant telles des anémones, au sol comme aux plafonds ; l'arrière de la voiture, où se trouvait l'accès vers le toit, était ouvert sur la nuit : une immense queue serpentine s'en échappait pour disparaître à l'extérieur.

– Une chimère mécanique... C'était donc vrai, par tous les saints ! souffla Watson, horrifié qu'un cerveau humain ait pu concevoir une telle monstruosité.

Il se rapprocha d'Hector et tous deux se plaquèrent contre la porte de la voiture, prêts à s'en échapper. L'une des têtes de la chimère les repéra alors et s'allongea jusqu'à eux avec un feulement rauque. La gueule métallique s'arrêta à un centimètre du visage d'Hector. Ses deux fentes oculaires semblèrent alors l'évaluer. Le jeune agent soutint son « regard », en s'efforçant de ne pas loucher ni bouger d'un cil. Il nota avec anxiété qu'il s'agissait d'une tête de lion, dont la crinière, constituée de fibres d'acier, se déploya pour lui caresser les joues, le nez, le cou. Après quelques secondes qui lui parurent interminables, Hector fut soulagé de voir la crinière se rétracter. La tête, avec son long cou articulé, s'étira alors jusqu'au plafond, bientôt imitée par toutes les autres.

– J'ai encore du mal à y croire, mais nous nous trouvons bien dans le ventre d'une chimère mécanique…, murmura Hector.

– Heureusement, on n'a pas l'air d'être à son goût, ajouta Watson sur le même ton. D'une manière ou d'une autre, elle semble penser que nous sommes inoffensifs.

– Pour le moment, en tout cas, nuança Hector.

Le jeune agent ne perdait pas de vue les têtes de lion, persuadé qu'elles pouvaient très bien changer d'avis à leur sujet. Après le départ de Pandora et Gueule-de-Loup, il s'était replongé dans la notice de leur voiture et avait fini par comprendre comment déclencher le mécanisme en observant mieux l'un des becs à gaz. Jugeant que ses compagnons auraient peut-être besoin d'aide, il s'était décidé à aller voir les joueurs de cornemuse des *Gordon Highlanders* pour leur demander d'entrer en action. À présent, il regrettait presque son initiative.

– Avez-vous des nouvelles de nos compagnons ? s'enquit Watson.

– Ils sont sur le toit, l'informa Hector.

– Sur le… ?

Un sifflement strident interrompit le docteur. Hector et lui levèrent ensemble les yeux vers le plafond pour voir les têtes de lion s'enfoncer dans la peau du monstre métallique, puis la traverser.

Pandora vit des gueules de lion mécaniques jaillir de toutes parts pour s'élever vers le ciel. Certaines prirent aussitôt les deux *redcaps* pour cibles, crachant leur flamme dans l'air froid de la nuit. Elles réduisaient ainsi fortement la marge de manœuvre des gobelins.

Le gigantesque tentacule métallique, qui avait jailli de la trappe, avait quant à lui enlacé le nuckelavee. Emportée dans le ciel, la créature se débattait en vain pour échapper à la queue serpentine de la chimère mécanique. Pandora la vit faiblir et finir par succomber, étouffée. Le tentacule rejeta sa proie, puis se rétracta entièrement et la trappe se referma dans le même mouvement.

Les deux gobelins, mus par une haine décuplée, tentèrent alors d'attaquer Gueule-de-Loup. Le Velu-Fendard s'agenouilla et s'empara de l'une des gueules de lion qui, située à proximité de la trappe d'accès à la voiture, n'avait pu transpercer entièrement le toit et tortillait en vain son long cou pour se dégager. Il l'utilisa alors comme lance-flamme pour repousser l'assaut des deux *redcaps*, qui reculèrent en poussant des hurlements de douleur. Transformés en flambeaux vivants, ils finirent par s'évaporer dans une lueur bleue synonyme de féerie.

– Victoire complète ! s'écria le Velu-Fendard en lâchant le cou articulé pour lever les bras.

Il regretta aussitôt son imprudence : la gueule se retourna vers lui et le fixa, prête à le carboniser. Pandora s'élança alors à son secours : d'un bond, elle prit hauteur et vitesse pour s'abattre sur la gueule de lion, qu'elle neutralisa définitivement d'un coup de talon.

– Pfiou, c'était moins une, merci ma belle..., souffla Gueule-de-Loup.

– Pas de quoi. Remarque, j'aurais peut-être dû la laisser te griller quelques neurones supplémentaires avant d'intervenir, ironisa Pandora en aidant son compagnon à se relever.

– C'eut été une perte inestimable pour l'humanité, releva Gueule-de-Loup. D'ailleurs...

– Tu entends ? le coupa Pandora.

– Non, rien du tout.

– Justement. C'est de nouveau le silence : les *pipers* ont cessé de jouer.

Pour faire écho à la remarque de Pandora, les têtes de lion refluèrent à travers le toit. Le revêtement réversible reprit alors son aspect initial, lisse et cuivré.

– La chimère « se rendort », commenta Pandora. Allez, on redescend s'assurer que tout le monde va bien.

L'express avait redémarré sitôt que la voiture centrale avait repris son aspect initial. Le train fendait de nouveau la nuit, mitraillé par une pluie glaciale.

– On te doit une fière chandelle, Hector, le remercia Pandora. Comment as-tu compris pour les cornemuses ?

Le visage du jeune agent s'éclaira d'un large sourire.

– Grâce à Skarabesque, expliqua-t-il. Elle s'est envolée pour se poser sur l'un des becs à gaz. En examinant de plus près le luminaire, je me suis rendu compte qu'il y avait une forme de boîte de résonance à l'intérieur. Je me suis alors souvenu des cornemuses des *Gordon Highlanders*, et…

– « Souvenu », tu dis ? releva Pandora avec espoir.

– Oui, je peux quand même me rappeler ce que j'ai fait depuis que j'ai été soigné, admit Hector. Mais sans parvenir à remonter plus loin… Désolé… Je… Je sais que tu fais beaucoup d'efforts pour m'aider à me remémorer ce que nous avons vécu ensemble. Mais c'est comme si c'était un autre moi… Bizarrement, je me rappelle quand même tout ce qui concerne Skarabesque.

Pandora eut un nouveau pincement au cœur.

– Je pourrais presque être jalouse, se força-t-elle à plaisanter.

Depuis plusieurs jours, elle guettait en vain une petite étincelle dans les yeux de celui qui lui faisait battre des papillons au creux du ventre. Même son allusion à l'accident de trottinette qui avait valu à Hector cette cicatrice au menton qu'elle trouvait si craquante avait laissé le jeune pisteur perplexe. Elle avait alors posé sa main sur la sienne, mais il s'était rétracté, dérangé par ce geste intime. Intérieurement, Pandora s'était révoltée contre la nature fragile et mystérieuse des émotions. Persuadée que les sentiments qu'Hector lui portait s'étaient réfugiés bien profondément en lui, et qu'ils ne demandaient qu'à être ré-apprivoisés, elle s'était promis d'être patiente.

– Au fait, docteur, j'allais oublier...

Pandora sortit la petite boîte métallique de l'une de ses poches pour la tendre à Watson.

– Par tous les saints, vous l'avez récupérée ! s'exclama le docteur. Vous me sauvez la mise, Pandora. Je ne sais comment vous remercier...

– C'est un travail d'équipe, avoua la demi-fée. En tout cas, c'est bien Faydit qui avait organisé le vol. Il a malheureusement pu s'échapper, mais j'espère juste que mes compagnons et moi vous avons rassuré quant à notre détermination et à nos compétences.

– Je dois admettre que vous avez fait preuve d'une étonnante efficacité, dont je ne peux que me féliciter. Comptez sur moi pour plaider votre cause auprès de Sherlock Holmes, si nécessaire.

Comme la nuit était bien avancée, tous décidèrent d'un commun accord de profiter du répit qui leur était offert pour dormir un peu.

*

*   *

Le lendemain, en milieu d'après-midi, toujours à bord du « My-Fly »

– Hector… Hector…, insista Pandora. Hé, secoue-toi, flemmard !

Hector grommela. Il pesta contre les lève-tôt sans cœur et se tourna vers la paroi lambrissée du train pour se rendormir.

– Bon, je pense qu'il va falloir passer à la méthode forte, s'amusa la demi-fée.

Elle se retourna vers Gueule-de-Loup.

– Dis-moi, que préconise le petit manuel de survie velu-fendard pour réveiller un « Mémoire-Trouée » plongé en mode hibernation ?

– Je crois qu'il laisse le choix entre la douche glacée et les « petits Indiens ».

– Hmmm… Un peu trop classique, je trouve… Comme nous avons affaire à un roupilleur particulièrement coriace, nous allons devoir innover. Une idée ?

– Pourquoi pas une bonne vieille torture, dans ce cas ? proposa Gueule-de-Loup. J'en connais justement une, infaillible. Elle faisait beaucoup rire les soldats d'Hannibal, que mes ancêtres ont connu quand il a franchi les monts Velus-Fendards avec son armée. Ils l'appelaient « l'éléphant fakir ». On attachait bien solidement un Romain, bras et jambes en croix, puis on laissait un éléphant lui chatouiller le ventre avec ses grosses pattes. Bon, bien sûr, quand on n'a pas d'éléphant sous la main, il faut faire preuve d'imagination. Un Velu-Fendard pourrait faire l'affaire, par exemple. On pourrait même lui piétiner à tour de rôle l'estomac, ou...

– Non, mais vous êtes complètement malades ! s'exclama Hector en sautant à bas de sa couchette.

– Vraiment très impressionnante ta méthode, Gros-Loup ! reconnut Pandora.

Hector essaya en vain de discipliner ses mèches indomptables. Par réflexe, il jeta un œil par la fenêtre. Le paysage avait bien changé. Il fut frappé par son uniformité, malgré la crête montagneuse qui offrait un contraste plus lunaire : du vert, du vert, et encore du vert. Vallonné ou rocailleux, parfois boisé, avec quelques tourbières* ici ou là, mais toujours vert. Et très, très humide. Un océan vert.

– Bienvenue dans les Highlands ! annonça Pandora. On t'a laissé dormir pour le changement de locomotive à Glasgow. On a bien roulé depuis et on ne va pas tarder à arriver.

Ce qui préoccupait Hector, dans l'immédiat, c'était de récupérer ses bottes. Il regarda ses pieds, plus qu'au large dans les brogues de Gueule-de-Loup. Il tenta d'avancer en canard jusqu'à la table sur laquelle Pandora avait disposé des scones et de la marmelade, mais l'une des chaussures glissa à contretemps et il s'affala sans gloire sur le tapis en laine.

De son côté, Watson s'était installé dans une alcôve avec la petite machine à écrire que lui avait offerte Mycroft pour son dernier anniversaire : une Remington portative miniaturisée et ultralégère qui possédait de multiples options dont il n'aurait sans doute jamais l'usage. Il avait entrepris de faire le récit du début de cette aventure qu'il vivait, une fois n'était pas coutume, sans Holmes. Le staccato des touches cessa un bref instant quand il leva les yeux pour admirer le paysage si paisible des Highlands. Il s'adressa alors à Pandora qui se trouvait assise face à lui.

– Pourriez-vous me décrire de nouveau ce « nuckelavee », je vous prie ma chère ? Je ne suis pas certain d'avoir bien restitué toute l'animalité du personnage.

Pandora se résigna, pour la troisième fois, à faire le portrait-robot de la créature légendaire.

– Holmes n'y croira jamais..., murmura Watson en secouant la tête, un sourire satisfait aux lèvres.

Pour une fois, il pouvait sacrifier au goût du public en toute bonne conscience : les faits, et rien que les faits, étaient par eux-mêmes remarquables. Cette affaire s'annonçait passionnante. Il marqua une nouvelle pause et s'étira, tandis que le train empruntait le viaduc de Glenfinnan.

– Je trouve le voyage nettement plus reposant sans les cornemuses de ces braves Highlanders, avoua-t-il à Pandora. N'est-ce pas aussi votre avis ?

– C'est bien calme, je suis d'accord, reconnut la demi-fée.

Le train se traînait à petite vapeur et Pandora, qui n'avait pas l'âme contemplative, trouvait cette dernière partie du trajet d'une longueur épuisante. Elle se demandait aussi quel rôle Faydit jouait dans la série d'enlèvements sur laquelle enquêtait Holmes. Cela l'intriguait d'autant plus que les explications vagues du docteur Watson à ce sujet ne l'avaient pas beaucoup éclairée.

Elle s'extirpa de ses réflexions quelques minutes plus tard quand le train entra enfin en gare de Mallaig.

*

*   *

La plupart des voyageurs s'étaient déjà évanouis par petits groupes, quand un vent glacial se leva pour balayer le quai.

– Charmant climat, maugréa Gueule-de-Loup en shootant dans une boîte de conserve vide.

– En tout cas, ça fait du bien de se dégourdir les jambes, se réjouit Pandora, qui sautillait pour se réchauffer.

Mis à part le conducteur d'un break arrêté sur le bas-côté de la route qui descendait vers le port, ils étaient seuls. Emmitouflé dans un long manteau, l'homme, qui les fixait depuis quelques instants, releva son chapeau.

– Ce doit être notre cocher, supposa Watson en levant le bras pour lui faire signe.

L'homme fit alors avancer son cheval au pas et vint se placer à sa hauteur.

– Vous êtes le docteur Watson ? demanda-t-il d'une voix dépourvue d'aménité.

– C'est bien moi. Pouvez-vous nous conduire au pensionnat de Bess-Kërvil ?

– Je suis là pour ça, doc'. Si vous voulez bien vous donner la peine de monter.

Ce furent pour ainsi dire les derniers mots que prononça le cocher avant d'arriver à destination. Gueule-de-Loup ne s'en étonna pas : à force de vivre dans pareil environnement, pensa-t-il, les autochtones s'étaient sans doute forgé un caractère aussi effroyable que le climat local.

Après une bonne demi-heure de route, se détacha au loin le minuscule village de Dornie, dont les maisons colorées aux toits d'ardoise se blottissaient sur les bords du loch marin. Sur la rive opposée, le soleil descendant faisait rougeoyer les montagnes aux cols glacés qui s'effondraient dans la mer. Une trouée lumineuse fendait les nuages bas, donnant, pour quelques instants encore, du relief aux coteaux.

Isolé sur une île du loch, le long corps massif d'un château fort se découpa dans le ciel qui s'assombrissait. Ses deux tours se dressaient comme des phares au-dessus de la mer.

– Bess-Kërvil, annonça le cocher en désignant l'édifice avec sa cravache.

Le break emprunta alors la route qui descendait vers les rives du loch Duich, puis franchit le pont qui reliait l'île à la côte. Ils passèrent encore sous une arche en pierre perdue au milieu d'une vaste prairie, avant de s'engager sur l'allée en terre qui se terminait devant le porche d'entrée. En haut de l'escalier, immobile, se tenait la silhouette austère d'une femme sans âge vêtue de sombre.

– Permettez-moi, en tant que directrice du pensionnat, de vous souhaiter la bienvenue, les accueillit-elle lorsqu'ils descendirent du break.

Pandora ne put retenir un frisson. Le ton, presque menaçant, de la responsable du pensionnat démentait ses propos : ils étaient de toute évidence indésirables ; cet endroit possédait ses secrets et sa gardienne les préserverait de son mieux. Piquée par une curiosité nouvelle, Pandora gravit les dernières marches avec l'assurance qu'elle n'était pas au bout de ses surprises. Comme si elle avait lu dans les pensées de la demi-fée, la directrice la gratifia d'un regard noir quand elle rejoignit ses compagnons sur le perron.

– Si vous voulez bien me suivre, lâcha-t-elle avec froideur en pénétrant dans le vestibule de l'établissement.

– Monsieur Sherlock Holmes est-il déjà arrivé ? s'enquit Watson qui tentait de suivre le pas aérien de la maîtresse des lieux.

– Pas encore, et je le regrette bien, répondit la directrice avec agacement. Ce pensionnat fondé par le clan MacRae a acquis ses lettres de noblesse voici plus de trois siècles à présent, et tout ce temps-là nous n'avons eu à déplorer aucun incident. Cependant, monsieur Holmes ne semble pas avoir fait de la disparition de mes pensionnaires une affaire prioritaire si j'en juge par la lettre qu'il m'a adressée voici un mois. Il m'y apprenait être retenu dans le Sussex pour raisons personnelles et une durée indéterminée. Rendez-vous compte ? Je n'ai, depuis lors, plus eu de ses nouvelles. Jusqu'au télégramme reçu ce matin pour m'annoncer son arrivée, aujourd'hui à dix-huit heures précises, et me prévenir qu'il avait averti son assistant de le retrouver sur place.

– Hum… Son « assistant » ? tiqua Watson.

– Ce sont ses mots. Il m'a aussi indiqué l'horaire de votre train et m'a demandé qu'un cocher vous attende à la gare. Il a précisé que vous seriez accompagné d'une jeune fille et de deux autres gentlemen, ajouta la directrice.

– Prodigieux…, souffla Watson, une nouvelle fois bluffé par l'art de la déduction de son ami, qu'il connaissait pourtant mieux que personne.

La Gorgone détailla Gueule-de-Loup avec circonspection et adressa un regard sévère à Hector, manière de lui signifier qu'elle ne tolérerait de sa part aucune attitude déplacée dans ces murs où elle se faisait fort d'éduquer des *ladies* comme il faut.

– Je vais vous mener auprès de l'un de nos enseignants, le professeur Huxtable, leur annonça la directrice. Il a insisté pour vous recevoir lorsqu'il a appris votre visite. Son cours prendra fin dans quelques instants.

– Le professeur Huxtable enseigne à Bess-Kërvil ? s'étonna Watson.

– En effet. D'ailleurs, en dépit du drame qui a provoqué la faillite de son établissement voici quelques années, il m'a affirmé avoir gardé un excellent souvenir de votre séjour dans son école du Prieuré. Il semble même vous vouer, à vous et à monsieur Holmes, une reconnaissance éternelle pour l'enquête que vous avez menée à bien là-bas. J'espère pouvoir en dire autant bientôt.

Troublé par la coïncidence et la répétition des évènements, le docteur Watson se remémora leur enquête au Prieuré de Mackleton, dans le Derbyshire. À l'époque,

Huxtable avait sollicité l'aide de Sherlock Holmes pour élucider l'enlèvement de l'un de ses élèves, le fils du duc d'Holdernesse. Une affaire délicate qui les avait mobilisés plusieurs jours avant de connaître un heureux dénouement. Watson espérait qu'il en serait de même cette fois encore. Il examina le long corridor, qu'il trouva aussi froid et triste que celui du Prieuré, dix ans auparavant.

Watson perdit le fil de ses souvenirs quand la porte de la salle de cours devant laquelle ils venaient d'arriver s'ouvrit. Un brouhaha s'éleva alors et le docteur eut à peine le temps de s'écarter avant que les premières pensionnaires ne jaillissent dans le couloir. Leur élan retomba net lorsqu'elles aperçurent la Gorgone, qu'elles saluèrent toutes de la même petite révérence forcée en passant devant elle. La plupart dévisagèrent Gueule-de-Loup avec une curiosité mêlée d'effroi, jusqu'à ce que l'une d'elles vienne le heurter tête la première.

– Tu pourrais regarder devant toi..., grogna le Velu-Fendard.

Il changea d'expression en découvrant le visage de l'imprudente : sa petite mèche blanche, ses yeux vairons et son visage en fer de lance ne lui laissèrent aucun doute.

– Sauterelle ? s'exclama-t-il. Pour une surprise !

– Vous devez confondre, monsieur, je ne connais aucune « sauterelle », bredouilla Sybille en se faufilant pour reprendre sa place dans la file des élèves.

– Mais…

– Laisse-la, gros balourd, de toute évidence elle ne souhaite pas être reconnue, murmura Pandora en agrippant le bras du Velu-Fendard de peur qu'il ne se montre insistant.

L'air penaud, Gueule-de-Loup regarda Sybille s'éloigner. Pandora l'avait aperçue juste avant qu'elle ne franchisse le seuil de la salle de classe et, l'effet de surprise passé, la *profiler* lui avait adressé un regard insistant dont elle avait aussitôt compris la signification : « Surtout, on ne se connaît pas » ; elle lui avait répondu d'un simple battement de cils. Hector était quant à lui resté impassible, attitude que Pandora interpréta comme de l'indifférence : Hector n'avait pas reconnu son ancienne équipière. Il s'était en revanche montré embarrassé par les gloussements des pensionnaires, ainsi que par les regards en coin que la plupart de ces greluches, comme elle les avait classées d'entrée, lui avaient adressés en passant devant lui.

Pandora s'expliquait d'une seule manière la présence de Sybille à Bess-Kërvil : elle y était en mission pour le Cyclone. D'ailleurs, si Sybille était là, Jason ne devait pas être très loin. Elle était bien décidée à avoir une petite explication avec son ancienne équipière dès que l'occasion se présenterait.

Toute à ses pensées, Pandora n'aperçut pas tout de suite le vieil homme chenu et voûté qui sortit à son tour de la salle de classe et s'avança vers eux.

– Docteur Watson, quel plaisir de vous revoir ! se réjouit le vieillard en offrant une franche poignée de main au médecin.

– Un plaisir partagé, cher professeur Huxtable, malgré les circonstances malheureuses à l'origine de nos retrouvailles.

Le professeur se rembrunit à ces mots. Constatant que la directrice s'impatientait, il préféra la ménager :

– Madame, je ne voudrais pas abuser de votre temps, que je sais précieux : si cela vous convient, je prendrai soin de nos hôtes en attendant l'arrivée de monsieur Holmes.

– S'il se présente un jour, maugréa la directrice. Dans ce cas, je vous laisse, ajouta-t-elle en tournant les talons.

– Charmante, vraiment…, soupira Pandora.

– Mais ne restons pas dans ce couloir glacial, et veuillez me suivre dans mon bureau, proposa Huxtable en entraînant ses visiteurs à sa suite. Au fait, docteur, je serais curieux d'avoir votre sentiment sur le conflit qui s'engage avec l'Empire allemand. J'ai entendu dire que vous aviez repris du service ?

– En effet, vous êtes bien renseigné : j'ai depuis peu réintégré les services médicaux de mon ancien régiment. Avant cela, le mois dernier, j'ai eu l'honneur d'aider Sherlock Holmes à mettre fin aux agissements d'un espion allemand des plus dangereux. Mon ami a pu, à cette occasion, déjouer les plans formés par l'ennemi pour déstabiliser le Royaume et recueillir de précieuses informations stratégiques ; cette lutte pour le renseignement sera à n'en pas douter l'une des clés du conflit. D'ailleurs, puisque vous sollicitez mon avis, professeur, je peux vous certifier que cette guerre sera longue et éprouvante. Notre vieille Europe ne s'en remettra pas de sitôt.

– C'est aussi mon opinion, docteur. Quel grand homme ce Sherlock Holmes, tout de même : encore un succès à porter à son crédit.

9

L'étrange cas du professeur Huxtable

« Vous savez qu'un magicien perd son prestige en expliquant ses tours. Si je vous révélais toute ma méthode, vous penseriez qu'après tout, je suis un type très ordinaire. »

Sherlock H.

Huxtable s'effaça pour laisser ses hôtes entrer dans son bureau. Pandora s'étonna de l'aspect monacal de la pièce, qui servait sans doute aussi de chambre au professeur : un lit au sommier ballonné, un bureau et deux chaises branlantes, un fauteuil au cuir usé, une armoire, mais aucune décoration et pas un seul livre. Seul un petit classeur était posé sur la table.

– N'hésitez pas à vous asseoir où vous pourrez, proposa Huxtable.

Après un rapide coup d'œil à l'ameublement de guingois, Gueule-de-Loup jugea préférable de rester debout, tandis que Watson et Pandora optèrent pour les chaises. Hector s'assit quant à lui sur le lit. Huxtable sortit sa montre à gousset après s'être installé dans le fauteuil.

– Il est seize heures quarante-cinq, précisa-t-il. Nous n'aurons donc plus longtemps à patienter avant l'arrivée de monsieur Sherlock Holmes ; je tirerai alors ma révérence pour vous laisser entre vous. En attendant, que diriez-vous d'échanger sur les littératures de nos pays ? Monsieur Gueule-de-Loup – c'est bien votre nom, n'est-ce pas ? –, puis-je vous demander quels sont vos auteurs de prédilection ?

– J'avoue un petit faible pour les fables et les contes, professeur, répondit le Velu-Fendard avec un sourire en coin.

Quelqu'un toqua à la porte. Huxtable alla ouvrir de son petit pas, pour laisser entrer l'économe du pensionnat, une petite femme toute en rondeurs, qui portait un plateau chargé de tasses et d'une théière.

– Laissez-moi vous débarrasser, proposa le professeur en s'emparant du plateau qu'il déposa sur son bureau.

Huxtable remercia l'économe, et la raccompagna à la porte. Il en profita pour lui glisser qu'il s'était régalé des topinambours bouillis qu'elle avait servis au déjeuner, ce qui parut la satisfaire. Puis il revint faire le service.

Pandora nota qu'il avait rempli une tasse supplémentaire. Le professeur s'apprêtait à proposer du sucre à ses invités quand on frappa de nouveau à la porte.

– Dix-sept heures cinquante, annonça-t-il en tirant sa montre de son gilet. Peut-être s'agit-il de monsieur Holmes, cette fois-ci ?

Tous les regards, intrigués, convergèrent vers la porte, qui s'ouvrit sur Sybille. Pandora et Gueule-de-Loup ne purent cacher leur surprise.

– Juste à l'heure, Miss Ferguson, je vous félicite pour votre ponctualité, l'accueillit Huxtable. Ne soyez donc pas si timide et donnez-vous la peine d'entrer, ajouta-t-il voyant que Sybille hésitait à franchir le seuil.

– Sauterelle, c'est bien toi ? s'assura Gueule-de-Loup en dévisageant la jeune *profiler*. Je n'avais donc pas rêvé. Que fais-tu à Bess-Kërvil ?

– C'est une bien longue histoire, cher monsieur Gueule-de-Loup, répondit Huxtable en refermant la porte. Puisque nous sommes désormais au complet, je vais enfin pouvoir commencer à vous la conter.

La voix du professeur s'était raffermie à mesure qu'il parlait. Le vieil homme, qui s'était redressé, paraissait avoir rajeuni en quelques secondes de plusieurs années. Tout en avançant vers le centre de la chambre, dans un même mouvement il retira le coton qui gonflait l'intérieur de ses joues, ôta ses lunettes de myope, puis passa la main sur son visage en remontant vers le front pour arracher ses sourcils et sa coiffure postiches. Se tenait à présent au milieu de la pièce un homme de haute taille, et d'une minceur qui l'allongeait encore ; sa figure en lame de couteau était soulignée par un nez en bec de corbin et deux petits yeux gris très rapprochés qui exprimaient une vive intelligence.

– Holmes ! s'exclama le docteur Watson.

– Pour vous servir, s'inclina Sherlock Holmes.

– Tout simplement stupéfiant, renchérit Watson. Encore une fois, je me serai laissé duper par votre art du travestissement.

– Vous m'en voyez flatté, lui assura le détective.

– Mais alors, qu'est devenu le véritable professeur Huxtable ? s'enquit Watson.

– N'ayez crainte, il coule en ce moment une retraite paisible dans le Devonshire, en Angleterre. Il m'avait contacté peu après le premier enlèvement. Il était bouleversé et avait sollicité mon aide, se croyant victime d'une malédiction. J'ai d'abord refusé, ne voulant pas quitter mes chères abeilles. Ce n'est qu'après la troisième disparition d'élève, le défi paraissant séduisant, que j'ai accepté de reprendre du service – tout comme vous avec votre régiment, mon cher Watson. Afin d'enquêter dans les meilleures conditions et dans la plus grande discrétion, j'ai eu l'idée d'endosser l'identité du professeur dont les nerfs avaient été mis à rude épreuve et qui avait bien besoin de repos.

Holmes marqua une courte pause, le temps de boire une gorgée de thé et d'embrasser d'un regard l'ensemble des personnes rassemblées dans la pièce afin de s'assurer de leur écoute.

– Je remarque Watson, reprit-il, que vous avez fait un peu d'exercice ces derniers jours.

Devant l'air interrogatif de son ami, Holmes explicita.

– Cette plaie à l'arrière de votre crâne, qui était pansée voici encore peu comme je le note à l'épi qui s'est formé, et que vous avez tenté de dissimuler sous vos cheveux, sans doute pour ne pas m'inquiéter… Pour en revenir à l'enquête, je savais qu'elle me réserverait quelques surprises, mais je n'imaginais pas alors à quel point ses ramifications seraient étendues. Je ne suis d'ailleurs pas encore sûr de les avoir toutes mises au jour…

– Pourquoi nous avoir révélé votre identité, dans ce cas ? intervint Pandora.

Holmes dévisagea la demi-fée d'un regard perçant qui la mit mal à l'aise. Puis il pinça les lèvres et esquissa un sourire.

– Tout simplement car je n'ai plus besoin de me dissimuler, jeune fille : j'ai en partie éclairci l'énigme des disparues de Bess-Kërvil.

– Vraiment ? se réjouit Sybille. Enfin, je veux dire, vous savez où elles se trouvent ?

– En effet, Miss Ferguson... Du moins deux d'entre elles, que j'ai déjà pu délivrer en faisant promettre à leurs parents de les garder au secret le temps de retrouver leur troisième camarade, Helen MacGregor.

– Pourquoi cette précaution, si ce n'est pas indiscret ? demanda Watson.

– Pour tout vous dire, je me méfie de la directrice de ce pensionnat, avoua Holmes à voix basse. Tout ce qui l'intéresse est de préserver la réputation de son établissement, et la sienne avec cela. Si elle m'a mandaté pour enquêter, sur les recommandations du professeur Huxtable, ce n'était que pour retrouver les deux autres ladies, issues de hautes lignées. Helen MacGregor, comme elle me l'a clairement fait savoir, ne représente rien à ses yeux. Cette jeune fille a été trouvée un beau matin à errer dans le parc du pensionnat, en proie à un délire aigu et ses vêtements en lambeaux. L'enquête diligentée pour retrouver sa famille n'a jamais rien donné – ce qui ne m'étonne pas –, bien que cette jeune personne ait pu décliner son identité. Seulement, même si Helen ne représente rien pour la directrice, elle mérite tout autant que ses camarades d'être secourue, et je dirais même davantage encore puisqu'elle se trouve démunie de tout. Or, je crains que, sitôt la libération des deux autres pensionnaires connue, la directrice ne me somme de mettre un terme à l'enquête.

– Votre grandeur d'âme vous honore, approuva Watson.

– Je crains que mon âme ne soit à mettre, dans ce cas, en balance avec le halo de mystère qui entoure Helen MacGregor et qui constitue, pour le pauvre pécheur que je suis, une motivation très supérieure.

Pandora était tentée de tout révéler au détective à propos d'Helen. Cependant, elle n'en fit rien. Pour le moment, elle n'était pas en mesure d'influer en quoi que ce soit sur la mission confiée à Sybille et ses équipiers, dont elle ignorait d'ailleurs les tenants et aboutissants. Et puis Holmes serait sans doute incapable d'apprécier l'information principale : Helen venait d'un autre monde que le sien, du monde réel. Elle jeta un regard discret vers Sybille, qui semblait vouloir observer les mêmes réserves qu'elle.

– S'agissant de l'entourage familial et amical d'Helen MacGregor, reprit Holmes, j'ai à présent des pistes très sérieuses. Je sais par exemple que vous étiez très liée avec la disparue, Sybille. Et que vous êtes même devenue pensionnaire à Bess-Kërvil pour essayer de comprendre ce qu'il s'est passé. Je serais ravi, à l'occasion, d'en discuter avec vous.

Sybille eut un mouvement de recul : elle pensait avoir été prudente et ne comprenait pas comment Holmes avait pu aussi bien la cerner. Plus important, elle avait à présent la confirmation que l'histoire ne suivait plus du tout son cours initial : dans le manuscrit de *Final Cut for Sherlock*, Holmes ne s'était jamais fait passer pour le professeur Huxtable. Déstabilisée par la tournure que prenait cette enquête, Sybille adressa un regard inquiet à ses anciens équipiers. Dans un élan protecteur, Gueule-de-Loup vint alors se placer à ses côtés.

– Ne vous inquiétez pas, Sybille, vous n'avez rien à craindre de moi, la tranquillisa aussitôt Holmes. L'attitude de monsieur Gueule-de-Loup me prouve en tout cas que vous connaissez très bien nos visiteurs. Quand j'ai appris qu'eux aussi étaient liés à la malheureuse Helen, j'ai aussitôt télégraphié au docteur Watson de faire un saut chez Mrs Hudson pour y récupérer de précieux documents et m'assurer ainsi qu'il y croiserait bien vos amis.

– D'ailleurs, au sujet des documents, commença Watson, je suis au regret…

– Ne vous tracassez donc pas, cher ami, je sais déjà que mon petit paquet rouge a été volé. Ce qui ne fait que confirmer les soupçons que je formais et cela me satisfait donc pleinement. De plus, rassurez-vous, la perte de ces documents, que j'avais anticipée, est certes regrettable, mais en rien préjudiciable à mon enquête.

– Comment pouvez-vous savoir tout cela ? souffla Hector, impressionné.

– Rien de bien sorcier, avoua Holmes : ces derniers jours, j'ai réactivé mon réseau de renseignements à Londres. J'avais tissé une toile autour du 221B Baker Street, et tout ce qui s'y est déroulé depuis une semaine m'a été rapporté dans les moindres détails. Quant au fait que vous vous connaissez et que vous êtes liés à l'une des disparues, je le tiens de mon frère Mycroft, dont les sources, toujours bien informées, me sont inconnues. C'est par lui que j'ai appris que vous aussi, Sybille, enquêtiez avec deux autres jeunes gens sur cette affaire. Le reste relève d'observations élémentaires et d'un simple enchaînement de déductions.

– Votre enquête semble déjà bien avancée, Holmes, à ce que je vois, apprécia Watson.

– Je n'ai en effet pas perdu mon temps. Helen MacGregor est cependant toujours portée disparue et il est grand temps de nous mettre sur sa piste. Pour cela, j'aurais besoin de votre aide, mon cher Watson : vous savez comme mes facultés sont décuplées lorsque nous faisons équipe. Aussi me tardait-il de reformer notre association et de porter haut notre devise : « *Nous allons essayer en tout cas.* »

– C'eût été avec plaisir, Holmes, croyez-le bien. Seulement, je crains que mon réengagement récent comme chirurgien au sein du Cinquième Fusiliers de Northumberland ne m'empêche de vous épauler dans cette affaire.

– S'il n'y a que cela, Watson, j'ai l'honneur de vous annoncer que la lettre officielle que vous avez oubliée dans la poche intérieure de votre veste n'est autre que votre ordre de détachement de l'armée.

– Comment diable le savez-vous ? s'exclama Watson en sortant la missive pour la décacheter et la parcourir.

– Pour la simple raison que c'est moi qui ai sollicité votre démobilisation en prétextant que j'avais besoin de votre concours pour élucider une affaire touchant à la sûreté nationale. Je savais quand ce courrier vous serait adressé et, comme il dépassait légèrement de votre poche, j'ai pu voir que vous ne l'aviez pas encore ouvert. J'en ai déduit que, dans votre précipitation, vous l'aviez glissé à la hâte dans votre veste hier matin et l'y aviez oublié.

– Il s'agit bien d'un ordre de mission, confirma Watson en relevant les yeux de la lettre. Vous aviez raison. Avoir invoqué l'intérêt supérieur de la Couronne pour parvenir à vos fins me paraît cependant bien audacieux et exagéré, Holmes...

– Peut-être pas, Watson, peut-être pas. Croyez-moi quand j'affirme que cette enquête est plus complexe qu'il n'y paraît. J'en ai d'ailleurs touché un mot à mon frère Mycroft, qui est intervenu en ma faveur auprès de votre hiérarchie. Je tiens déjà dans ma main plusieurs fils de cette affaire qui s'annonce des plus étranges, et j'aurai bientôt la pelote entière, ce qui me permettra de compléter ma théorie.

– Vous suspectez quelqu'un en particulier ? demanda Pandora. Une puissance étrangère ?

– Je vous trouve bien curieuse, Miss. Quoi qu'il en soit, il est encore trop tôt pour vous révéler ce que je sais. Certaines hypothèses demandent à être vérifiées. Nous allons d'ailleurs nous y atteler sans attendre, en commençant par une petite expérience qui vous intéressera sans doute, vous et vos amis, Miss Pandora.

Tout en parlant, Holmes s'était dirigé vers l'armoire pour y farfouiller. Ses invités purent alors découvrir dans le bas du meuble un bric-à-brac de tubes à essais, des fioles, un bec benzène et un microscope. Holmes ôta son gilet et sa veste, puis il passa une redingote, enfila un long manteau gris et se coiffa d'un *deerstalker*. Cela fait, il rangea le classeur sur l'une des étagères, où se trouvait déjà un étui à violon. Il referma alors l'armoire et avala d'un trait ce qu'il restait de son thé.

– À propos, Watson, mon frère a dû vous remettre une petite boîte pour moi ?

– En effet, vous faites bien de me le rappeler. Voici, ajouta le docteur en présentant l'objet au détective.

– C'est parfait, je vous remercie mon cher, se réjouit Holmes.

Les prunelles du détective brillèrent d'une excitation enfantine tandis qu'il soulevait le couvercle.

– Les mignonnes vont bien, dit-il avec soulagement. Mycroft a fait les choses comme il fallait. Il était grand temps de les libérer : elles ont absorbé tout le miellat à leur disposition. Approchez donc, mes amis, venez voir ces petites merveilles.

Tous firent cercle autour de Sherlock Holmes. En découvrant l'intérieur de la boîte, Pandora et Hector échangèrent un regard étonné : trois abeilles, légèrement engourdies, se tenaient, immobiles, dans ce qui s'apparentait à des alvéoles de cire.

« Secouées comme elles l'ont été, ces abeilles doivent être sacrément résistantes », songea Hector.

Holmes ouvrit une petite capsule remplie de pollen qu'il posa dans le creux de sa main. Skarabesque s'extirpa alors de sa cachette pour voleter jusqu'au minuscule contenant. Le détective la recueillit sur son index, qu'il porta à hauteur de ses yeux pour observer le scarabée.

– Je n'avais pas vu qu'elle s'était réveillée, murmura Hector, que la curiosité de Sherlock Holmes inquiétait un peu. Le soir venu, elle s'aventure parfois.

– Ainsi, nous avons en commun la passion des insectes, dit le détective en regardant le hanneton glisser sur sa manche. C'est une femelle, n'est-ce pas ? Comment s'appelle-t-elle ?

– Skarabesque…

– Très bien choisi, apprécia Holmes. Tenez, je vous rends votre charmante compagne, dit-il au jeune agent en tendant son bras vers lui.

Les trois abeilles avaient recouvré un peu d'énergie et s'étaient mises à bourdonner. Holmes approcha sa paume de la boîte et, aussitôt, les apidés vinrent se poser sur la capsule.

– C'est incroyable, Holmes, comment réalisez-vous ce tour ? s'émerveilla Watson.

– Un tour on ne peut plus scientifique, mon cher Watson, qui repose comme souvent sur la patience et l'observation. Vous n'imaginez pas le nombre d'heures passées à étudier le comportement des abeilles pour arriver à un tel résultat. Une première mondiale sans aucun doute. J'ai veillé sur ces trois éclaireuses dès le stade de leur nymphose*, puis je les ai éduquées sitôt après leur naissance. Mais il y a plus remarquable encore, vous allez voir. Suivez-moi.

Sans attendre, Sherlock Holmes ouvrit la porte de la chambre. Les abeilles s'envolèrent et le détective se lança à leur poursuite à travers le couloir. De temps en temps, les trois éclaireuses marquaient un arrêt, se posant sur une fenêtre ou sur le carrelage. Elles tournaient alors sur elles-mêmes quelques secondes avant de reprendre leur vol. Holmes ne les perdait pas de vue et les encourageait, ravi de les voir prendre toutes trois la même direction : l'étage supérieur, où se trouvait le dortoir des pensionnaires.

– C'est prodigieux, Watson ! se réjouit-il en gravissant les marches quatre à quatre.

Déjà essoufflé, Gueule-de-Loup tapota son front pour signifier à Pandora combien ce Sherlock Holmes lui paraissait dérangé.

– Il n'est peut-être pas si fou que cela, lui répondit la demi-fée. Attendons de voir.

Parvenu sur le palier, le détective se retrouva devant la seule porte de l'étage : celle donnant sur le vaste dortoir des pensionnaires. Il se retourna et leva les bras pour obtenir l'attention de ceux qui l'avaient suivi.

– Mes amis, jubilait-il, il ne fait à présent plus aucun doute que les ravisseurs ont commis leur forfait dans ce dortoir, sans doute de nuit.

– Comment pouvez-vous être aussi sûr de vous ? demanda Watson.

– Les abeilles, mon cher : ces insectes ont le défaut de ne pas savoir mentir ! Observez-les et dites-moi ce que vous voyez.

Les trois éclaireuses semblaient vouloir prendre d'assaut le dortoir : elles effectuaient toutes sur la porte les mêmes petits huit répétitifs qui s'entrecroisaient à intervalles réguliers.

– Elles dansent..., murmura Sybille comme pour elle-même.

– Exactement, Miss Ferguson ! la félicita Holmes qui, émerveillé par ses petites protégées, s'était mis à les imiter sans s'en rendre compte. Et tout en s'adonnant à leur polka préférée, précisa le détective, elles communiquent. Grâce à ma correspondance avec un jeune zoologiste autrichien, j'ai réussi à percer le secret du langage dansant de ces étonnants insectes : en cet instant, elles indiquent à leurs compagnes avoir trouvé la source du divin nectar que je leur ai présenté tout à l'heure. Nectar si précieux qu'il va nous mettre sur la piste de nos ravisseurs. Si vous voulez bien vous donner la peine d'entrer...

Holmes avait ouvert la porte du dortoir et les abeilles s'y étaient glissées. Le détective suivit leur vol le long des boxes et les vit se poser sur le dernier lit de l'alignement.

– La première clef de notre mystère se trouve à cet emplacement, annonça-t-il.

Pandora et Sybille échangèrent un regard plein d'espoir, tandis que Sherlock Holmes s'accroupissait pour suivre le mouvement des trois éclaireuses passées sous le lit. Le détective s'allongea et disparut à son tour sous le sommier, tête la première jusqu'à mi-corps. On l'entendit murmurer et il s'écoula quelques secondes avant qu'il ne réapparaisse en brandissant une fine liane fleurie sur laquelle les trois abeilles s'étaient posées.

– Voici l'indice qui confirme mon hypothèse principale ! s'exclama Holmes en se redressant.

Sybille eut un petit mouvement de recul en découvrant de quelle plante il s'agissait.

– Du lierre ? s'étonna Pandora.

– En effet, mais d'une variété très rare, ce qui en fait tout son intérêt, précisa Holmes.

– N'est-il pas étonnant qu'il soit encore en fleurs à cette saison ? fit remarquer Watson.

– Au contraire, affirma Holmes : le lierre fleurit précisément en cette saison, car il possède un cycle phénologique* inversé par rapport aux plantes dont il se sert comme support. Ce qui constitue une vraie chance pour nous. L'une des deux pensionnaires retrouvées dans une petite grange, à proximité d'ici, avait une de ces fleurs jaune verdâtre prise dans sa chevelure. N'en ayant jamais vu d'aussi dentelée de ma vie, je l'ai envoyée à un botaniste de mes connaissances. Celui-ci m'a révélé qu'elle venait d'un lierre qui ne se développait qu'en un seul lieu : les environs de Bess-Kërvil, en Écosse, et plus précisément sur les pentes boisées des coteaux du loch Duich. J'ai alors pensé qu'en en extrayant les graines, je pourrais peut-être, grâce à mes abeilles dressées à reconnaître les différents pollens, déterminer si cette fleur pouvait constituer un indice important pour notre enquête. Ce qui est bien le cas, puisque l'on retrouve ce même lierre sous le lit d'Helen MacGregor. Autrement dit, les hommes que nous recherchons ont laissé leur signature derrière eux sans le savoir : selon toute évidence, ils vivent dans les environs et y sont vraisemblablement restés après leur forfait. Cela réduit de manière considérable notre champ d'investigation.

– Vous n'aviez donc pas pensé à examiner le dortoir auparavant ? s'informa Watson.

– Bien sûr que si, s'indigna Holmes. Seulement, je n'y avais alors rien trouvé. Aussi étrange que cela paraisse, ce lierre a poussé en quelques jours, sans doute à partir d'une petite graine qui a trouvé son terreau dans la charpente vermoulue du lit. D'ailleurs, je ne serais pas étonné si...

Sherlock Holmes s'interrompit soudain et, dans un grand geste, il dégagea les draps. Un lierre rampant tapissait le matelas, qu'il perçait à plusieurs endroits de ses lianes déjà épaisses. Sybille, terrorisée, se mit aussitôt à trembler ; cette vision la replongeait dans le cauchemar qu'elle avait vécu lors de sa dernière mission : Helen avait disparu, sous ses yeux, avalée par un lierre sauvage qui avait poussé dans le lit de la Belle au Bois dormant...

Pandora prit son ancienne équipière dans ses bras pour la réconforter et l'entraîner à l'écart. Watson lui proposa alors de s'asseoir quelques instants sur un autre lit, ce qui la fit de nouveau frémir d'horreur. Pendant ce temps, Sherlock Holmes, imperturbable, poursuivait ses investigations.

– Que déduisez-vous de ces découvertes ? lui demanda Hector, de plus en plus admiratif.

– Plusieurs enseignements de première importance, répondit le détective.

Holmes prit un air pénétré et joignit ses mains sur ses lèvres avant de poursuivre.

– Tout d'abord, nous avons désormais la certitude qu'Helen MacGregor a été enlevée alors qu'elle dormait dans ce lit. Ensuite, nous savons que ses ravisseurs sont de la région et qu'ils la détiennent dans les environs, puisqu'ils nous ont laissé un indice précieux à ce sujet. Par ailleurs, nous pouvons déduire de la découverte facile des deux autres pensionnaires enlevées, que ces dernières ne les intéressaient pas et qu'elles ont simplement servi de leurre pour compliquer l'enquête de la police : Helen MacGregor était leur vraie cible ; reste à déterminer pourquoi, ce qui pourrait nous mener sur la piste des coupables. Enfin, nous avons découvert que le lierre de Bess-Kërvil possède une vivacité peu commune. Permettez-moi, à ce stade de l'enquête, de garder secrètes certaines présomptions concernant l'identité des ravisseurs...

Tandis que Sherlock Holmes se mit à faire les cent pas, mains dans les poches, Pandora réconfortait comme elle pouvait Sybille qui se remettait de ses frayeurs.

– Je suis très heureuse de te revoir, souffla la demi-fée quand elles furent un peu seules.

– Moi aussi, balbutia Sybille qui restait cependant sur ses gardes.

Après tout, Pandora et Hector s'étaient rebellés contre l'autorité du Cyclone et elle ne savait pas encore si elle pouvait faire confiance à ses anciens équipiers. Elle avait une mission à mener à bien et cela devait rester sa priorité. D'autant que les évènements prenaient un tour nouveau ; elle pouvait maintenant relier avec évidence la disparition d'Helen dans les Royaumes de Perrault et son passage dans les mondes de Sherlock Holmes : la présence dans les deux cas de ce lierre diabolique ne laissait plus aucun doute à ce sujet.

– Vous êtes là seulement pour Helen, ou bien y a-t-il autre chose ? lui demanda Pandora.

– Je... Écoute, je ne peux rien te dire pour le moment, bredouilla Sybille. Je dois d'abord contacter Jason pour l'avertir des dernières découvertes. Désolée.

– Je comprends..., lui assura Pandora en dissimulant son étonnement.

La demi-fée regarda son ancienne équipière s'éloigner de quelques pas pour initialiser son cy-pad. Les précautions qu'elle prenait pour la tenir à l'écart de sa mission la blessaient, mais elle ne pouvait lui en vouloir et n'en laissa rien paraître. S'il y avait le moindre espoir de retrouver Helen, alors elle ferait tout son possible pour favoriser le succès de la mission ; quitte à se tenir en retrait. Une issue positive semblait désormais très envisageable, surtout si le génial détective de Baker Street était de la partie. Elle était pourtant étonnée de voir Holmes s'occuper de l'enquête, puisque Helen n'appartenait pas à son monde. Mais, après tout, ce n'était pas la première fois que les destins de personnages imaginaires et réels se trouvaient mêlés : elle était bien placée pour le savoir. Il lui tardait de revoir Jason, qui serait certainement soulagé de pouvoir disposer de renforts. Surtout si Faydit jouait un rôle dans cette affaire.

*

* *

Le même soir

À l'invitation de la directrice, ses hôtes s'étaient rassemblés après le dîner dans le grand hall de Bess-Kërvil. Ils s'y réchauffaient au foyer d'une monumentale cheminée. Une dizaine de torches fixées à la galerie à balustrade, qui courait tout autour de la salle, offraient un éclairage chaleureux.

Holmes ne parvenait pas à détacher ses yeux des tableaux accrochés aux murs. Il s'agissait de portraits de personnages d'un autre temps, pour certains représentés en pied et arborant le tartan traditionnel du clan MacKenzie de Kintail auquel les MacRae, propriétaires héréditaires des lieux, étaient liés.

– Ils m'impressionnent moi-même parfois un peu, lui avoua la directrice. Ce sont, pour tout dire, de très lointains ancêtres et nous n'avons rien en commun.

Holmes eut un sourire énigmatique : après avoir observé en détail certains portraits, il aurait juré du contraire.

– Originaux, les motifs « têtes de mort » de votre tartan, monsieur Gueule-de-Loup, fit-il remarquer en s'avachissant dans un fauteuil. Je ne les connaissais pas. À quel clan appartenez-vous ?

– Je suis un..., commença le Velu-Fendard, aussitôt interrompu par un coup de coude de Pandora.

– Notre ami est un MacGregor, improvisa-t-elle. Mais il a trop longtemps vécu sur le continent, où les mœurs sont, comme vous le savez, moins civilisées. Les « têtes de mort » sont simplement une manière d'honorer la mémoire des ennemis qui lui ont cherché querelle et qu'il a défaits en combat singulier.

– Délicieuse idée ! s'exclama Holmes.

Le détective sortit de la poche de son manteau une longue pipe en merisier dont il bourra le fourneau avec du tabac pris dans la seconde poche.

– Je devrais peut-être moi aussi adopter cette coutume des plus amusantes et broder sur ma redingote les portraits des criminels épinglés au fil des années. Qu'en pensez-vous, Watson ?

Devant l'air de perplexité qu'affichait son ami, Holmes se mit à rire.

– Je plaisantais, mon cher, je plaisantais. Cela prendrait trop de temps et je n'aurais pas assez de place sur ma veste, à moins de procéder par superpositions.

Gueule-de-Loup s'esclaffa sans retenue. Contrariée par les manières du Velu-Fendard, et indisposée par l'odeur du tabac, la Gorgone se leva. Avec sa raideur coutumière, elle salua l'assemblée d'un imperceptible mouvement du menton.

– Il se fait tard et je dois me lever tôt car j'ai un professeur de lettres à recruter, grinça-t-elle. Je ne saurais trop vous suggérer d'en faire autant, monsieur Holmes, si vous désirez obtenir quelques résultats. Pour ceux d'entre vous qui n'en avaient pas encore, j'ai demandé qu'on vous prépare des chambres à l'étage, le long du corridor qui part de la galerie. Je vous souhaite à tous une nuit pas trop fraîche.

Chacun lui retourna ses politesses, et Holmes la regarda gagner la porte, puis s'effacer dans le couloir.

– C'est une brave femme, malgré ses manières un peu archaïques, commenta-t-il. À présent, Watson, s'enquit-il en tirant sur sa pipe, j'aimerais que vous m'en disiez davantage sur cet homme au profil de corneille qui a dérobé mes documents, puis s'en est de nouveau pris à vous dans le train.

– Le dénommé Faydit ? commença Watson. Je ne l'ai, personnellement, jamais aperçu durant la poursuite que nous avons menée avec son coche. En revanche, Gueule-de-Loup m'a assuré l'avoir reconnu lorsqu'il s'est… hum… disons, volatilisé.

Le Velu-Fendard grogna pour confirmer les propos du docteur. Holmes sortit alors de l'une de ses poches un petit calepin.

– Je vous écoute, monsieur Gueule-de-Loup, le pressa le détective en rivant sur lui son regard d'épervier.

– Le Fétide n'est qu'un scroschtkch, éructa le Velu-Fendard.

– Mon cher, l'interrompit Holmes, je vous prierai d'adopter la plus grande concision : j'ai besoin d'établir un portrait aussi fidèle que possible de cet homme.

– Ce n'est pas un homme, lâcha Gueule-de-Loup, agacé. Tout au plus un oiseau de malheur. Il a un long nez, un peu comme le vôtre, des cheveux très noirs là encore un peu comme les vôtres, et il parvient toujours à s'envoler après s'être métamorphosé en corneille quand j'essaie de lui mettre la main au collet.

– Par s'envoler ? tiqua Holmes. Métamorphosé en corneille, dites-vous ? C'est une métaphore, je suppose ?

– Pas du tout, cette face de volatile est un sorcier : il a pris ses ailes à son cou et a disparu par la fenêtre du coche. Même chose dans le train. Mais je jure qu'un jour je le lui tordrai, son cou, écrivez-le bien dans votre carnet.

Le détective inspira profondément, puis joignit ses doigts, avant de s'adresser de nouveau à son principal informateur.

– Apprenez, monsieur Gueule-de-Loup, que je ne crois pas du tout au surnaturel : tout fait a une explication rationnelle ou scientifique. Les sorciers n'existent pas davantage que les vampires, les ogres ou les fées, n'en déplaise à certains esprits fantasques. Je suis d'ailleurs sidéré des ravages causés par la littérature populaire de genre, représentée par les Washington Irving, Bram Stoker et autre Conan Doyle. Je n'ai jamais rencontré qu'une seule fée et elle se nomme électricité. Ce Faydit est un homme tout ce qu'il y a de très ordinaire, comme vous et moi. Vous en aurez la preuve lorsque nous aurons mis un terme à ses activités criminelles.

– Si vous le dites, grommela le Velu-Fendard en esquissant un rictus indéfinissable.

– N'êtes-vous pas de mon avis, Watson ?

– Je… Si, bien sûr Holmes, bredouilla le docteur, gêné. Je vous trouve cependant bien sévère avec les auteurs que vous avez cités.

– Enfin, Watson, un peu de bon sens, je vous prie. Que sont, d'après vous, les kelpies, nuckelavees, et autres êtres métamorphes ?

– Euh… Il s'agit de créatures légendaires relevant de la mythologie celtique.

– « Légendaires », Watson, vous l'avez dit… Un homme normalement constitué ne se changera jamais en corneille. Dès demain, je demanderai à l'un de mes informateurs de se renseigner sur les oiseleurs et dresseurs animaliers de Londres.

Watson s'apprêtait à répondre, quand la porte de la salle s'ouvrit. Holmes dévisagea les nouveaux venus : un colosse accompagné d'un garçon plus chétif. Tous deux portaient une casquette et étaient vêtus, comme de jeunes paysans des environs, de vestes et pantalons en toile grossière.

– Tiens, voici mes deux anges gardiens ! les accueillit Holmes. Watson, je crois qu'un nouveau fil de ma pelote est en train de se dénouer.

Jason et Achille se joignirent au petit cercle et s'installèrent à côté de Sybille qui leur avait déjà fait un point sur les récents évènements. Ils ne s'étonnèrent donc pas de se retrouver en compagnie d'Hector, Gueule-de-Loup et Pandora. Cette dernière dévisagea Achille, qu'elle ne connaissait pas et qui ne quittait pas Holmes du regard, puis elle adressa un sourire engageant à son ancien équipier. Sybille se chargea quant à elle de faire les présentations.

– Soyez les bienvenus, affirma Watson. On dirait que notre équipe d'enquêteurs est à présent au complet, ajouta-t-il en souriant.

Holmes commença alors à s'agiter dans son fauteuil, pliant et dépliant ses longues jambes. Il finit par se lever, sous les regards intrigués de ses compagnons. La mine soucieuse, il se mit à faire les cent pas. Soudain, il s'arrêta, sortit sa montre à gousset, lissa quelques secondes entre ses doigts la petite pièce – un souverain – qu'il avait fixée à la chaînette, puis soupira. Il s'affala alors de nouveau dans son fauteuil, et se mura dans le silence.

– Un souci, Holmes ? s'inquiéta Watson.

– Vous me le demandez ? s'agaça le détective en se relevant d'un bond. Figurez-vous, Watson, que lorsque j'ai sollicité votre assistance pour cette enquête, je n'imaginais pas que se joindraient à nous tous les proches de la disparue. Nous ne partons pas pour une promenade de santé dans les Highlands, et nous aurons autre chose à faire qu'à chaperonner une troupe d'enquêteurs à peine pubères, souligna-t-il en désignant d'un geste vague les jeunes agents du Cyclone rassemblés autour d'eux.

Gueule-de-Loup ravala l'affront avec dignité.

– Vous sous-estimez nos amis, Holmes, lui assura Watson : je les ai vus à l'œuvre et sais combien leur aide pourrait s'avérer précieuse.

– Vous voulez rire, j'espère ? Ces deux-là, dit-il en désignant Jason et Achille, m'ont suivi tout un après-midi et il aurait fallu que je sois aveugle pour ne pas m'en rendre compte vu la quantité d'erreurs qu'ils ont commises !

– Leur présence à nos côtés est pourtant la condition que je mets à ma participation à cette enquête.

– Ma parole, Watson, vous avez perdu la tête ! Soit. Puisque j'en suis réduit à devoir accepter votre ultimatum, je ne peux que m'incliner. Même si je suis sûr que vous aurez à regretter ce choix. À mon tour de poser mes conditions : mon enquête, mes règles. Au moindre écart de conduite de l'un de vos jeunes protégés, je me réserve le droit de les renvoyer tous à Londres.

– Cela nous convient parfaitement, monsieur Holmes, approuva Jason. Vous pouvez compter sur notre discrétion et notre entière coopération à la bonne marche de vos investigations.

– À condition que vous parveniez à suivre le rythme, ironisa le détective avec un sourire en coin. Demain, lever à l'aube pour visiter le pittoresque village de Dornie. J'ai de bons espoirs d'y découvrir des éléments nouveaux. Viendra qui pourra. Sur ce, je vous souhaite à tous une bonne nuit.

Holmes se retira en pestant contre les lubies et les largesses d'esprit du docteur Watson.

– Ne vous inquiétez pas, affirma ce dernier après que le détective eut refermé la porte : je connais bien Holmes, et je suis sûr que dès demain matin il sera dans de meilleures dispositions.

– D'après vous, l'interrogea Pandora, pense-t-il réellement que celui qui a dérobé ses documents puisse avoir utilisé une corneille dressée ?

– J'en ai bien peur, concéda Watson. Il faut que vous sachiez que Sherlock Holmes est convaincu de pouvoir expliquer de manière rationnelle tout fait qui sortirait de l'ordinaire. Ainsi Holmes suivra-t-il ses propres pistes contre vents et marées, et rien ne pourra le détourner de sa voie, qui est celle de la logique et de la raison.

– Je crains, docteur, intervint Jason, que dans cette affaire, cette posture lui joue de bien mauvais tours.

– Je partage votre sentiment, Jason, acquiesça Watson. Je ferai de mon mieux pour l'inciter à envisager les évènements d'un point de vue moins radical. J'ai moi-même d'abord éprouvé quelques difficultés à considérer qu'une forme de surnaturel pouvait être à l'œuvre dans cette enquête, mais j'en suis à présent convaincu. Je… Je crois aussi avoir compris que vous formez une équipe chargée de retrouver votre amie Helen ?

– C'est tout à fait juste, docteur, lui confirma Jason. Nous avons été missionnés par un organisme secret pour retrouver notre ancienne équipière, mais aussi protéger Sherlock Holmes, sur qui pèsent de sérieuses menaces de mort.

Jason observa la réaction de Watson, qui semblait accepter l'idée que d'aussi jeunes agents pouvaient se voir confier une mission si périlleuse. Rassuré, il poursuivit donc, en s'adressant cette fois-ci à ses équipiers :

– Vous avez, comme moi, entendu les doutes de Sherlock Holmes quant à notre présence à Bess-Kërvil. Aussi, je compte sur vous pour assurer sa protection avec discrétion afin qu'il continue le plus longtemps possible à ignorer le véritable objet de notre mission. Gardez toujours à l'esprit que c'est un homme d'une intelligence et d'une perspicacité hors du commun, et qu'il aura tôt fait de découvrir qui nous sommes : le moindre détail pourrait lui mettre la puce à l'oreille.

– Tu peux compter sur nous, lui assura Pandora.

– Je n'en doute pas une seconde, répondit Jason. Sybille m'a informé des derniers développements de l'enquête et de vos confrontations avec Faydit. Je ne vous cache pas que son implication dans cette affaire m'inquiète.

– On l'a bien remis à sa place, assura Gueule-de-Loup. Et il trouvera de nouveau à qui parler le moment venu.

Jason se contenta d'esquisser un sourire, ne pouvant se montrer aussi optimiste que le Velu-Fendard. Hector à peu près rétabli, il pouvait au moins compter sur une section au complet et désormais renforcée d'un pisteur de talent, ce qui pourrait s'avérer utile. De plus, leur précédente mission lui avait prouvé qu'ils pouvaient former une équipe complémentaire et soudée.

– Heureux de vous revoir tous, en tout cas, affirma-t-il. Et visiblement en meilleure forme pour Hector.

Le convalescent, qui resta mutique, lui adressa un regard interrogateur, preuve qu'il n'était pas encore entièrement rétabli. Troublé, Jason préféra ne pas s'appesantir.

– Bien, il est déjà tard, souligna-t-il, et si nous voulons nous lever à l'aube comme prévu, il est grand temps d'aller nous coucher.

10

Alias Adler

« Matilda-Briggs *n'est pas le nom d'une jolie femme, Watson. C'était un navire qui fut mêlé à l'affaire du rat géant de Sumatra (histoire à laquelle le monde n'est pas encore préparé).* »

Sherlock H.

Le lendemain, en fin d'après-midi

La visite du village de Dornie n'avait apporté aucune indication nouvelle s'agissant de l'enquête. Holmes avait interrogé les tenanciers des trois pubs, s'était informé des particularités météorologiques locales auprès d'une vieille marchande des quatre saisons, et s'était intéressé à la cargaison d'une barque de pêche qui rentrait au port. En dehors de cela, il avait passé de longues heures, perdu dans ses pensées, à observer le paysage.

S'ils avaient fait le trajet aller par la route, Holmes avait opté pour le bateau au retour afin « d'envisager les faits d'un autre point de vue et de mieux s'imprégner encore de l'esprit des lieux », selon son expression. Ils venaient d'embarquer sur un vapeur qui naviguait à présent sur le loch. Ils étaient presque seuls à bord, à l'exception d'une poignée de passagers qui poursuivraient leur voyage après l'escale de Bess-Kërvil.

Accoudé au bastingage, à la proue du navire, Holmes semblait indifférent au froid saisissant. Le regard dans le vague, il n'avait pas prononcé un mot depuis le départ. Présent à ses côtés, Watson finit par rompre le silence imposé par son ami.

– Allons, Holmes, je vous connais assez bien pour me rendre compte si quelque chose vous préoccupe. La coïncidence ne peut vous laisser indifférent…

– Un hasard, Watson, un simple hasard, éluda le détective en se redressant. De nombreux navires à travers le monde doivent avoir été baptisés *Matilda-Briggs*, prénom et patronyme fort répandus. Et celui dont je vous ai parlé naviguait dans l'océan Indien, du côté de Sumatra.

– Sans doute, Holmes. Certains hasards sont pourtant plus troublants que d'autres, vous le reconnaîtrez avec moi.

– N'en parlons plus, Watson, je vous prie, conclut Holmes. Je vous assure que vous ne trouverez aucun rat géant à bord.

Watson ne put retenir une petite grimace.

– Je vois que ce froid humide a réveillé votre douleur à la jambe, nota Holmes. Car je ne pense pas qu'un simple bataillon de rats, aussi monstrueux soient-ils, puisse effrayer un vétéran d'Afghanistan tel que vous ?

– Les rats, ni aucune autre bestiole, Holmes. Mais les sournoises rigueurs du climat des Highlands me sont un vrai supplice.

Holmes ne put retenir un faible sourire. En dépit de l'assurance qu'il souhaitait manifester, il contrôlait pourtant avec difficulté sa nervosité. Watson avait raison, comme le lui soufflait une petite voix : combien de navires pouvaient *vraiment* avoir été baptisés de ce nom charmant, associé dans sa mémoire à l'une des affaires les plus éprouvantes qu'il ait eues à démêler ? D'ailleurs, il avait tout de suite reconnu l'élégante goélette malgré les aménagements apportés – deux chaudières et autant de cabines supplémentaires – pour en faire un petit vapeur côtier. Un « voilier à vapeur »... De plus en plus rare, avait-il songé. Cette enquête le menait par le bout du nez et, pour la première fois, il se surprit à aimer cela. Assez d'être un phare dans la nuit des autres : envie d'être éclairé à son tour malgré, peut-être, le prix à payer.

Des cris le sortirent de ses réflexions. En se retournant, il aperçut Sybille qui poursuivait Achille à bâbord en le menaçant d'un bain forcé et glacé.

– Tu ne perds rien pour attendre, Gnome-geek ! le menaça Sybille.

– Pour ça, il faudrait déjà que tu me rattrapes, la nargua Achille en se retournant vers elle. Et c'est pas en courant comme une…

Il ne termina pas sa phrase, se sentant soudain soulevé dans les airs.

– Dis-moi, microbe ambulant, tu ne t'arrêtes donc jamais ? grogna Gueule-de-Loup en tenant Achille par le col. Si je n'étais pas un ogre civilisé, je te botterais bien l'arrière-train pour t'apprendre les bonnes manières.

– Désolé, m'sieur Gueule, c'est plus fort que moi. Mais je ne suis pas sûr qu'ajouter une tête de mort à votre kilt soit une bonne idée : je trouve que le motif est parfait ainsi.

– Tu as du cran, Demi-minus, ça me plaît, sourit Gueule-de-Loup. Une chance pour toi : les Velus-Fendards ont un sens de l'humour incomparablement développé. Petit avertissement quand même : tu manques de respect encore une fois à Sauterelle et tu feras connaissance avec les supplices fendardiens les plus raffinés.

Redéposé à terre, Achille se massa le cou quelques secondes. Il avait gravé dans un recoin de son esprit le ridicule sobriquet de Sybille – ça pourrait toujours servir.

Amusé par l'incident, Holmes regarda ses jeunes compagnons se précipiter vers la plus vaste des deux cabines, celle réservée aux passagers, quand une averse s'abattit avec soudaineté.

– Vous ne m'en voudrez pas, si je cours m'abriter moi aussi ? lui demanda Watson.

– Pas le moins du monde, lui assura Holmes. Cela me paraît même plus raisonnable avec vos rhumatismes.

Resté seul avec Jason, Holmes le dévisagea avec intérêt. Peu habitué à devoir lever les yeux pour s'adresser à quelqu'un, le détective devinait un imperceptible changement dans la physionomie du jeune colosse. Il l'ausculta de pied en cap et finit par découvrir ce qui l'intriguait.

– Mon cher, dit-il, je remarque aux plis de votre pantalon que vous avez grandi d'un demi-centimètre depuis hier soir. Cela me semble assez prodigieux pour être relevé.

Mains croisées dans son dos, Holmes s'abandonna de nouveau à la contemplation du paysage, sous une pluie désormais battante. Jason en profita pour exercer une discrète pression sur le bracelet de force qu'il portait au poignet droit, et ses mensurations s'affichèrent sur le minuscule cadran de sa console. Il put ainsi constater que le détective avait vu juste. Holmes se tourna de nouveau vers Jason pour lui poser une question, mais son regard fut aussitôt attiré par un éclat de lumière un peu plus loin, à hauteur de la cabine la plus proche. De toute évidence surpris de ce qu'il avait aperçu, le détective commença à se diriger vers l'arrière du voilier ; d'abord à petits pas, puis en courant. Jason, qui avait réagi avec un temps de retard, vit Holmes s'arrêter à hauteur de la cabine, se pencher pour observer, revenir sur ses pas, puis manifester son incompréhension.

– Tout va bien, monsieur Holmes ? s'enquit-il après l'avoir rejoint.

– Je... Oui, bien sûr, le rassura le détective sans pour autant cesser de regarder autour de lui. Mon imagination qui me joue des tours, sans doute. J'ai cru apercevoir une silhouette familière. Une femme. D'ailleurs, j'ai cru l'apercevoir toute la journée.

– Sauriez-vous la décrire ? demanda Jason.

Pour toute réponse, Holmes fit une petite moue étonnée. Jason comprit aussitôt la naïveté de sa question : il s'adressait à l'homme qui avait élevé l'observation au rang d'art.

– Bien sûr que vous pouvez la décrire..., se reprocha le jeune agent avec un sourire désolé.

– Habile, d'une intelligence rare, un vrai caméléon.

– Je vous demande pardon ?

– La femme... Je peux aussi ajouter qu'elle est entrée dans la cabine centrale.

Sans attendre d'autre précision, Jason se rua dans la cabine.

– Inutile de lui courir après, lui certifia Holmes en vain : il faudra bien qu'elle ressorte à un moment ou l'autre...

La cabine était vide. Traversée par les colonnes des deux chaudières, elle était pourvue de simples banquettes disposées sous les hublots. Jason avisa la porte du poste de commandement, et reporta son attention sur la trappe, fermée, qui descendait vers les soutes étroites et peu profondes du voilier. Face à lui se trouvaient deux autres portes : les toilettes du bord. Il se plaça devant celle barrée d'une petite plaque dorée indiquant «*Ladies*», et attendit, bras croisés. Après quelques instants, la seconde porte s'ouvrit sur un jeune officier aux traits fins, portant casquette et fine moustache blonde. Un je-ne-sais-quoi dans la physionomie de l'homme lui sembla familier. L'officier le salua d'un mouvement de la tête et sortit sur le pont.

Quand il aperçut Holmes accoudé au bastingage, sa pipe aux lèvres, l'officier détourna légèrement la tête et commença à s'éloigner sous le regard amusé du détective.

Tout s'enchaîna alors très vite : un homme au crâne rasé et de forte carrure qui venait en sens contraire bouscula l'officier. Il se précipita ensuite sur Holmes, armé d'une canne dont il venait de libérer la pointe d'acier. Surpris, le détective ne fut pas assez prompt à réagir et la lame vint lui entailler l'avant-bras. Holmes se dégagea et, dans l'élan, sortit de son manteau un bâton gigogne qu'il déploya pour obtenir à son tour une canne. Il put ainsi parer la deuxième tentative de son agresseur. S'engagea alors une passe d'armes qui permit au détective de constater qu'il n'avait rien perdu de son habileté au combat rapproché. Il se surprit même à y prendre du plaisir, d'autant que son adversaire semblait avoir de plus en plus de mal à esquiver les coups qu'il lui assenait. Holmes regarda l'homme dans les yeux pour le jauger, comme il aimait le faire. Il lut alors une détermination sans faille, qui lui glaça les sangs.

Soudain, l'homme s'arrêta net : l'officier avait braqué un revolver sur sa tempe.

– Lâchez votre arme, monsieur, c'est terminé ! ordonna ce dernier.

L'inconnu s'exécuta et jeta avec humeur sa canne sur le pont.

– C'est bien, commenta l'officier. À présent, mettez vos mains sur la tête et agenouillez-vous.

L'homme fixa Holmes de son regard gris acier et esquissa un rictus de défi. Le détective voulut crier, mais il n'en eut pas le temps. Son agresseur s'effondra sur le pont sans un mot. Quand il se pencha sur lui pour l'ausculter, Holmes comprit qu'il n'y avait plus rien à faire : l'homme gisait, un peu de mousse à la commissure des lèvres et ses yeux grands ouverts sur le ciel.

– Il s'est empoisonné…, annonça-t-il. Et je parie qu'on ne retrouvera rien sur lui, ajouta-t-il en lui faisant les poches. Merci de votre intervention en tout cas…

Quand il leva la tête, Holmes constata que l'officier s'était volatilisé.

La porte de la cabine s'ouvrit alors sur Jason. Plus que contrarié d'avoir été berné, et incapable de comprendre comment, le jeune agent resta quelques secondes sans voix en découvrant le détective accroupi auprès du cadavre.

– Vous… vous allez bien ? finit-il par demander à Holmes. Que s'est-il passé ?

– Je vais fort bien, merci Jason. Cet homme s'est jeté sur moi, mais grâce à Dieu j'avais emporté cette « permission de minuit » un peu spéciale que Mycroft m'avait offerte, précisa-t-il en désignant sa canne. Je crains en revanche que ma pipe n'ait eu moins de chance…

Elle gisait sur le pont, brisée en deux. Le détective ramassa les morceaux qu'il glissa dans sa poche sans y prêter davantage attention. Jason sentit quant à lui son cœur se glacer en comprenant qu'ils étaient passés à deux doigts du drame, et il se reprocha son manque de vigilance.

Un homme d'équipage annonça alors l'escale de Bess-Kërvil. En quittant la cabine où ils s'étaient réfugiés, les agents du Cyclone découvrirent avec surprise Holmes et Jason occupés à examiner le cadavre étendu sur le pont.

– Qui est cet homme ? s'enquit Pandora.

– Rien ne permet de l'affirmer à coup sûr, répondit Holmes, mais j'opterais pour un espion allemand chargé de s'occuper de moi. J'ai déterminé sa nationalité grâce à la marque de ses chaussures. Quant à sa profession, elle se déduit des précautions qu'il a prises pour empêcher toute identification, mais aussi de la petite capsule de cyanure coincée dans une dent creuse et avec laquelle il s'est suicidé. Quant au fait que j'étais sa cible, l'estafilade qu'il m'a faite au bras gauche est suffisamment éloquente, me semble-t-il.

– Laissez-moi vous examiner, exigea Watson en aidant Holmes à ôter son manteau.

– Avec votre empressement, je mourrai plus sûrement de froid que de cette blessure ridicule, ironisa le détective.

Le vapeur avait mouillé au large de l'île de Bess-Këvil. Tandis que deux hommes d'équipage affrétaient une petite chaloupe sous le regard vigilant du jeune officier, Jason tenta, une nouvelle fois en vain, de repérer la femme mystère.

– Vous perdez votre temps, mon cher, lui glissa Holmes en observant les manœuvres avec curiosité. Elle aura toujours une bonne longueur d'avance sur nous.

Ils embarquèrent à bord de la chaloupe, tandis que le jour déclinait.

Les deux matelots ramaient en cadence, se calant l'un sur l'autre sans avoir à prononcer un mot. L'officier avait quant à lui pris place à l'avant de la chaloupe, tournant le dos aux autres passagers. Une faible lueur vacillait à l'une des fenêtres du donjon de Bess-Kërvil, unique signe de vie dans l'obscurité qui épaississait.

– Ambiance gothique et lugubre, j'adore ! déclara Achille.

Personne ne lui répondit : tous avaient les yeux levés sur le monument, entretenant sans doute le secret espoir de voir le décor s'égayer de quelques touches plus avenantes.

Achille observa Sybille, assise à ses côtés. Elle grelottait et ses lèvres remuaient de manière mécanique : elle psalmodiait une formule inaudible.

– Tu fais tes prières ? la taquina-t-il.

La jeune *profiler* continua sa litanie.

– Sybille… ?

Soudain secouée de spasmes de plus en plus violents, Sybille poussa un cri et s'évanouit.

Achille se pencha aussitôt vers elle et lui tapota les joues, mais ses tentatives pour la réanimer restèrent vaines. Installée juste devant eux avec Hector, Pandora s'était retournée en entendant son équipière crier.

– Elle s'est mise à trembler de plus en plus fort et, d'un coup, elle est tombée dans les vapes, lui expliqua Achille pris de panique.

– Elle a dû avoir une vision, le rassura Pandora en plaçant ses mains sous la tête de son équipière. Elle va reprendre connaissance dans quelques instants. C'est juste un peu impressionnant quand on n'est pas habitué.

La chaloupe atteignit enfin l'îlot de Bess-Kërvil. L'un des matelots sauta alors sur un rocher pourvu d'un crochet rongé par la rouille. Il stabilisa l'embarcation et l'amarra tandis que son compagnon aidait les passagers à gagner la grève. Holmes n'avait pas quitté des yeux l'officier, qui s'était éclipsé dans la plus grande discrétion en profitant de la préoccupation que suscitait Sybille. Il nota que personne d'autre n'avait remarqué sa disparition, ni ne semblait s'en soucier, et apprécia la furtivité dont l'homme avait fait preuve. Les deux matelots s'éloignaient à présent sur le loch, avec la lumière de leur fanal pour seul signe de leur présence sur la vaste étendue noire. Sous l'impulsion de Sherlock Holmes, tous se mirent alors à gravir le petit tertre qui menait au château, Gueule-de-Loup portant Sybille dans ses bras.

*

*   *

Holmes avait laissé ses compagnons s'installer dans le grand hall, le temps d'aller chercher son violon. Quand il en franchit à son tour le seuil, il s'arrêta net, le souffle coupé. Avait pris place parmi les autres, auprès de la cheminée, une jeune femme trentenaire d'une élégance et d'un charme peu ordinaires. Son visage, d'une délicieuse finesse, le ramena vingt-six années en arrière. D'un coup, il eut confirmation qu'il n'avait pas rêvé, ce qui le rassura un peu quant à sa santé psychique : à Dornie, puis sur le vapeur, c'était elle ; le jeune officier, c'était encore elle. Sa ressemblance avec *La Femme*, cette chère Irène Adler qu'il avait idéalisée jusqu'à la considérer au fil du temps comme une entité improbable, le laissa sans réaction. Sa raison finit cependant par reprendre le dessus : Irène aurait, aujourd'hui, cinquante-six ans et il ne pouvait en aucun cas s'agir d'elle. Et puis cette jeune femme ne portait pas d'alliance, alors qu'il avait servi, malgré lui, de témoin de mariage à Irène Adler.

Pantelant, Holmes s'appuya au chambranle de la porte. « La charge du passé », comme l'avait souligné la Gorgone la veille au soir : c'était exactement cela, songea-t-il. Depuis le début, cette enquête semblait le mener de surprise en surprise, le renvoyant sans cesse à l'une ou l'autre des centaines d'affaires qu'il avait tenté d'élucider avec plus ou moins de bonheur. Comme si une force supérieure prenait plaisir à le promener à sa guise dans une forme de labyrinthe du temps. Il chassa aussi vite cette pensée, dont il eut un peu honte : rien de tel n'était bien évidemment possible. Les lions rampants du clan MacRae représentés sur les boiseries n'avaient après tout rien en commun avec les têtes d'ours de la demeure des Baskerville et à laquelle il n'avait cessé de penser depuis son arrivée au pensionnat. À chaque lieu ses fantômes, se raisonna-t-il.

Quand elle l'aperçut dans l'encadrement de la porte, la jeune femme se leva pour l'accueillir.

– Vous devez être monsieur Sherlock Holmes ? dit-elle.

– Je... C'est bien moi, en effet..., acquiesça le détective en s'approchant de l'âtre.

– Je suis Miss Marvel, l'infirmière de ce pensionnat, se présenta la jeune femme en tendant sa main vers Holmes.

Informés de l'identité d'Irène, les jeunes agents savaient qu'elle ne souhaitait pas, dans l'immédiat, la dévoiler à Holmes. Il paraissait impossible, d'après elle, que le détective accepte la réalité et comprenne qu'elle avait conservé sa jeunesse.

– Comment se fait-il que nous ne nous soyons pas rencontrés plus tôt ? s'étonna Holmes.

– Je suis très secrète, avoua Miss Marvel. Et très occupée : je ne quitte que rarement mon dispensaire. Mais je vois que vous vous apprêtiez à nous jouer un morceau ? ajouta-t-elle en désignant le violon.

– Ce n'est pas impossible, si l'humeur me prend... Avez-vous pu vous pencher sur notre jeune amie, qui semble avoir eu un malaise ? C'est d'ailleurs le second en très peu de temps, ce qui paraît bien troublant, non ?

– Je me suis permis de lui administrer le remède local : une larme de whisky. Et à présent, elle dort.

– Fort bien, apprécia Holmes en souriant.

– Je n'aurais pas trouvé meilleur traitement, reconnut Watson qui s'était servi un verre. Il est d'ailleurs fameux.

Gueule-de-Loup grogna de contentement en signe d'approbation.

Holmes s'approcha de Sybille, allongée sur une banquette à proximité de la cheminée et couverte d'un plaid. Il s'agenouilla à son chevet et constata qu'elle avait repris des couleurs.

– Me laisseriez-vous soigner votre blessure à présent, Holmes ? s'enquit Watson.

– Cela me semble inutile, Watson : c'est très superficiel comme vous l'avez constaté sur le bateau, et je ne ressens aucune douleur. Mais il me semble qu'Achille a disparu ?

– Il est allé au dispensaire, chercher un petit coffret que Miss Marvel a trouvé dans la crypte du pensionnat, précisa Pandora.

– Tiens, tiens…, fit remarquer Holmes avec un ton espiègle : notre infirmière si occupée prend le temps de fouiner dans les parties secrètes de Bess-Kërvil ?

– Cela m'arrive, à mes heures perdues, je l'admets.

Achille gravit l'escalier qui remontait de l'infirmerie, le coffret calé sous un bras. Il s'engagea alors dans le corridor éclairé par une multitude de bougies et le long duquel s'alignaient les chambres. Il n'avait pas fait dix pas, quand un feulement le fit sursauter. Il se retourna et frémit en découvrant l'animal qui se présentait au bout du couloir.

– Un tigre… ? souffla-t-il.

Le fauve s'avançait vers lui avec une nonchalance toute féline. Il avait le pelage bleu presque translucide, des prunelles azur, des griffes et des crocs de verre. Avant ce jour, Achille n'avait jamais vu de prédateur de ce gabarit, ni, à plus forte raison, eu à s'en défendre. Il lui sembla que le félin commençait à se pourlécher les babines. Le tigre joua quelques secondes avec les ombres qui dansaient sur le mur, dont la sienne agrandie par la flamme des bougies. Puis, il se remit à marcher dans sa direction.

« Manque de chance », songea Achille, en se rendant compte qu'il avait laissé dans son paquetage son métagivreur – cette petite arbalète à fléchettes cryodermiques dont étaient équipés tous les agents du Cyclone. Il pouvait toujours jeter le coffret sur le fauve, mais après ? Pour recevoir l'assaut du tigre, il se ramassa sur lui-même, prêt à… à quoi exactement ? À perdre une de ses vies sans sourciller comme dans l'un de ses jeux vidéo ?

Il se trouva soudain ridicule et très comestible. Pour la première fois, il se rendit compte que cette enquête n'avait rien d'un jeu. Il fouilla sans succès ses poches en quête d'une barre chocolatée à lancer au prédateur, histoire de gagner quelques secondes. D'habitude, dans son vrai monde, un monde normal sans tigre glouton ni agent appétissant, il en avait toujours une sur lui en cas de fringale.

Le fauve grogna, Achille frissonna. Le tigre s'élança, Achille hurla. Ses cris alertèrent ses équipiers et Miss Marvel, qui se ruèrent vers la galerie et gagnèrent le couloir. Ils y trouvèrent Achille appuyé contre le mur : blanc comme un linge, il avait les yeux fermés. À ses côtés, ils aperçurent le fauve, qui semblait se repaître d'une ombre glissant sur la paroi.

– Ça alors, c'est incroyable... ! s'exclama Pandora.

Elle s'approcha du tigre, qui vint se frotter à elle comme un gros chat en ronronnant. Pandora fourragea avec sa main dans sa fourrure pour le caresser.

– Achille, je te présente Charmant, dit-elle.

– Cha... Charmant ? bredouilla Achille, incrédule.

– Vous le connaissez ? s'étonna Miss Marvel.

– C'est un Tigre-des-Miroirs* qui vient des Royaumes de Perrault, expliqua Jason. Il est doux comme tout et se nourrit seulement d'ombres. Je me demande bien comment il est arrivé jusque-là.

– Je l'ai trouvé, un matin, dans le parc, chuchota Miss Marvel pour ne pas être entendue de Sherlock Holmes. Tout comme Helen avait été retrouvée quelques mois plus tôt. Cela s'est passé peu de temps avant l'arrivée de Sybille au pensionnat. Il semblait déboussolé, et s'est laissé très facilement apprivoiser. J'ai en effet été surprise quand j'ai découvert son régime alimentaire. Il portait autour du cou une petite bourse avec...

Elle s'interrompit quand Holmes se présenta à son tour dans le couloir.

– Tout se passe bien ? demanda-t-il. Sybille s'est réveillée et elle souhaite nous entretenir d'une « vision » qu'elle aurait eue après s'être évanouie. Je...

Holmes resta bouche bée en découvrant le fauve.

– C'est... C'est un tigre ?

– C'en est bien un, confirma Miss Marvel.

– Il est drôlement peinturluré, dites-moi... Voilà qui rappellera sans doute à Watson ses années de service aux Indes.

Sybille attendit que tous aient pris place pour commencer son récit. Elle replaça sa mèche blanche pour se donner une contenance et, plutôt que d'avoir à affronter les regards curieux de son auditoire, elle posa les yeux sur Charmant qui s'était affalé aux pieds de Miss Marvel. Elle surmonta alors sa timidité et se lança.

– Je vous préviens, c'est toujours aussi mystérieux, même pour moi. Alors voilà, en... en m'endormant, j'ai été transportée dans une maison en pierres située au pied d'un vaste massif montagneux. J'étais assise à une table autour de laquelle avaient également pris place cinq femmes encore jeunes qui me regardaient en souriant. Elles m'incitaient à boire la tasse qu'elles m'avaient servie et dont je ne parvenais pas à déterminer le contenu. Peu rassurée, j'ai porté le breuvage à mes lèvres et j'en ai bu un peu. J'ai aussitôt été prise de vertiges. Les cinq femmes se sont alors mises à rire, leurs visages soudain déformés par d'horribles grimaces. J'étais tétanisée. Elles se sont levées et j'ai ainsi découvert qu'il s'agissait de géantes : leurs têtes ont traversé le toit et leurs membres ont repoussé les murs. Je me suis alors retrouvée à l'extérieur, face à cinq hauts sommets enneigés.

Sybille se tut, elle-même impressionnée par la clarté de son récit et les sensations qu'elle avait de nouveau éprouvées. Elle en avait des frissons. Elle leva les yeux et découvrit que tous la fixaient avec un vif intérêt. Holmes pinçait les lèvres en pianotant de la main gauche sur l'accoudoir de son fauteuil.

– Fascinant..., murmura le détective d'une voix si éteinte qu'elle semblait pourtant signifier le contraire. Réellement fascinant ! s'exclama-t-il, cette fois-ci avec conviction.

Il se pencha en avant, en joignant l'extrémité de ses doigts.

– Ma chère Sybille, reprit-il, vous m'intriguez beaucoup. Cette faculté psychique se manifeste-t-elle souvent ?

– Pas vraiment, non, avoua la jeune *profiler*. Et puis je ne maîtrise pas très bien mon don. Je...

– Plutôt que de « don », la coupa Holmes, je parlerais de capacités intuitives très développées. Je suis persuadé que vous recomposez durant vos pertes de connaissance, sans doute liées à une très forte émotivité, les réflexions et intuitions que vous formez lorsque vous êtes éveillée. Si vous parveniez à en saisir le sens, vous deviendriez un détective redoutable. L'imagination et l'intuition sont deux qualités essentielles pour faire un bon enquêteur, et, sur ce terrain, vous pourriez même me surpasser.

Holmes se leva et se mit à arpenter la pièce d'un pas rapide, mains croisées derrière son dos. Tous suivaient ses déambulations, personne n'osant intervenir. Sybille, quant à elle, n'avait pas prévu que la discussion évoluerait ainsi, ni même que le détective la prendrait au sérieux. Elle avait d'ailleurs redouté sa réaction et se sentait à présent soulagée.

– Je m'étais documenté sur la région avant de quitter Londres, révéla Holmes : climat, géographie, folklore. Or, ces cinq femmes devenues autant de sommets dans votre vision, Sybille, me rappellent une particularité géologique locale. Sans doute voyez-vous à quoi je fais allusion, Miss Marvel ?

– Je présume que vous faites référence aux « Cinq Sœurs », ces cinq sommets qui s'élèvent dans le massif du Kintail, non loin d'ici ? répondit la jeune femme.

– Précisément. Je ne saurais dire pour le moment ce qui les relierait à notre affaire. Cependant, si je ne me trompe, la variété de lierre que nous avons retrouvée dans le lit de la disparue pousse notamment sur leurs premières pentes.

– Sur ce point, je ne saurais vous répondre, avoua Miss Marvel. En revanche, l'image de l'élévation des cinq femmes dans la vision de Sybille m'a aussitôt évoqué une très ancienne légende du Kintail que j'ai lue récemment.

– Une légende, vraiment ? tiqua Holmes en se laissant tomber dans son fauteuil.

– Pourriez-vous nous en dire davantage ? demanda Jason.

– Je doute qu'une légende puisse nous éclairer, grommela Holmes, mais nous vous écoutons quand même.

– Je comprends votre scepticisme, monsieur Holmes, lui assura Miss Marvel. Pourtant, je suis persuadée que les légendes possèdent toujours un petit fond de véracité...

– Ma chère, répondit Holmes avec un sourire en coin, je vous accorde sur ce point le bénéfice du doute et la liberté de vous bercer d'illusions.

Pendant que Jason se levait pour remettre deux bonnes bûches dans le foyer, Miss Marvel ouvrit le coffret et en sortit un livre.

– Il s'agit d'un ouvrage rédigé au XVIIe siècle, que l'on doit au révérend John MacRae et intitulé « *Légendes de Tír na nÓg*, terre de l'éternelle jeunesse* ».

Miss Marvel tendit le livre à Hector, qui se trouvait assis à côté d'elle.

– Je n'ai pas mes lunettes de vue, avoua-t-elle, et il me sera fastidieux de vous faire la lecture. Pourriez-vous lire à ma place le début du chapitre consacré aux Cinq Sœurs, je vous prie Hector ?

– Avec plaisir.

Hector feuilleta le livre et, parvenu à la page que mentionnait Miss Marvel, il s'éclaircit la voix avant de se lancer :

« Un conte colporté par les habitants du village de Dornie, se rapporte aux plus hauts sommets de la Terre de l'éternelle jeunesse, pays des créatures légendaires du folklore écossais. Les Cinq Sœurs du Kintail, puisqu'il s'agit de ces montagnes qui s'élèvent au cœur du territoire des MacKenzie, seraient, selon la tradition populaire, le tombeau de cinq géantes. Ces êtres auraient contribué à forger le paysage des Highlands : les lochs seraient nés sous leurs pas, les sommets de leur souffle. Il est dit que leur réveil pourrait survenir si la bride des kelpies de la Terre de l'éternelle jeunesse venait à être dérobée et qu'elle n'était pas restituée à

ses propriétaires avant un siècle. Ce réveil provoquerait la fin de Tír na nÓg, qui serait alors ravagée par la colère des géantes... »

Hector interrompit sa lecture, posa le livre sur un petit guéridon et leva les yeux vers Miss Marvel, qui le remercia d'une légère inclinaison de la tête. Holmes se leva alors pour feuilleter l'ouvrage tout en affectant un air détaché.

– À présent, dit-il après avoir reposé le livre, permettez-moi de me retirer. Comme vous le savez, les légendes ne sont pas mon fort et j'ai besoin de réfléchir un peu. De plus, n'ayant pas la chance de bénéficier de l'éternelle jeunesse, je crois qu'une bonne nuit me fera le plus grand bien. Je regrette pour le morceau de violon, Miss Marvel, mais je vous promets que ce sera pour une autre fois.

– Je crois que je vais vous imiter, annonça Watson.

– Trois remarques cependant, avant de vous quitter, ajouta Holmes : d'une part, le tigre devait sortir d'un cirque où il a subi une teinture à l'iode qui s'atténuera sans doute avec le temps ; d'autre part, Jason, il faudra que nous reparlions de cette petite étrangeté que je vous ai signalée tout à l'heure à propos de votre taille ; enfin, vous nous avez proposé là, Miss Marvel, un ouvrage vraiment très étonnant.

Miss Marvel attendit que Sherlock Holmes et le docteur Watson soient sortis pour prendre la parole. Elle se pencha alors en avant et s'expliqua sur le ton de la confidence.

– J'avais hésité à vous en parler jusqu'à maintenant, commença-t-elle, mais il est important de vous mettre au courant. Comme vous le savez, Holmes a démantelé voici peu le plus important réseau d'espions allemands installé au Royaume-Uni. Un coup de maître dont l'Empire allemand a eu toutes les peines du monde à se remettre. Depuis, Holmes est devenu l'une des cibles prioritaires des espions de Guillaume II. Ce que j'ai appris grâce aux relations que j'ai conservées avec le roi de Bohême, Von Ormstein, malheureusement décédé voici peu.

– Ce qui confirme l'hypothèse de Sherlock Holmes à propos de l'homme qui l'a attaqué sur le bateau cet après-midi, intervint Jason.

– Exactement. D'ailleurs, je peux bien vous l'avouer à présent : prévenue de la présence d'un espion allemand dans les environs de Bess-Kërvil, je vous ai suivis toute la journée afin d'intervenir au besoin. Et, sur le vapeur, c'est moi qui vous ai fait tourner en bourrique, Jason, en me travestissant en officier.

– Je n'y ai vu que du feu, bravo ! consentit Jason, beau joueur.

– Je vous remercie du compliment. Mais revenons-en à l'enquête concernant Helen et les faits étranges qui se sont déroulés depuis sa disparition. Comme je m'apprêtais à vous le dire tout à l'heure, lorsque je l'ai recueilli, Charmant portait autour du cou une petite bourse, contenant son identité et sa provenance, mais aussi un fragment de miroir. Quand… quand je l'ai eu en main, le morceau de verre s'est mis à luire d'une lueur bleue. Et, aussi extraordinaire que cela pourra vous paraître, je me suis retrouvée à marcher sur un chemin menant à un village ne figurant sur aucune carte officielle. C'est là que j'ai compris que Bess-Kërvil était en quelque sorte la porte d'entrée vers la Terre de l'éternelle jeunesse. Après cette expérience, j'ai commencé à rajeunir, jour après jour, de manière si imperceptible qu'à part moi personne n'a semblé vraiment remarquer ma métamorphose. J'ai alors pris contact avec le Cyclone pour exposer à Hypnos tout ce qui s'était passé. Il m'a confirmé que certains miroirs féeriques permettaient de voyager d'un monde imaginaire à l'autre et que Tír na nÓg constituait, à sa connaissance, un monde imaginaire à part.

– Ce fragment de miroir, demanda Pandora, pouvons-nous le voir ?

– Il m'a malheureusement été volé très peu de temps après mon retour de la Terre de l'éternelle jeunesse, regretta Miss Marvel. J'ignore encore comment le vol s'est produit, et qui en est l'auteur. Ce dont je suis persuadée, en revanche, c'est que cela a un lien avec l'enlèvement d'Helen et que votre équipière se trouve désormais à Tír na nÓg.

Sybille frissonna. La journée avait été longue et ses émotions l'avaient vidée. Les hypothèses que ses compagnons venaient d'avancer lui semblèrent très pertinentes, mais elle ne put s'empêcher de penser qu'ils n'étaient sans doute pas au bout de leurs surprises. Elle posa les yeux sur les vestiges du feu : les braises rougeoyaient encore un peu, mais elles mourraient bientôt.

11

Jeux d'indices

« J'ai l'habitude de me heurter au mystère à un bout de mes affaires ; mais un mystère à chaque bout est trop compliqué. »

Sherlock H.

Un peu plus tard, cette même nuit

En pénétrant dans sa mansarde, Gueule-de-Loup eut de nouveau l'impression de pénétrer dans une chambrette de poupées. Son manteau tout ébouriffé posé sur le lit pouvait laisser croire qu'un ours dormait déjà, roulé en boule.

Il n'eut qu'un pas à faire pour s'affaler sur le matelas qui s'enfonça sous son poids. Il entendit un léger craquement et se releva aussitôt. Que pouvait-il avoir écrasé ?

Son sglugh, un vieux biscuit ou un scarab… ? Le cœur vrillé à l'idée que Skarabesque ait pu se glisser dans son manteau, il en fouilla les poches avec fébrilité. Puis il inspecta la sacoche de son skeelt, dont il finit par extirper un petit paquet de forme rectangulaire. Il soupira, rassuré. Il fixa le paquet, et alors tout lui revint.

– Par tous les schtocks des monts Velus-Fendards ! jura-t-il en se précipitant dans le couloir.

Pandora rêvassait, assise sur son lit. Sa chambre jouxtait celle d'Hector et, l'oreille collée aux pierres froides, elle essayait de deviner ce qu'il faisait. L'épaisseur des murs l'empêchait cependant de discerner le moindre bruit. Alors elle imagina qu'Hector s'était lui aussi adossé de l'autre côté et qu'il tentait d'écouter les battements de son cœur ; de les sentir, presque… Il caressait les pierres, et…

« Ressaisis-toi, ma vieille, tu deviens complètement gaga, se secoua-t-elle. Il a perdu la mémoire et tu ne représentes plus rien pour lui… »

On toqua à sa porte, ce qui la fit sursauter. Son cœur se mit à papillonner. Elle se força à apaiser sa respiration. On toqua de nouveau, de manière plus assurée. Elle se décida alors à aller ouvrir.

– Gueule-de-Loup ? fit-elle à la fois étonnée et déçue.

– Désolé de te déranger, mais j'ai… j'ai quelque chose à te donner.

Le Velu-Fendard affichait un air penaud. Il tendit le petit paquet à Pandora, qui hésita à le prendre.

– Ce n'est pas mon anniversaire, mais c'est gentil quand même, le remercia-t-elle.

– Je n'y suis pour rien. C'est maître Roncacelo qui me l'avait confié pour toi…

Le nom du vieux maître de la Guilde des Miroitiers des Royaumes de Perrault eut un effet immédiat : Pandora se saisit avec les plus grandes précautions du paquet et alla s'asseoir sur son lit.

– J'avais complètement oublié de te le remettre, se morigéna Gueule-de-Loup. En plus, j'ai peur de l'avoir un tout petit peu cassé…

Pandora caressa du bout des doigts l'étui de cuir, avant de se décider à défaire le cordon qui le nouait. Elle découvrit alors deux bris de miroir. Bouleversée, elle resta à les contempler quelques instants, immobile. Il s'agissait de deux fragments du miroir détruit de Perceforest, la forêt enchantée dont sa mère était originaire : féés, ils avaient la propriété de remémorer le passé du peuple qui habitait les lieux avant sa destruction. Ils pouvaient aussi être utilisés pour voyager entre les Mondes Imaginaires. Les avoir en sa possession était un merveilleux miracle.

– Ils sont brisés, hein… ? demanda le Velu-Fendard. Je m'en veux tellement…

Pandora resta silencieuse. Elle plaça l'un des fragments de verre dans la paume de sa main, et les images affluèrent aussitôt. Submergée par la puissance des sensations ressenties, elle dut reposer le bris du miroir. Elle regarda Gueule-de-Loup avec un grand sourire aux lèvres, puis elle se leva et alla se jeter dans ses bras. Déstabilisé, le Velu-Fendard lui tapota affectueusement le dos.

– C'est le plus beau présent qu'on m'ait jamais fait, souffla la demi-fée. Merci du fond du cœur, mon Gros-Loup.

Hector n'avait pas du tout envie de dormir. Son lit ne l'y invitait pas vraiment, d'ailleurs. Il semblait une nouvelle fois parti pour le bercer de cauchemars toute la nuit : aussi vaste que haut, son chevet était orné d'une fresque terrifiante – des chevaux anthropomorphes se repaissaient d'êtres humains après les avoir entraînés dans les profondeurs d'un lac. Si, à cela, on ajoutait que le sommier grinçait comme un trois-mâts en perdition au moindre mouvement, le tableau était complet. Décidé à s'assurer un sommeil sans mauvais rêve, Hector prit l'initiative de poser le matelas à même le parquet pour cette deuxième nuit. Cela fait, il s'installa bien au chaud sous son édredon, et ouvrit le livre du révérend John MacRae qu'il avait glissé en douce sous sa veste en quittant le grand hall.

La flamme de sa chandelle vacillait sous l'effet d'un léger courant d'air dont il ne cernait pas la provenance.

Il reprit la lecture de la légende des *Cinq Sœurs du Kintail* là où il l'avait interrompue. Il ne savait pas vraiment pourquoi, mais cette histoire l'intriguait. Une vague impression de « déjà-vu », ou de « déjà-entendu ». Il fut surpris de découvrir que le clan MacGregor, qui souffrait parfois d'une réputation peu flatteuse de voleurs et rebelles, avait toujours envisagé de dérober la bride des kelpies de Tír na nÓg. Il interrompit sa lecture et se mit à réfléchir. Skarabesque caracola alors sur son bras et vint se placer sur sa main droite.

– Tu as peut-être faim, toi, au fait ?

Le scarabée stridula. Cela n'étonna pas Hector, habitué depuis longtemps à considérer le petit insecte comme doué d'une forme d'intelligence presque humaine. En tout cas, ils se comprenaient, et c'était bien le principal. Hector farfouilla dans sa besace et en sortit une feuille de saule qui commençait à se dessécher ; il constata que c'était la dernière et qu'il devrait refaire provision. Il la plaça au creux de sa paume, où vint se lover Skarabesque qui entreprit de la grignoter.

Hector reprit sa lecture, qu'il dut suspendre quand on frappa à la porte. Tandis qu'il se levait, Skarabesque se faufila dans la manche de sa veste. Il ouvrit et se trouva nez à nez avec Pandora, qui lui fit un sourire un peu gêné.

– Salut Hector..., murmura la demi-fée. Je peux entrer quelques instants ?

Comme le jeune pisteur restait immobile à la dévisager, Pandora se permit d'insister.

– Ce couloir est une vraie glacière, avoua-t-elle en se frictionnant les épaules.

– Ah... oh, pardon, oui, entre !

Il s'écarta pour laisser passer la demi-fée, qui s'installa en tailleur sur le matelas en posant à côté d'elle un sac en toile.

– Original, l'aménagement de ta chambre, glissa-t-elle.

– Oui, je préfère comme ça : le lit était un peu... un peu trop haut, se justifia Hector. J'étais en train de lire, enchaîna-t-il.

– Je ne te dérangerai pas longtemps, le rassura Pandora d'une voix où perçait la déception.

Hector aurait voulu lui dire que sa visite lui faisait plaisir et qu'elle pouvait rester le temps qu'elle voulait, mais il eut peur d'en faire trop. Il fixait avec insistance le visage en ovale de son équipière ; des ombres dansaient dans sa chevelure noire, et ses prunelles sombres brillaient. Il lui trouva un charme mi-sauvage, mi-doux, et devina qu'elle rougissait malgré la semi-pénombre.

– Je voulais te faire un petit cadeau, dit Pandora, bras croisés dans son dos. Quelle main choisis-tu ?

Hector désigna la gauche, et Pandora lui tendit le petit étui de cuir.

– Vas-y, ouvre-le, l'encouragea-t-elle.

– Un… un morceau de verre ? s'étonna Hector quand il eut dénoué le cordon. C'est… original… Et symbolique, je présume ?

– C'est plus qu'original, et symbolique reste un mot trop faible. C'est la clé vers la Terre de l'éternelle jeunesse dont parlait Irène tout à l'heure : le fragment qui lui a été volé et ceux-ci proviennent du même miroir. Je me suis dit qu'un pisteur digne de ce nom devait en avoir la garde. J'ai l'autre partie, ajouta-t-elle en lui montrant le morceau qu'elle avait conservé. Alors, oui, c'est peut-être un peu symbolique.

Hector posa le fragment de miroir sur l'édredon et l'observa quelques secondes.

– Et ce n'est pas tout, ajouta Pandora en fouillant dans son sac. Un pisteur qui se respecte doit aussi avoir sa panoplie d'intrépide explorateur.

– C'est… C'est gentil, merci, bredouilla Hector.

La demi-fée avait posé sur le matelas un chapeau de feutre à larges bords et un fouet. Hector les contempla sans oser s'en saisir.

– Ce sont les tiens, lui précisa Pandora. Je te les avais gardés.

– Ah, merci... Au fait, avoua-t-il, cela tombe bien que tu sois venue.

Pandora leva les yeux vers lui, pleine d'espoir.

– J'ai une petite théorie à propos des Cinq Sœurs.

– Ah oui..., soupira Pandora, les Cinq Sœurs...

Elle aurait aimé que les théories d'Hector portent sur un tout autre sujet, sans doute plus léger mais qui lui brûlait le ventre chaque fois qu'elle le voyait : comment raviver les souvenirs d'un amour oublié.

– Bien sûr, poursuivit Hector, cela ne vaut peut-être rien... Mais j'ai lu que le clan MacGregor convoitait depuis des siècles la bride des kelpies. Or, Helen est une MacGregor, et, comme tu me l'as appris, elle descend en droite ligne du plus célèbre d'entre eux, Rob Roy*, dont elle est la dernière héritière. Alors, imaginons que les MacGregor aient finalement réussi à s'emparer de cette bride magique. Par sa position dans le clan, Helen pourrait peut-être avoir été enlevée par les kelpies pour servir de monnaie d'échange ? Qu'en penses-tu ?

– J'en pense que ton hypothèse se tient, pas de doute. Ça collerait même très bien. À une réserve près : Helen n'est pas la dernière héritière du clan, puisqu'elle a une jeune sœur.

– Ça, je ne pouvais pas le savoir..., avoua Hector en baissant la tête.

– Hé, le réconforta Pandora en lui relevant le menton : il ne faut pas te décourager chaque fois que ta mémoire défaille un peu. De toute façon, ta théorie reste valable, car il est plus logique de s'intéresser à l'aînée des héritiers de Rob Roy, qu'à sa cadette. Aie confiance, pour ta mémoire : il faudra un peu de temps, mais je suis persuadée que tout finira par rentrer dans l'ordre.

– Tu crois ?

– J'en suis certaine ! D'ailleurs, je t'y aiderai de mon mieux. Je suis une minuscule sorcière, ne l'oublie pas.

Minuscule seulement, songea-t-elle. Elle aurait tant aimé connaître les secrets de ces philtres qui rendent amoureux fou. Dans son regard, elle tenta de transmettre à Hector toute l'assurance dont elle était capable. Et tout son amour aussi. Ils restèrent ainsi quelques secondes. Pandora se pencha alors tout doucement vers Hector pour l'embrasser. Quand elle effleura ses lèvres, le jeune pisteur détourna la tête et se releva, troublé.

– J'ai… J'étais en train de lire la suite de la légende, bredouilla-t-il en reprenant l'ouvrage.

– Je peux le voir ? demanda Pandora de manière un peu plus sèche qu'elle n'aurait voulu.

Hector lui tendit le livre. Pandora le parcourut et ne put que se rendre à l'évidence : soit elle lisait couramment le gaélique écossais, soit le livre s'adaptait à la langue de son lecteur. Elle opta pour la seconde hypothèse.

– Tu ne trouves pas surprenant d'arriver à lire sans difficulté un livre censé avoir été écrit en écossais ? s'enquit-elle.

– Euh... Si. Bonne remarque... Je n'y avais pas pensé. Maintenant que j'y réfléchis, je comprends mieux pourquoi Holmes a feuilleté le livre : il était lui aussi étonné que je sois parvenu à le déchiffrer sans problème.

– Je ne vois qu'une explication, affirma Pandora : c'est un livre féerique. Il doit lui aussi avoir un lien direct avec Tír na nÓg. C'est quand même étrange, parce que j'ai toujours cru que la Terre de l'éternelle jeunesse se trouvait en Irlande...

– En réalité, si l'on en croit le révérend MacRae, la Terre de l'éternelle jeunesse comprend l'Irlande, l'Écosse, et le pays de Galles.

Soudain, la fenêtre de la chambre s'ouvrit. Un vent frais s'engouffra, qui fit tourner les pages du livre. Hector s'empressa de refermer les battants, et en revenant à sa place il découvrit que l'ouvrage était ouvert sur une double page illustrée : il s'agissait d'une carte chargée de détails si microscopiques qu'elle en était illisible à l'œil nu.

– C'est drôle, je ne l'avais pas encore remarquée, s'étonna Hector.

Il se pencha sur le livre, mais il lui fut impossible de décrypter les méandres de ce qui s'apparentait à un paysage aux contours flous semé de taches informes.

– J'ai une loupe, si tu veux, proposa Pandora.

– Bonne idée. C'est vrai que tu es un peu ma bonne fée, merci !

Hector n'avait pas plus tôt levé les yeux de la carte, qu'il s'y replongea. Pandora sortit de la chambre en grommelant qu'à tout prendre elle préférerait encore être un scarabée plutôt qu'une fée : on lui prêterait sans doute un peu plus de considération.

Elle revint bientôt, et jeta la loupe sur l'édredon. Puis elle souhaita bonne nuit à Hector et quitta la chambre, furieuse contre les garçons qui perdaient la tête et lui faisaient perdre ses nerfs par la même occasion.

De nouveau seul, Hector essaya le chapeau qui lui sembla tout de suite familier. Il jugea le fouet, se demandant s'il serait encore capable de s'en servir. Après une brève hésitation, il le prit, le soupesa et soudain le fit claquer en direction de la fenêtre ; les lanières accrochèrent la poignée. Hector fut surpris d'avoir retrouvé d'instinct des gestes aussi précis. Il ne s'était pas senti aussi bien depuis longtemps, et des impressions enfouies commençaient à affluer. Il trouvait plus prudent de n'en parler à personne pour l'instant. Il glissa le fouet à sa ceinture pour s'y habituer et se rassit.

Hector plaça la loupe au-dessus de la carte. Son cerveau fut alors assailli de sons et d'images : bruits indistincts se mêlaient aux cris humains ou animaliers, et il eut le sentiment qu'un film défilait en accéléré sous ses yeux tant sa plongée dans le territoire représenté sur la carte lui parut réaliste.

Surpris par le premier effet, il s'écarta et repoussa le livre. Puis il observa la loupe, qui lui sembla très ordinaire. En y regardant de plus près, il lut deux lettres gravées sur le cercle métallique : *S. H.* Le fait de se savoir en possession d'un objet familier de Sherlock Holmes lui insuffla un peu de courage. Il se repencha avec prudence sur la carte et vécut la même expérience qu'à sa première tentative. Cette fois-ci pourtant, il s'abandonna aux sensations qui fourmillèrent dans tout son esprit.

Hector vit d'abord deux silhouettes sombres progresser dans la nuit, sur un sentier forestier flanqué de pins sylvestres. Il n'eut qu'une pensée à former pour se rapprocher des marcheurs. Il reconnut bientôt le pas rapide et volontaire du plus grand des deux, sa casquette de drap bien enfoncée sur la tête et son manteau au col relevé : il paraissait s'orienter sans la moindre difficulté dans l'obscurité. Son compagnon suivait le rythme tant bien que mal.

– Holmes et Watson ? s'exclama-t-il. Mais comment…

C'était vertigineux. D'abord les sensations plus vraies que nature, puis à présent Sherlock Holmes qu'il pouvait suivre comme s'il l'avait pris en filature. Il se mit à paniquer, en comprenant que tout cela relevait de la sorcellerie.

– Je dirais plutôt de la « féerie », lui murmura à l'oreille une voix suave.

Hector sursauta, et se retourna, une main sur son cœur qui battait à tout rompre. Il découvrit une fille de son âge, agenouillée sur le matelas. Elle lui souriait d'un air amusé. Elle avait le teint ivoire et ses pommettes étaient grainées de minuscules taches noires. Ses cheveux de jais étaient coupés très court, et deux petites fossettes qui creusaient ses joues lui donnaient un air espiègle. Surtout, elle était nue. Quand Hector s'en aperçut, il paniqua, s'empara d'une couverture et en recouvrit complètement la fille.

– Qui... qui es-tu ? lui demanda-t-il.

– Tu n'en as vraiment aucune idée ?

Tandis que le cerveau d'Hector fonctionnait à plein régime, la fille commença à faire glisser la couverture, dévoilant ainsi de nouveau son visage, ses épaules...

– Arrête-toi là, c'est suffisant, je t'assure ! la supplia Hector.

– Pff, c'que vous êtes pudiques les humains, c'est incroyable ! s'amusa-t-elle en retenant la couverture sur sa poitrine.

– Les humains ? répéta Hector.

– Oui, pour les scarabées la nudité n'a jamais posé problème, et d'ailleurs...

– Ska... Skarabesque ? C'est toi ?

– Ah, quand même, c'est pas trop tôt !

Impossible, se répétait mentalement Hector. Il se frotta les yeux, pensant qu'il s'était endormi, qu'il était en train de délirer et que tout allait rentrer dans l'ordre sitôt qu'il se réveillerait.

– Aïe ! s'écria-t-il. Mais tu es complètement barrée, ma parole ! Qu'est-ce qui t'a pris de me pincer...

– C'est bien ce qu'on fait quand on veut prouver à quelqu'un qu'il ne rêve pas, non ?

Skarabesque jubilait, ce qui eut le don de contrarier encore plus Hector. D'accord, pensa-t-il : ce n'était pas un rêve. Cependant, il ne s'expliquait pas comment un tel prodige avait pu se réaliser.

– La feuille de saule que tu m'as donnée, lui expliqua Skarabesque : elle est fééе. Elle provenait de l'Arbre des Origines, du Royaume de Perrault. Et comme j'en avais déjà boulotté plusieurs, celle-ci a eu un effet « surdose ». Mais puisque tu as perdu la tête, tu ne pouvais bien sûr pas le savoir.

– La mémoire, rectifia Hector. J'ai seulement perdu la mémoire, pas encore la tête. Tu étais moins insolente en scarabée.

– C'est juste parce que je ne parlais pas, voilà tout.

– Mais dis-moi, tu lis dans mes pensées ? Ça fait plusieurs fois que tu réponds à des questions que je n'ai pas formulées à voix haute.

– Oui, bien vu. Mais rassure-toi, je ne peux lire que dans les tiennes. C'est sans doute parce que tu es mon petit maître adoré et que je suis très, très perspicace.

– Très rassurant..., maugréa Hector. Et comme par hasard, ça n'est pas réciproque. Bon, écoute, je dois absolument aller voir Jason pour lui parler de ce que j'ai vu dans le livre. Surtout, ne bouge pas d'ici, je vais essayer de te trouver des vêtements.

Hector se promit aussi d'éviter les pensées trop intimes à l'avenir. Il se leva et Skarabesque l'imita, se faufilant à pas de loup derrière lui jusqu'à la porte. Hector se retourna soudain et se retrouva nez à nez avec elle. Il découvrit qu'elle s'était confectionnée une toge de fortune avec son drap.

– Tu ne le sais pas encore, tenta de l'amadouer Skarabesque, mais je t'assure que tu as besoin de moi. Je suis un peu ton ange gardien, quand même.

Hector soupira, mais renonça à discuter, sachant qu'elle n'en ferait qu'à sa tête. Il ouvrit la porte en se demandant comment il allait bien pouvoir présenter la situation à Jason.

– Pas la peine de lui parler de tout ça, lui assura Skarabesque. On se débrouillera très bien sans lui. Allons déjà vérifier si Holmes se trouve toujours dans sa chambre.

Hector jugea qu'au fond, cela valait peut-être mieux. Il serait toujours temps d'alerter les autres en cas de problème. Parvenu devant la dernière porte du couloir, il inspira profondément et toqua deux petits coups brefs.

– Il y a de la lumière, lui indiqua Skarabesque qui s'était agenouillée.

Une faible lueur filtrait sous la porte. Rassuré, Hector s'apprêtait à repartir vers sa chambre quand il vit Skarabesque faire jouer la poignée avec une audace qui le laissa sans voix. Il allait protester pour la forme, mais sa compagne ne lui en laissa pas le temps : elle ouvrit la porte en grand. La flamme d'une chandelle posée sur le parquet se mit à trembloter ; une chauve-souris voletait contre le carreau de la fenêtre, cherchant à s'évader. Skarabesque attrapa Hector par la manche de sa veste pour l'inciter à entrer, puis elle referma derrière eux. Elle fut aussitôt prise à parti par une créature de petite taille qui lui sauta sur le dos. Elle s'en débarrassa sans effort en la faisant basculer, puis l'immobilisa au sol en lui plaquant un bras sur la gorge. Hector reconnut alors leur agresseur et posa une main apaisante sur l'épaule de Skarabesque.

– Achille..., soupira le jeune pisteur.

– Content de te voir, Hector. Sympa ton chapeau, ça te donne un look plus cool. Tu peux peut-être dire à Karaté-Girl de ne pas m'achever... ?

– J'hésite... Il se pourrait que je sois clément si tu m'éclaires un peu. Que s'est-il passé ?

– C'est simple : vu son accoutrement, j'ai cru que cette douce demoiselle était un fantôme, et j'ai…

– Je ne parle pas de ça, Achille. Que fais-tu dans la chambre de Sherlock Holmes ? Où est-il ?

La chauve-souris continuait de se heurter au carreau. Achille compatissait. Il cherchait une explication logique à tout cela, mais n'en trouva aucune : la disparition de Sherlock ; la présence du chiroptère dans la chambre ; cette fille sortie de nulle part et qui semblait n'avoir froid ni aux yeux, ni ailleurs… mais qui savait s'y prendre pour obtenir ce qu'elle voulait : elle avait raffermi sa prise et il commençait à voir mille chandelles danser avec la chauve-souris dans la lumière pâle de la lune.

– Dans ma poche…, articula-t-il avec difficulté.

Skarabesque relâcha sa pression et laissa Achille se redresser. Le jeune agent retira un billet de sa poche et le tendit à Hector. Skarabesque lui proposa alors sa main pour l'aider à se relever.

– Skarabesque, se présenta-t-elle. Enchantée de faire ta connaissance sous ma nouvelle apparence.

– Tout le plaisir est pour moi, assura le jeune agent en se massant le cou.

Achille ne put s'empêcher de dévisager Skarabesque. Il dut reconnaître que sa métamorphose était très réussie. Malgré l'assurance qu'il affichait, la situation le mettait pourtant un peu mal à l'aise : dans un monde normal, peuplé d'humains et de scarabées normaux, tout ceci paraissait inenvisageable. Il préféra éviter d'y penser davantage et se concentra sur la chauve-souris, dont les battements d'ailes commençaient à faiblir.

– C'est quoi, ce mot ? demanda alors Hector. Tu l'as trouvé où ?

– Dans un classeur rangé dans l'armoire, répondit-il en essayant de prendre le petit mammifère dans ses mains.

– Achille, tu...

– Oui, oui, je sais : ce n'est pas bien de fouiller dans les affaires des autres. En sortant dans le couloir, tout à l'heure, j'ai aperçu Sherlock. Il s'était équipé pour une sortie nocturne et ne m'a pas vu. Alors j'ai voulu profiter de son absence pour visiter un peu sa chambre. Lis le mot et tu comprendras que j'ai bien fait.

Hector déroula la mince feuille de papier pour la lire à voix haute :

« Vous sentez-vous toujours de taille à vous mesurer à moi, monsieur Holmes ? Si tel était le cas, je serais heureux de reprendre notre duel où nous l'avions laissé. Seulement, je vous mets en garde : depuis notre mésaventure aux chutes de Reichenbach, je me suis aguerri à la pratique du bartitsu, et me sens rajeunir de jour en jour. Si toutefois le défi vous tentait, veuillez vous rendre sur la grève muni du fragment de miroir. Vous n'aurez ainsi plus qu'à emprunter le chemin qui s'ouvrira*

a vous, pour me rejoindre dans "l'autre monde". Je pourrai alors vous donner des nouvelles de la jeune fille que vous vous êtes mis en devoir de retrouver. Soyez assez aimable pour venir seul et ne parler à personne de notre petit rendez-vous nocturne. M.»

– Helen…, murmura Hector. On sait maintenant qu'elle se trouve aux mains de l'homme qui a envoyé ce mot à Holmes et qui détient aussi le fragment de miroir volé à Miss Marvel…

– Pour le reste de la lettre, j'imagine qu'il faut que je te rafraîchisse la mémoire ? lui demanda Achille.

– Je t'en serais reconnaissant, oui.

– Le «M» désigne sans aucun doute possible Moriarty, l'ennemi juré de Sherlock et surnommé par ce dernier le «Napoléon du crime». Seulement, il est supposé avoir trouvé la mort aux chutes de Reichenbach après un corps-à-corps avec Sherlock – qui s'en est sorti, lui, grâce à sa pratique d'un art martial : le bartitsu.

Achille se saisit enfin de la chauve-souris, et l'immobilisa. Il inspecta la minuscule bague qui cerclait l'une de ses pattes.

– Quant à savoir comment le message a été transmis, reprit-il, je viens de le découvrir : attaché à l'une des pattes de cette chauve-souris, avec le fragment de miroir, sans doute redécoupé et donc rendu très léger. De toute évidence, la capacité d'écholocation* de ces créatures ailées leur permet de passer d'un monde à l'autre, ce qui en fait des messagers idéaux. Je pense qu'il se pourrait même qu'une forme de vampirisme…

– Merci pour ces précisions, Achille, le coupa Hector. Allez, relâche ton apprenti vampire et allons alerter tout le monde.

Hector n'avait pas fini sa phrase, qu'Achille s'exécutait déjà. La chauve-souris s'envola, cette fois-ci en direction de la porte à présent grande ouverte, qu'elle franchit pour disparaître dans le couloir.

Intriguée par une source de lumière qui tremblotait dans la nuit, Skarabesque s'était rapprochée de la fenêtre.

– Venez voir ! s'exclama-t-elle.

Hector et Achille la rejoignirent. La presqu'île était à marée basse : la mer s'était retirée jusqu'à la forêt clairsemée sur le littoral, que l'on pouvait désormais atteindre à pied. Sur l'étendue tourbeuse virevoltaient d'éphémères lucioles.

– Des sortes de feux follets, commenta Achille. Ils sont innombrables.

« Peut-être un phénomène lié à l'ouverture par Holmes du passage vers la Terre de l'éternelle jeunesse ? » songea-t-il.

– Il faut y aller, les pressa Hector. On a déjà perdu trop de temps.

Achille resta quelques secondes encore le regard perdu sur les manifestations flamboyantes. Il lui tardait d'aller les admirer de plus près. Il s'apprêtait à rattraper Hector et Skarabesque, quand, dans le lointain, s'éleva un long gémissement qui se mua très vite en hurlement sauvage. Achille en resta pétrifié. Il n'était plus du tout persuadé d'avoir envie de se risquer sur le territoire de la créature capable de pousser un cri si glaçant.

Quelques minutes avaient suffi pour rassembler toute l'équipe sur la grève. Les agents faisaient cercle autour d'Hector et de Pandora, qui tenaient les deux fragments de miroir. La demi-fée ne se remettait pas de la métamorphose de Skarabesque : furieuse de la voir collée à Hector, elle adressait des regards noirs au pisteur, qui se sentait très à l'étroit dans ses Sept-lieues.

– Tu confirmes ce que tu as vu, Hector : Watson accompagnait bien Holmes ?

– Oui…

– Et tu n'as pas aperçu Irène avec eux ?

– Je ne l'ai pas vue, non, mais cela ne prouve rien. Peut-être les a-t-elle suivis sans qu'ils le sachent ?

– C'est l'hypothèse la plus probable, acquiesça Jason. En tout cas, elle a, elle aussi, quitté le pensionnat.

Mal réveillée, Sybille grelottait, et Gueule-de-Loup la frictionna pour lui insuffler un peu de courage. Jason comptait sur les dons de prémonition de son équipière pour les aider à visualiser et ainsi anticiper d'éventuels dangers. De son côté, Achille ne quittait pas des yeux le Tigre-des-Miroirs. Rendu fou par la danse des feux follets, Charmant cavalait de l'un à l'autre et se repaissait de leurs ombres avant qu'elles ne s'évaporent.

– Il est temps d'y aller, annonça Jason. Mettez tous vos cy-pads en réseau, pour communiquer plus vite au besoin.

Hector et Pandora s'avancèrent sur l'étendue limoneuse, constituée d'un mélange de tourbe* et d'algues, suivis de leurs compagnons. Ils guettèrent les signes d'un changement de paysage, mais rien ne se produisit. Une brume les enveloppa peu à peu, étouffant les feux follets.

12

Éternelle jeunesse

« Vous n'étiez jamais venu ici ? Ah ! Eh bien, je crois que vous n'oublierez pas votre première visite dans ce délicieux pays ! »

Sherlock H.

Les brumes commençaient à se dissiper. L'éclat de miroir dans une main, le livre dans l'autre, Hector ouvrait la marche en compagnie de Skarabesque. Jason lui avait passé ses lunettes qu'il avait réglées en mode infrarouge, et il s'étonnait de l'aisance avec laquelle il s'orientait dans ce paysage inconnu qui se dévoilait peu à peu.

Il profita d'une éclaircie pour faire le point : la lune baignait une petite clairière ouverte au creux de la forêt de pins sylvestres à travers laquelle ils progressaient depuis un bon moment déjà, en montée régulière. Il se fit la réflexion qu'il n'existait rien de plus déroutant qu'un terrain en apparence invariable et monotone, telles que les forêts ; c'était même le cauchemar de tout éclaireur. Malgré tout, quelques réminiscences d'un savoir qu'il pensait oublié lui revenaient : pour s'orienter, on pouvait se fier à l'organisation spatiale des arbres, à la mousse qui poussait sur leurs racines, à la composition du sol, aux différents insectes identifiables, et à de nombreux autres détails invisibles pour un néophyte. Il se surprenait ainsi à renouer avec de vieilles habitudes qu'il rattachait sans grande assurance à sa formation de pisteur pour le Cyclone. Au premier rang de ces règles incontournables, figurait le souci de la sécurité de ses équipiers.

– On fait une pause, décida-t-il en se retournant vers les autres. J'ai besoin de m'assurer que nous sommes sur la bonne voie. Et j'aimerais repérer le chemin forestier qu'ont emprunté Holmes et Watson.

– Tu penses que nous ne sommes pas dessus ? demanda Jason.

– Je ne crois pas, non. Il était plus large, et les arbres qui le bordaient semblaient plus clairsemés.

Hector jeta un œil à la carte, qui ne lui apprit rien. Il embrassa la clairière d'un regard circulaire et s'accroupit pour étudier la nature du tapis végétal.

– Il ne vous paraît pas étrange que nous n'ayons assisté à aucune manifestation féerique jusqu'ici ? hasarda Pandora.

Comment savoir si les miroirs ont joué leur rôle, et si nous sommes passés à Tír na nÓg ?

– Aucune idée, avoua Hector.

Skarabesque se joignit à lui et commença à humer la terre.

– Laisse-moi faire, dit-elle avec un enthousiasme presque enfantin. J'ai passé presque toute mon ancienne vie le nez dans les feuilles, au ras du sol, et la forêt n'a plus de secrets pour moi.

– Je serais toi, je ne m'en vanterais pas trop, répliqua Pandora.

Hector leva les yeux au ciel en soupirant. Ses lunettes éclairèrent alors d'étranges signes gravés sur la branche maîtresse d'un arbre courbé sur la clairière. Il s'en approcha, intrigué.

– Je ne sais pas si nous sommes sur la Terre de l'éternelle jeunesse, annonça-t-il, mais j'ai en tout cas trouvé des symboles étranges.

Tous approchèrent de l'arbre, à l'exception de Skarabesque qui contemplait toujours le tapis de feuilles.

– C'est un message laissé par Sherlock ! s'exclama Achille.

– Tu en es sûr ? demanda Sybille.

– Certain. Non seulement, Sherlock est fasciné par les codes secrets, sur lesquels il a écrit une monographie, mais en plus celui-ci est si particulier qu'il ne peut s'agir d'une coïncidence. Observez-le bien. Vous ne remarquez rien ?

En inspectant de plus près les symboles, Hector trouva qu'ils ressemblaient à des silhouettes formant une farandole grotesque.

– On dirait des personnages, suggéra Sybille qui devança son équipier.

– Tout juste, confirma Achille. Je vous présente les « hommes dansants », un codage que Sherlock a été amené à décrypter pour résoudre l'une de ses plus célèbres affaires. Ce qui indique qu'il est bien passé par ici et qu'il nous a laissé un message : il savait que je saurais le déchiffrer car nous en avons parlé ensemble quand nous étions à Dornie. À moins que quelqu'un d'autre ne veuille s'y coller ? ajouta-t-il avec un sourire provocateur.

– C'est bon, Achille, capitula Jason : fais-toi plaisir.

– Je vous confirme que nous sommes bien arrivés sur la Terre de l'éternelle jeunesse, les informa Skarabesque en se mêlant à la conversation. Vous allez voir.

Elle tendit une feuille dorée à Jason, qui la recueillit dans sa paume. Après quelques secondes, le végétal se recroquevilla et se dessécha entièrement. Jason allait parler, mais d'un geste de la main Skarabesque lui signifia de patienter un peu. Sous les yeux stupéfaits du jeune colosse, la feuille se mit à reverdir, et redevint aussi lisse que si elle venait de se détacher de sa branche.

– L'éternelle jeunesse…, souffla Jason.

Il regarda les alentours d'un autre œil, se demandant à quels nouveaux prodiges ils seraient bientôt confrontés.

– Toute cette sorcellerie ne me dit rien qui vaille, grogna Gueule-de-Loup. On ne devrait pas traîner dans cette forêt.

– Je pense avoir repéré la direction à suivre, intervint Hector en désignant deux arbres. En fait, c'est très simple, il faut prendre entre ces…

Un hurlement glaçant vint interrompre ses explications. Une plainte sourde et menaçante, qui secoua toute la forêt. En réponse, Charmant feula à son tour, et contracta ses muscles.

– Encore ce monstre…, frissonna Achille.

L'instant d'après, les arbres perdirent aiguilles et feuilles, leurs branches dénudées noircirent et leurs troncs se réduisirent à de minces rameaux qui disparurent, avalés par la terre. De nouvelles pousses apparurent presque aussitôt, qui s'élevèrent et prirent vigueur en quelques instants. Les feuillages des nouveaux arbres s'agitèrent quelques secondes sous l'effet d'une brise, puis le calme s'établit. Hector resta bouche bée : les deux pins qui lui servaient de repères n'existaient plus. En se régénérant, la forêt avait modifié l'alignement de ses arbres.

– J'ai… j'ai terminé de décrypter le code à temps, annonça Achille à voix basse. Et j'ai même pu en faire une capture numérique avant que l'arbre ne disparaisse, précisa-t-il en tapotant sur ses lunettes. Je vous préviens, c'est très énigmatique.

Achille lut à voix haute le message :

« Au village, trois vieilles »

– C'est impossible…, commenta Jason. Comment Holmes a-t-il pu graver ce message sur cet arbre : il n'y a aucun village à proximité, et il ne sera quand même pas revenu sur ses pas… ?

– En tout cas, nous devons trouver les « trois vieilles » dont il parle, compléta Achille. Elles nous en apprendront sans doute davantage.

Sans plus se soucier de ses repères initiaux, Hector s'avança dans la direction qu'il avait définie avant que la forêt ne se régénère. Il avait à peine quitté la clairière, que les contours des arbres les plus proches s'estompèrent, comme effacés par la brume qui enlaçait de nouveau les troncs. L'aube redessinait déjà le paysage, alors qu'ils venaient à peine de passer le milieu de la nuit : la forêt laissa place à une vaste étendue d'eau, un loch, que bordaient les habitations d'un village nimbé par le brouillard.

– Venez voir, annonça Hector : je crois avoir trouvé ce que nous cherchions.

– Fantastique ! s'enthousiasma Skarabesque en découvrant à son tour le nouveau décor qui s'offrait à eux.

Hector lissait de sa main le tronc d'un très vieux pin qui s'élevait en bordure du sentier. Il s'étonna à peine d'y voir, gravées dans l'écorce de sa branche maîtresse, les curieuses silhouettes dansantes que leur avait laissées Holmes. Tous se rassemblèrent bientôt autour de lui.

– Voici sans doute le village que signalait Holmes, indiqua-t-il en désignant d'un geste vague les lointaines maisons disposées en cercle.

– Allons-y, alors, décida Jason.

Ils longèrent le loch d'eau douce délimité sur sa rive opposée par des collines boisées. À leur passage, une colonie d'oies prit son envol depuis le cœur du lac, traversant les brumes en cacardant.

– Pour la discrétion, c'est réussi..., soupira Gueule-de-Loup. Ces maudits volatiles vont alerter tous les villageois. Espérons qu'ils soient bien disposés à notre égard.

Dans leur sillage, les oies avaient dispersé la nappe de brouillard en suspension sur l'eau. Cela dévoila une tourbière flottante qui couvrait la partie centrale du loch, formant une île blonde, mouvante au gré des déplacements et recompositions des laîches*, sphaignes* et autres herbes qui la constituaient.

Silencieux et noyé par un brouillard froid, le village paraissait encore ensommeillé. Quand il atteignit les premières habitations, Hector s'étonna de leur architecture étrange tout droit sortie d'un autre temps. Plus ou moins imposantes, les maisons étaient bâties à l'identique : murs en pierres sombres et toit en tourbe dont le faîte était recouvert d'herbe. En lisière des champs qui flanquaient le sentier, s'alignaient de petits monticules de briquettes noires qui séchaient. Aux quatre points cardinaux du village, s'élevaient des moulins dont les ailes d'un noir de suie, entravées par des cordages, semblaient au repos. Ici ou là, à travers champs, se dressaient des fermettes isolées.

Un hennissement brisa soudain le silence. Sur la ruelle qui permettait d'accéder au village, un double attelage émergea de la brume ; deux poneys shetlands* qui tiraient, l'un une carriole, le second une charrue. Placé entre les deux, un enfant les menait par la bride en les encourageant d'un bruit de langue lancinant. Il s'arrêta net en apercevant les nouveaux venus. Guère plus haut que ses poneys, le garçon fit pourtant face aux inconnus avec un aplomb qui impressionna même Gueule-de-Loup. Il tenta d'apaiser les shetlands, qui renâclaient en piétinant et hennissaient à présent plus craintivement. Pandora comprit ce qui les effrayait et elle fit asseoir Charmant à ses côtés. L'enfant farfouilla alors dans la carriole et en sortit un licol. Il se chargea de le passer lui-même au cou du Tigre-des-Miroirs, qui se laissa faire sans broncher.

– Nous sommes à la recherche d'un ami, expliqua Jason en s'aidant de gestes. Un homme grand, avec une casquette.

L'enfant souleva son béret, libérant ses cheveux broussailleux du même blond que la crinière de ses poneys, et se gratta la tête. Puis, après une brève hésitation, il leur fit signe de s'engager dans le village. Il ajouta quelques mots dans sa langue, incompréhensible, qui les frappa tous par ses accents rugueux et profonds. Il leur signifia aussi par gestes que Charmant devait rester à l'extérieur du village.

– Je m'occupe de lui, proposa Gueule-de-Loup. Si vous avez le moindre problème, criez et on déboule.

Comme pour confirmer les paroles du Velu-Fendard, le tigre cligna des yeux puis il s'affala en bâillant.

Sous la conduite d'Hector, le petit groupe s'enfonça dans l'étroite ruelle. S'enfoncer était le mot juste, tant le sol, tapissé de mousses variées, était gorgé d'eau. Une tenace odeur de soufre, caractéristique de la tourbe fraîche, les prenait à la gorge. Hector s'étonna de l'absence de ruelles latérales. Serrées les unes contre les autres, les habitations formaient un vaste labyrinthe, dont le jeune pisteur se demandait s'il possédait une issue. Ils débouchèrent enfin sur une place si vaste que ses limites, imprécises, paraissaient se perdre dans le lointain. Un peu comme un mirage. Hector crut distinguer un pont en bois couvert par une toiture en chaume, mais il n'en aurait pas mis sa main à couper. D'autant que le soleil, déjà au zénith, dardait ses rayons qui se réfractaient sur les mousses, produisant de perçants éblouissements. Un immense puits, orné de glyphes*, se dressait au beau milieu de la place. Les maisons qui le cerclaient étaient plus hautes que partout ailleurs dans le village, mais rien ne laissait deviner qu'elles étaient habitées.

– On… On fait quoi, maintenant ? demanda Sybille.

– On pourrait chercher une auberge ? proposa Hector. J'imagine que c'est dans l'une d'elles que Sherlock Holmes a rencontré les trois vieillardes. Peut-être sur cette place…

– Rien n'est moins sûr, objecta Jason : à première vue, il n'y a aucune enseigne. Un village sans le moindre commerce et désert en pleine journée, je trouve ça très louche…

Achille s'était approché du puits, et avait commencé à nettoyer les glyphes, en partie recouverts par le lichen. Il ne savait pas s'il serait capable de les lire, n'en ayant jamais vu de tels – lui qui s'intéressait pourtant de très près à toutes les écritures cryptées ou insolites. Peut-être que le logiciel de déchiffrement de sa console l'aiderait. Il était de toute façon déterminé à effectuer un relevé : s'ils se trouvaient bien à Tír na nÓg, ces glyphes étaient un précieux témoignage d'un savoir inconnu ou oublié ; or, qui possédait le savoir avait le monde dans sa main. Dans l'immédiat, cela pourrait déjà leur permettre de comprendre où ils se trouvaient, ce qui ne serait pas du luxe.

Intriguée par la cloche en bronze accrochée au puits, Sybille s'était penchée sur la margelle.

– C'est bizarre…, dit-elle. D'habitude, c'est plutôt un seau qu'on suspend, non ?

Appliqué à sa tâche, Achille émit un vague grognement approbateur. Sybille se pencha un peu plus et tira sur la cordelette reliée à la cloche. Comme celle-ci ne tinta pas, elle insista.

– Fais attention à ne pas glisser…, la mit en garde Achille.

Sybille s'apprêtait à renoncer quand la gueule d'un gigantesque serpent jaillit à la surface du puits, puis s'y replongea presque aussitôt. Effrayée, la jeune *profiler* hurla et tomba à la renverse, entraînant Achille dans sa chute. Elle resta prostrée, tentant de reprendre une respiration plus apaisée.

– Que s'est-il passé ? s'enquit Achille.

Tandis que tous s'approchaient, Sybille désigna le puits.

– Un… un serpent, balbutia-t-elle. Monstrueux…

Achille s'apprêtait à vérifier les propos de son équipière, mais Jason le retint.

– Si quelqu'un doit prendre un risque, je préfère que ce soit moi, dit-il.

Il avait à peine posé une main sur la margelle, que le serpent surgit de nouveau. Son corps était si épais, qu'il se glissait avec peine dans la colonne du puits. Mais c'étaient surtout ses trois têtes qui focalisèrent l'attention du petit groupe. L'une des gueules s'ouvrit soudain. Jason fit un bond en arrière et dégaina son métagivreur, mais il n'eut pas le temps d'y placer une fléchette : l'animal lui cracha de l'eau au visage puis se rétracta pour regagner son abri.

Trempé, Jason vit une jeune femme venir vers eux. Son épaisse chevelure aux reflets roux était ceinte d'une couronne de fleurs fraîches et elle arborait un sourire avenant. Elle portait une simple tunique mauve, mais ne semblait pas souffrir du froid.

– Je me nomme Moira et suis chargée d'accueillir les voyageurs, se présenta-t-elle. Soyez les bienvenus dans notre petit village. Je vois que vous avez déjà fait la connaissance de Nessie, notre hydrolien*.

– Un hydrolien ? répéta Jason.

– Oui, c'est un inoffensif serpent qui vit dans les profondeurs du loch. Il réagit à la sonorité, disons... particulière de notre cloche. Il se hisse alors jusqu'à la margelle, et nous abreuve d'une eau très pure qu'il puise dans sa cavité sous-marine.

Ignorant les moues dégoûtées de Sybille et Pandora, la jeune femme s'avança jusqu'au puits. Elle fit carillonner la cloche et attendit le surgissement de Nessie. Quand l'hydrolien risqua ses trois têtes, Moira mit ses mains en coupe et le serpent lacustre y versa un filet d'eau.

– Qui voudrait se désaltérer ? demanda la jeune femme.

– Je suis partante, déclara Skarabesque en s'avançant vers elle.

– Ça ne m'étonne pas..., réagit Pandora.

Moira lui tendit ses mains. Skarabesque but, et, pour remercier Nessie, caressa la tête qui s'était montrée si serviable.

– Si vous le souhaitez, proposa Moira, je vous invite à venir vous restaurer chez moi : j'habite une demeure qui donne sur la place, précisa-t-elle en désignant une maison étrangement penchée à laquelle s'accotait une grange.

– Nous vous remercions de votre hospitalité, répondit Jason, mais nous sommes à la recherche de deux hommes qui sont sans doute passés par votre village la nuit dernière. Nous pensons qu'ils ont rencontré trois vieillardes...

– Je vois..., le coupa la jeune femme. Ce sont les Anciennes. Dans ce cas, il vous faudra attendre la tombée de la nuit pour les interroger.

– Ne pouvons-nous pas les voir plus tôt ? insista Pandora. C'est très important, et...

– C'est impossible, je regrette, répliqua Moira avec une fermeté qui étonna la demi-fée.

La jeune femme les fit entrer chez elle. Un feu de tourbe chauffait les lieux, qui étaient éclairés par deux lanternes. Moira pria ses visiteurs de prendre place autour de l'unique table, en bois brut. Elle s'activa alors pour dresser le couvert – assiettes et coupes en terre, couverts en corne.

Une porte s'ouvrit et deux jeunes femmes, qui portaient des pelisses en peau de phoque, firent leur apparition. Quand elles s'attablèrent, tous furent frappés de leur parfaite ressemblance avec Moira.

– Mes sœurs, annonça simplement leur hôtesse. Mais j'y pense, ajouta-t-elle avec un franc sourire : en venant, vous avez dû croiser notre petit frère Gowan, et ses attelages ?

– Le garçon qui menait les poneys ? s'étonna Skarabesque. C'est votre frère ? Je n'aurais pas cru. Il est quand même très... différent de vous.

– Pour être honnête, avoua Moira d'une voix énigmatique, ce n'est pas tout à fait notre frère au sens où vous pouvez l'entendre. Vous savez, c'est un petit village et nous formons comme une grande famille.

Elle décrocha une marmite de la crémaillère et la posa sur la table. Achille n'eut alors plus aucun doute sur la provenance du fumet qui lui soulevait l'estomac depuis qu'ils avaient pénétré dans la pièce.

– C'est de la *sloke*, précisa Moira en faisant le service. Une algue de notre loch, broyée et mijotée avec du beurre.

Tous restèrent songeurs face à leur assiette. Ils chipotèrent pour ne pas froisser la cuisinière, à l'exception de Skarabesque qui ne fit qu'une bouchée de la préparation verdâtre.

– Chucculent ! s'enthousiasma-t-elle, la bouche encore pleine. Hector, ça ne t'embête pas si je finis ta part.

Sans attendre de réponse à ce qui n'était pas vraiment une question, Skarabesque procéda à l'échange des assiettes. Pandora leva les yeux au plafond – qu'elle trouva lui aussi beaucoup trop végétal. Elle se contenait à grand-peine. Non seulement, jugea-t-elle, Skarabesque, avec son savoir-vivre de coléoptère, avait failli indisposer leur hôtesse, mais surtout elle prenait ses aises avec son chéri. Pour ne pas être en reste, elle se colla à Hector et défia sa rivale en lui adressant un regard sans équivoque.

Un orage éclata alors, d'une violence aussi brève qu'inattendue. Des trombes d'eau s'abattirent sur la maison et ruisselèrent par la porte restée ouverte. Moira se hâta de la repousser. Sybille eut une pensée pour Gueule-de-Loup, espérant qu'il avait pu s'abriter. Avant que la porte ne se referme, elle avait eu le temps de remarquer que le jour baissait. Comme si elle avait deviné ses pensées, Moira se décida à leur faire part de certaines particularités locales.

– Chez nous, le temps file bien plus vite qu'ailleurs, expliqua-t-elle d'une voix devenue plus grave. Et nous vivons selon un rythme inversé par rapport au vôtre. Le village va commencer à s'éveiller et la place va bientôt s'animer.

– Je suis désolé de vous redemander cela, insista Jason, mais où pourrions-nous trouver les trois Anciennes ?

– Un peu de patience, vous aurez bien vite votre réponse : c'est déjà le crépuscule et le temps va boucler un nouveau cycle. Cependant, Gowan n'est toujours pas rentré et je suis inquiète : ça ne lui ressemble pas. La bête va bientôt revenir rôder...

La jeune femme s'interrompit, en proie à une vive anxiété. Elle paraissait lasse et les traits de son visage, si paisible quelques instants auparavant, semblaient plus tirés. Les bougies des lanternes s'étaient consumées, et la pièce était désormais éclairée par le seul feu de tourbe faiblissant.

Un monticule charbonneux s'effondra dans le foyer, réduisant encore la luminosité. Distraite par l'incident, Sybille avait détourné le regard un bref instant. Quand elle revint vers Moira, elle sursauta, effrayée par sa métamorphose : sillonné de rides, son visage, flétri, était devenu celui d'une vieillarde. Ses deux sœurs avaient subi la même transformation physique, et les fleurs de leurs couronnes s'étaient elles aussi desséchées.

– Vous êtes les trois Anciennes..., murmura Jason, abasourdi.

Un hurlement s'éleva alors dans le lointain.

– C'est elle, trembla la vieille femme… La bête…

– Vous ne risquez rien, Moira, tenta de l'apaiser Jason. Nous vous protégerons. Pouvez-vous me parler des deux hommes dont vous avez reçu la visite la nuit dernière ?

– Deux hommes ? Je ne me souviens pas, je suis trop vieille et ma mémoire me joue des tours… Mais Gowan pourra vous dire. Oui, lui saura. Il devrait être rentré, oui…

– On va aller à sa rencontre, la rassura Jason. Pandora et Hector, vous m'accompagnez. Sybille et Achille, vous restez ici pour veiller sur Moira et ses sœurs. Vous nous avertirez si Gowan revient entre-temps.

– Et moi ? s'indigna Skarabesque. Si vous croyez que je vais rester ici à me tourner les pouces, vous me connaissez mal. J'accompagne mon petit maître adoré, même si c'est pour me jeter dans la gueule du loup.

– Si tu pouvais arrêter de m'appeler « maître », Skarabesque, je préférerais, soupira Hector.

– Promis. On y va ?

Avec la nuit, les villageois avaient repris leurs activités. Un petit groupe de femmes, toutes vêtues à l'identique d'une robe sombre et les cheveux retenus dans une coiffe en tissu, se bousculaient autour du puits. Elles présentaient à Nessie d'imposantes jarres, et l'hydrolien ne savait plus où donner de ses trois têtes tant il avait à faire. Hector nota la fébrilité dont toutes les villageoises semblaient faire preuve : elles parlaient à voix basse et faisaient activer les jeunes garçons chargés de transporter leurs jarres. Hector interpella l'un d'eux pour comprendre ce qui pouvait à ce point les effrayer. Il ne comprit rien à la réponse, si ce n'est quand le garçon se mit à pousser des grognements en mimant un monstre cornu.

– Apparemment ce qu'ils appellent « la bête » les terrorise tous, grimaça-t-il.

Un hurlement puissant retentit par-delà la brume qui voilait partiellement le pont. Prises de panique, les villageoises encore assemblées autour du puits s'enfuirent en abandonnant leurs jarres. Nessie lui-même poussa une faible plainte avant de se glisser dans la colonne.

– Elle se rapproche, annonça Jason en plaçant une fléchette dans son métagivreur. Surtout, vous restez derrière moi.

Le jeune colosse commença à avancer en direction du pont couvert, dont le toit pentu en chaume émergeait à peine de la brume.

– Tu… tu ne vas quand même pas aller la provoquer…, balbutia Hector. C'est de la folie…

Ignorant les mises en garde de son équipier, Jason s'enfonça à travers le brouillard. Hector adressa un regard inquiet à Pandora et Skarabesque, qui réagirent de la même façon en lui massant chacune une épaule. Amusées de cette coïncidence, elles échangèrent pour la première fois un sourire.

Un nouveau hurlement déchira la nuit. La bête se trouvait là, tout près, tapie dans la brume. Pandora prit alors les devants et se décida à rejoindre Jason qu'ils avaient perdu de vue. Hector posa une main fébrile sur le manche de son fouet, et se mit à son tour à marcher vers le pont accompagné par Skarabesque. Ils y retrouvèrent Jason qui leur fit signe de ne pas avancer davantage. Positionné sur les premières lattes du plancher, il fixait une forme encore indistincte qui se mouvait à l'autre extrémité du passage couvert éclairé par une lanterne. Hector crut alors voir osciller les roseaux qui poussaient dans le cours d'eau qu'enjambait le pont. Il voulut s'approcher, mais dérapa sur la berge. Sans l'intervention de Skarabesque, qui le retint par sa veste, il aurait glissé dans ce qui s'apparentait à un marécage tourbeux.

– Prends garde où tu mets les pieds, l'avertit la jeune fille. Ce n'est pas le moment de tenter le diable.

Hector s'étonna de l'inhabituelle nervosité de Skarabesque, qui avait déjà reporté son attention vers le pont et la créature qui s'avançait à pas comptés. La brume se dissipa un instant et ils purent enfin découvrir la bête qui terrorisait tout le village.

– Une… une vache ? hésita Hector qui n'était pas sûr d'avoir bien vu.

– Aux poils longs et avec des cornes, compléta Skarabesque. Ça pourrait correspondre à la description qu'on nous en a faite.

– Ça m'étonnerait qu'il s'agisse du démon…, lâcha Jason toujours sur ses gardes.

Un meuglement, suivi d'un autre, qui n'avaient rien des rugissements sauvages entendus jusqu'ici, vinrent confirmer ses doutes : il s'agissait d'un cheptel de highlanders, des vaches à la robe brun-rouge, qui empruntait le passage couvert pour regagner l'étable.

Tout d'un coup, cependant, les meuglements s'intensifièrent et les bovins pressèrent le pas, se bousculant pour traverser plus vite.

– Elles sont prises en chasse par un prédateur, commenta Jason. Et elles ne doivent pas en avoir beaucoup…

Les jeunes agents durent abandonner le pont pour ne pas se faire piétiner par les highlanders. Ils entendirent alors des grognements d'une puissance phénoménale s'élever à quelques mètres, de l'autre côté du passage couvert. Répondirent aussitôt en écho des gémissements et des râles d'agonie insoutenables. Les vaches finirent de traverser, en abandonnant à son sort celle des leurs que la créature avait isolée.

– Pas de présence du vacher, s'inquiéta Jason en reprenant pied sur le plancher.

– J'espère pour lui qu'il a pu échapper à ce monstre, compatit Pandora. En revanche, j'ai vu passer les deux poneys shetlands de Gowan parmi le cheptel…

– Moi aussi, confirma Jason.

– Vraiment pas bon signe, tout ça, souffla Hector.

Il avait tiré son fouet de sa ceinture et s'avançait sur le pont aux côtés de Jason, son cœur battant la chamade. Le silence qui régnait de nouveau lui parut plus angoissant que n'importe quels cris. D'autant que la brume rampante rendait les lieux plus incertains encore. Il se demandait sans trop vouloir l'imaginer, quelle horreur allait surgir du brouillard. En prêtant l'oreille, Hector crut distinguer des boitillements. Un hennissement retentit soudain et, en écho, le monstre poussa son hurlement sauvage. Suivirent des cognements, raclements et bruits de lutte. Ils étaient parvenus à mi-traversée quand la brume se dissipa un peu, les laissant estomaqués par ce qu'ils découvrirent : un poney affrontait avec une vaillance désespérée une créature musculeuse à fourrure noire qui devait mesurer près de deux mètres au garrot ; la gueule du monstre, rouge du sang de la vache qui gisait éventrée à ses côtés, était pourvue d'un groin démesuré et de défenses qu'il cherchait à enfoncer à chaque assaut du poney dans les flancs de son adversaire. Le shetland paraissait plus vif, mais la puissance de la créature ne laissait aucun doute sur l'issue de l'affrontement. Déséquilibré par une charge de la bête, le poney vacilla et se retrouva immobilisé sous les pattes du monstre.

Sans réfléchir, Jason vola au secours du shetland. Parvenu assez près pour être certain de ne pas manquer sa cible, il décocha sa fléchette, qui alla se planter dans le flanc de la créature. Celle-ci rugit et se rua sur le jeune agent, figé par la surprise : c'était la première fois qu'une de ses fléchettes ne gelait pas sa cible dans l'instant. Voyant qu'il ne réagissait pas, Pandora se jeta sur Jason en un bond de ses Sept-lieues et le précipita avec elle contre le parapet du pont. Pour leur donner un peu de répit, Hector fit alors jouer son fouet : les lanières allèrent accrocher l'une des défenses de la créature, qui se débattit et envoya valser le jeune pisteur. Grâce à ses bottes fées, celui-ci put d'un rebond se rétablir sur ses deux pieds.

« On ne pourra pas résister comme ça longtemps », s'inquiéta-t-il en essayant d'imaginer une parade efficace.

Skarabesque à ses côtés, il s'apprêtait à esquiver une nouvelle attaque quand un autre animal jaillit de nulle part pour sauter à la gorge de la créature.

– Charmant ! s'exclama Hector.

Le Tigre-des-Miroirs grogna en plantant ses crocs dans les bourrelets du monstre, qui secoua la gueule et rua pour lui faire lâcher prise. Désarçonné, Charmant roula au sol, puis se relança aussitôt à l'assaut de la créature. Il n'avait rien à lui envier en puissance, ni en vélocité, et lui sauta sur l'échine pour y enfoncer ses dents de glace. Le monstre poussa un cri de douleur et s'affaissa aussitôt. Charmant s'acharna et raffermit sa prise : plus rien ne lui ferait lâcher sa proie. Anesthésiée par le sédatif féerique que les crocs du tigre diffusaient dans son sang, la créature commençait à s'assoupir. Elle eut encore un sursaut, puis cessa tout à fait de remuer. Charmant relâcha son étreinte, grogna de contentement, et s'avança avec nonchalance vers les jeunes agents. Malgré la violence de la lutte et le sang qui s'écoulait de la dépouille du monstre, la gueule du félin était d'un blanc immaculé : les crocs de glace s'étaient instantanément purifiés des souillures du combat.

– C'est bien mon gros Tigre, le félicita Pandora en lui ébouriffant l'étoupe dorsale.

Charmant se mit à ronronner de plaisir.

– Tout le monde va bien ? s'enquit Gueule-de-Loup, qui arrivait en portant sur le dos un homme évanoui et dont l'une des jambes pendait, en charpie.

– Grâce à l'intervention de Charmant, nous sommes tous saufs, le rassura Jason. Un vrai miracle.

– Ça n'a rien d'un miracle, si tu veux mon avis. J'ai vu la créature prendre le troupeau en chasse et tout s'est passé très vite après ça : le fermier a tenté de s'interposer, et le monstre n'en a fait qu'une bouchée sans mauvais jeu de mots, le laissant pour mort. Je me suis alors dit qu'il fallait qu'on intervienne, Charmant et moi. C'est à ce moment que j'ai aperçu le garçon...

– Celui qu'on a croisé ce matin ? le coupa Jason. Tu sais où il est ?

– Juste derrière toi.

Jason se retourna pour découvrir le poney. Celui-ci s'était remis sur ses pattes, mais flageolait un peu, éprouvé par le combat qu'il avait livré.

– Je... Tu te moques de moi, Gueule-de-Loup ?

– Si tu m'avais laissé terminer mon récit, tu aurais appris que j'ai vu, de mes propres yeux, le garçon se métamorphoser en poney, avant de se lancer de manière aussi courageuse que suicidaire, après la créature des enfers. Foi de buveur de poklatch.

– Gowan..., souffla Jason en fixant le shetland. Si c'est bien toi, n'aie aucune crainte. Nous voudrions seulement te parler un peu.

Comme le poney restait immobile, ne comprenant visiblement pas ses paroles, Jason reprit :

– Moira..., dit-il en indiquant du bras le village.

À l'évocation de sa « sœur », le poney secoua la tête, et commença à piétiner.

– Gueule-de-Loup, le menaça Jason, si c'est une blague, tu...

Il s'interrompit en comprenant que le Velu-Fendard ne s'était pas moqué de lui : le poney se métamorphosa en quelques secondes pour prendre apparence humaine. Épuisé, le jeune garçon flancha et s'évanouit. Jason se porta aussitôt auprès de lui et parvint à le réanimer.

Pendant ce temps, Pandora avait voulu s'assurer que la créature était bien plongée dans un sommeil sans retour. Du bout des bottes, elle lui tâta le flanc. Il se produisit alors une réaction inattendue. Une lueur bleue irradia du corps inerte, qui se mit à rapetisser et prit un aspect plus ordinaire : celui d'un cochon de petite taille, aux défenses à peine marquées.

– Je le préfère nettement comme ça, commenta Skarabesque qui s'était approchée.

– Cette lueur bleue…, ajouta Pandora. Il avait été ensorcelé…

Gowan s'approcha lui aussi pour contempler la créature.

– Gri… Grice*…, balbutia-t-il, incrédule, le regard fixé sur elle.

– Grice ? répéta Jason.

Gowan cracha sur la dépouille et lui décocha en prime un coup de pied dans les côtes. Puis il fit signe à Jason de le suivre tout en s'engageant d'un bon pas à travers champs. Il prit alors la direction d'une fermette isolée en bordure du loch et flanquée d'un moulin à vent, dont les ailes battaient leur plein. Déjà, les premières lueurs de l'aube blanchissaient le ciel. De la ferme, commençaient à leur parvenir des grognements. En approchant, ils s'aperçurent que les pales des moulins étaient composées de milliers de chauves-souris qui, perchées sur des croisées de bois, battaient des ailes ensemble : elles se relayaient dans un ballet harmonieux, certaines se mettant au repos pendant que d'autres perpétuaient le mouvement.

Parvenu à la fermette, Gowan entraîna Jason et ses équipiers vers un enclos à l'intérieur duquel se vautraient des cochons domestiques de petite taille pourvus de courtes défenses.

– Grice, précisa Gowan en désignant les animaux.

Les cochons, qui se disputaient des immondices, semblaient aussi teigneux et voraces que l'immonde créature à laquelle ils s'apparentaient. En moins impressionnants, heureusement.

Au loin, une petite silhouette accourait vers eux depuis le village, suivie de deux autres un peu plus grandes. Le jour se levait : les maisons se découpaient à présent avec leurs toits tourbeux et biscornus, et, sur l'autre versant du loch, les forêts dessinaient une ligne d'horizon mystérieuse. La petite silhouette se rapprochait à toutes jambes. Une fillette. Elle se mit à héler Gowan, qui lui répondit par de grands signes. Sybille et Achille l'accompagnaient. Dès qu'elle les rejoignit, la fillette se jeta dans les bras de Gowan. Puis, essoufflée et les joues rosies par l'effort, elle se campa devant eux.

– Je suis Moira, dit-elle d'une voix chantante : la petite sœur de Gowan.

Hector la dévisageait, bouche bée. Bouclettes rousses, regard perçant, et petite couronne de fleurs en boutons qui ceignait son front : c'était bien Moira, rajeunie avec l'aube. La fillette échangea quelques mots avec son frère.

– Gowan m'a appris que c'est vous qui avez tué la bête ? dit-elle avec admiration.

– C'est Charmant qui a tout fait, avoua Jason en montrant le tigre.

Impressionnée par le félin, Moira n'osa s'approcher pour le caresser que lorsque Skarabesque la prit par la main pour l'y inciter.

– Gowan m'a aussi dit que vous savez qui il est ? ajouta Moira en continuant de papouiller le tigre.

– Un shetland, c'est bien cela ? répondit Jason.

Moira eut un petit rire clair.

– Gowan n'est pas un poney ! s'écria-t-elle, amusée. Les poneys ne peuvent pas devenir humains. C'est un jeune kelpie.

– Un kelpie..., souffla Pandora. Bien sûr, j'aurais dû m'en douter.

– Si tu pouvais nous éclairer ? lui demanda Hector.

– Les kelpies sont des créatures légendaires, des chevaux aquatiques qui peuvent se métamorphoser en êtres humains, la devança Achille.

– Je… Je crois que j'ai eu affaire à l'un d'eux quand on était à Londres, leur apprit Pandora.

Ses équipiers la dévisagèrent, intrigués, mais la demi-fée ne souhaita pas s'étendre davantage sur cet incident qui la faisait encore frissonner quand elle y repensait. Troublé par le silence qui s'était installé, Achille fut le premier à intervenir.

– Je voulais aussi vous dire que j'ai réussi à décrypter les glyphes du puits, glissa-t-il. Verdict : nous sommes bien à Tír na nÓg.

Jason remercia Achille et fixa alors Gowan quelques instants d'un air songeur. Puis il s'accroupit face à Moira et la prit par les épaules.

– J'ai des questions à poser à ton frère. Pourrais-tu lui traduire ce que je vais te dire ?

La fillette opina.

– Je voudrais savoir si Gowan a vu deux inconnus passer par le village hier soir, et s'il sait où ils sont allés après.

Moira traduisit pour son frère, qui sembla soudain très nerveux. La fillette dut insister pour qu'il accepte de révéler tout ce qu'il savait. Elle sembla même lui faire reproche de son attitude.

– Gowan a bien vu les hommes que vous recherchez, leur apprit-elle. Seulement il avait peur de vous en parler.

– Pourquoi ? demanda Jason.

– Parce qu'il n'est pas très fier de ce qu'il a fait…, reconnut Moira.

– Que veux-tu dire ? Qu'a-t-il fait ?

– Il a fait ce que le maître de la bête lui avait demandé… Mais vous devez savoir qu'il n'avait pas le choix : cet homme est un sorcier.

– Faydit…, murmura Pandora.

– Le sorcier, poursuivit Moira, a menacé Gowan de s'en prendre à sa mère s'il ne l'aidait pas.

– Et que lui a-t-il demandé de faire ? insista Jason.

– Il… Il devait accompagner les deux hommes que vous cherchez jusqu'à une ancienne mine, qui était jusqu'à ce matin encore protégée par la bête.

13

Le Napoléon du crime

« Mais que savons-nous des vampires ? Les vampires sont-ils aussi de notre compétence ? Tout vaut mieux que l'inaction, mais en vérité je crois qu'on nous a branchés sur un conte de Grimm. »

Sherlock H.

Deux heures plus tôt, dans une clairière, sur les coteaux boisés du loch de Tír na nÓg

La nuit n'avait pas entravé leur marche. Après y avoir recueilli les informations nécessaires à son orientation, Holmes n'avait pas souhaité s'attarder dans le petit village sans nom qui s'étendait sur les bords du loch. Watson aurait pourtant voulu le ramener à davantage de prudence. Les indices d'un piège monumental ne manquaient pas : la nuit, en terrain inconnu, ce rendez-vous donné par l'homme le plus dangereux du Royaume-Uni... Cependant, Holmes avait à peine prêté attention aux étrangetés qu'ils avaient pu observer dans le village – ces trois Anciennes qui les avaient accueillis, le jeune garçon qui semblait les attendre et les avait mis sur la voie sans qu'ils aient vraiment à insister, et mille autres détails comme l'architecture archaïque des lieux, l'accoutrement des habitants, leur langue mystérieuse, ou cette vie nocturne inhabituelle. Holmes avait quand même tenu à laisser un signe de piste à leurs compagnons, se doutant un peu qu'ils se lanceraient sur leurs traces. De quoi les aiguiller, mais sans pour autant leur faciliter la tâche, avait noté Watson, non sans inquiétude ; preuve que Sherlock Holmes tenait à affronter Moriarty seul. Enfin, pas tout à fait seul, mais avec le seul renfort dont il daignait s'accommoder, malgré les mises en garde de son adversaire : son « cher biographe », comme il l'avait une fois encore qualifié.

La créature poussa de nouveau son hurlement glaçant, suivi de gémissements. C'était la troisième fois qu'ils l'entendaient, de plus en plus près. Watson s'arrêta de marcher et, malgré les consignes données par Holmes, il tourna le cercle de fer de ses lunettes dont les verres projetèrent aussitôt leurs rais lumineux. Il osa un regard circulaire, pour éclairer les alentours.

– Allons, Watson ! s'amusa Holmes. Nous en avons mâté d'autres, il me semble ? De plus, nous avons chacun notre fidèle associé et ne craignons donc pas grand-chose, ajouta-t-il en sortant son revolver de l'une de ses poches pour inspecter le barillet.

– Permettez-moi d'être d'un avis plus nuancé, Holmes...

– Faites-moi confiance : cet animal ne nous inquiétera pas. Si vous aviez, comme moi, prêté une oreille attentive à ses cris, vous auriez pu, vous aussi, déduire qu'il est enchaîné : les gémissements d'impuissance qui accompagnaient ses hurlements ne laissent aucun doute. Son ou ses propriétaires désirent que nous arrivions jusqu'à eux sans encombre. Nous ne sommes d'ailleurs plus très loin du but, et vous avez bien fait d'allumer vos veilleuses : nous allons en avoir besoin.

Parvenus dans une vaste clairière, ils découvrirent une construction pyramidale de rondins et de planches branlantes, assemblés par un torchis de tourbe colonisé par un lierre vivace. Sans doute l'entrée de la mine désaffectée que leur avaient indiquée le gamin et les trois Anciennes.

« La gueule du loup... », songea Watson en glissant la main dans la poche de son manteau pour s'assurer de son arme.

Holmes courba sa longue silhouette et passa la tête par l'ouverture étroite. Il arracha une liane de lierre pour l'inspecter.

– Nous sommes sur la bonne voie, Watson, annonça-t-il d'une voix chargée d'excitation. Allons-y !

Il pénétra dans le puits de mine. Son compagnon s'engagea à sa suite, et vint se placer à ses côtés pour balayer avec ses verres l'espace assombri. L'humidité, associée à une forte odeur de salpêtre, les prit aussitôt à la gorge et ils durent se faire violence pour continuer leur progression.

Soudain, Holmes arrêta Watson d'un geste de la main, et lui indiqua du menton la paroi noircie de la cavité dans laquelle ils avaient abouti. Le détective joignit alors les mains et mima le vol d'un oiseau. Interloqué, Watson fixa la paroi : des centaines de chauves-souris s'envolèrent aussitôt, dans un formidable froissement d'ailes. Bien que sachant ne rien risquer, le docteur se plaqua au sol par réflexe, le temps que la colonie ne s'engouffre dans un boyau et n'y disparaisse. Watson se releva alors, aidé par Holmes. Le détective s'avança ensuite vers la paroi qu'avaient libérée les chauves-souris : l'entrée d'une étroite galerie venait d'être dévoilée.

– Sésame, ouvre-toi…, murmura Holmes en approchant du tunnel. Watson, auriez-vous l'obligeance d'éclairer l'intérieur ?

Son compagnon s'exécuta. Sans attendre, le détective s'engouffra dans la galerie. Watson s'y glissa sur ses pas. Au terme d'une exploration qui semblait pouvoir se prolonger indéfiniment, ils finirent par déboucher sur une vaste cavité souterraine. Bâtie par la main de l'homme, elle était constituée de planches qui s'étayaient sur une hauteur vertigineuse et se trouvait éclairée par un puits de lumière naturel qui diffusait une pâle clarté : à leur propre étonnement, les deux visiteurs comprirent alors qu'il faisait déjà jour. Un lac occupait les trois quarts du site, et deux barques rattachées par des cordages à un ponton dérivaient sur le plan d'eau. Subjugué par cette découverte inattendue, Holmes observait avec fixité les deux embarcations. Watson se sentait quant à lui mal à l'aise. Un froissement d'ailes attira son attention et il tourna le regard dans la direction d'où venait le bruit. Il s'aperçut alors qu'une corneille s'était glissée par une petite porte encadrée dans la paroi et restée entrouverte. Il suivit des yeux l'oiseau, qui voleta quelques instants avant de se poser sur la rampe du ponton. Un gémissement, qu'il connaissait à présent très bien, l'alerta soudain : une créature monstrueuse à fourrure noire et pourvue de défenses torsadées avait à son tour franchi la porte et s'avançait vers eux en grognant. Watson secoua Holmes qui, toujours aussi indifférent à ce qui l'environnait, avait fermé les yeux pour s'absorber dans une intense réflexion.

– Nous… nous avons de la visite, souffla Watson.

– Il est inutile de vous alarmer ainsi, mon cher, je vous assure. Observez donc la créature qui vous effraie tant, et dites-moi ce que vous relevez.

Watson commença à se demander si Holmes, qui avait conservé sa pose méditative, mesurait bien la nature du danger qui les menaçait.

– Je… Je ne vois qu'un monstre sanguinaire.

– Son cou, Watson, regardez son cou.

– Il porte un collier et…

Watson comprit alors que la créature était toujours attachée : elle traînait après elle une solide chaîne qui n'entravait pourtant en rien sa progression. Parvenu à moins de trois mètres d'eux, l'animal fut enfin stoppé quand sa laisse métallique se tendit. De rage, il hurla, puis rua et se débattit pour se dégager du lien qui le retenait.

– Vous sentez, Watson ?

Tout en gardant un œil sur le monstre, le docteur huma l'air, mais ne détermina aucune odeur particulière.

– Non, rien, je regrette, avoua-t-il.

– Nous sommes depuis plusieurs minutes exposés à un hallucinogène volatil, qui pourrait bien être extrait du pied-du-diable, cette racine toxique qui nous a déjà joué des tours par le passé.

À l'évocation de ces souvenirs, Watson commença à paniquer.

– Quittons cet endroit, Holmes, pour l'amour du ciel ! insista-t-il en tirant son ami par la manche de son manteau.

Holmes posa alors une main apaisante sur son épaule et le fixa avec intensité.

– C'est une expérience sans danger immédiat, le rassura-t-il. La substance a sans doute été dosée pour nous provoquer de simples hallucinations. Encore quelques instants et nous commencerons à ressentir les premiers signes de ce conditionnement.

– Vous pensez que quelqu'un nous empoisonne volontairement ?

– Bien entendu, Watson, et nous savons tous deux de qui il s'agit. Attendons encore un peu, le temps que notre ennemi se montre. Nous ne pourrons empêcher tous les effets secondaires de sa petite délicatesse, mais avec une maîtrise de notre volonté, nous parviendrons à en limiter l'ampleur. Voyez, Watson, cela commence...

Sur le ponton, la corneille se métamorphosait. Apparut bientôt, à sa place, un homme élancé, aux cheveux de jais et au nez crochu. Holmes nota qu'il correspondait en tout point à la description que Gueule-de-Loup avait faite du dénommé Faydit. Un rictus de défi aux lèvres, l'homme s'avança vers eux.

– Voici la première explication à notre énigme de la corneille voleuse, Watson, commenta Holmes en massant ses tempes douloureuses. Vous et vos jeunes compagnons avez été victimes des mêmes effets hallucinatoires lors de votre course-poursuite dans les rues de Londres.

Les documents dérobés s'étaient, alors, déjà envolés par un autre chemin grâce à un habile tour de passe-passe.

Tout en sachant que Sherlock Holmes se laissait égarer par son incapacité à considérer les faits d'un autre point de vue que celui de la raison pure, Watson ressentait lui aussi les effets de la substance hallucinogène qu'ils respiraient : sa tête lui semblait un étau et il était à présent en proie à la nausée. Sa conscience et ses facilités à se mouvoir amoindries, il redoutait la confrontation désormais inévitable avec le sorcier dont Pandora lui avait dressé un portrait effrayant. Il s'empara de son revolver, l'arma et le pointa en direction de Faydit.

– Holmes, cet homme est dangereux, dit-il en tentant de maîtriser sa voix. Il vaudrait mieux vous armer et…

Watson s'interrompit, soufflé par ce qu'il apercevait. Un homme descendait à la verticale depuis le puits de lumière et glissait, à mains nues et tel un lézard, le long de la haute paroi. Un instant, il se crut à son tour ramené dans le passé, de nouveau confronté au mystère de *L'homme qui grimpait*, titre d'un récit qu'il avait fait paraître à la suite d'une enquête aux contours fantastiques résolue par Holmes : un savant praguois était parvenu à mettre au point un élixir de jouvence à base d'hormones de singe, redonnant une vigueur surhumaine à ceux qui y recouraient.

Quand l'homme-lézard fut assez près pour être identifié, Watson ne put taire son étonnement.

– Moriarty ! s'exclama-t-il.

Il ne l'avait aperçu qu'une fois, sur les quais de la gare londonienne de Victoria, mais Holmes le lui avait si souvent décrit qu'il lui semblait l'avoir toujours connu.

– Voici une nouvelle fois la preuve qu'il n'y a rien de nouveau sous le soleil, Watson, murmura Holmes. Tout ce qui est a déjà été... Nous allons enfin connaître le fin mot de cette affaire.

Watson avait changé de cible et pointait à présent son revolver sur Moriarty dont il accompagnait du regard la descente. Sa main tremblait. Peu lui importait désormais la conclusion de cette enquête si déstabilisante, pourvu qu'elle ne leur soit pas fatale.

Le professeur Moriarty mit pied à terre et leur fit face. Aucune expression ne pouvait se lire sur son visage, pâle et émacié, aux paupières plissées. Son front bombé et son crâne dégarni donnaient à sa physionomie un air d'intelligence supérieure ; mais une intelligence noire, que l'on devinait dans son regard à demi clos. Grand et mince, il se tenait un peu voûté, mains dans le dos, sûr de sa force. Du menton, il adressa un imperceptible signe à Faydit qui se dirigea alors vers la créature enchaînée. Le sorcier posa ses mains sur la tête du monstre et une lueur bleutée irradia. Libéré de ses entraves, l'animal cavala vers la sortie de la mine en grognant. Quelques instants après, un hurlement s'éleva dans le lointain, à travers la forêt : la créature avait été envoyée en mission, et Watson plaignait ceux qui croiseraient bientôt son chemin.

– Prodigieux, votre petit théâtre d'illusions, professeur Moriarty, ironisa Holmes. Malgré son aspect grotesque, pour un peu on s'y laisserait prendre. J'imagine que nous ne sommes pas au bout de nos surprises, et que vous nous réservez un final en apothéose ?

– Vous ne croyez pas si bien dire, monsieur Holmes, confirma Moriarty qui restait d'un calme olympien. Je peux vous assurer que vous serez aux premières loges, mais je crains que vous ne goûtiez assez modérément le clou du spectacle. J'avoue cependant une certaine déception : il ne me semblait pas avoir convié ce cher docteur Watson. N'étions-nous pas convenus d'un tête-à-tête ?

– Il me semble que vous n'êtes pas seul non plus, releva Holmes. Et je n'ai jamais vraiment trouvé nos rendez-vous très joyeux.

– Vous m'en voyez bien désolé, s'amusa Moriarty. Je suis quant à moi très heureux de vous retrouver, monsieur Holmes. Et je conserve un excellent souvenir de notre petite joute aux chutes de Reichenbach…

– Vous ne manquez pas de toupet, professeur James « Jim » Moriarty, ironisa Holmes. Vous savez pourtant que je connais désormais tout de vous.

Surpris par les propos de son ami, Watson vit pour la première fois une ombre de contrariété passer dans le regard de Moriarty.

– Je sais à présent comment vous avez pu régner avec une telle longévité et une si inespérée réussite sur l'empire du crime, poursuivit Holmes. La raison en est simple : vous n'étiez pas seul, mais aviez un double entièrement dévoué à vos entreprises criminelles. Un frère jumeau. Le prétendu colonel James Moriarty, que personne n'a jamais rencontré dans les cercles militaires et qui exerçait ses talents, à vos côtés, dans l'ombre et l'illégalité. Vous avez toujours exercé votre ascendant sur votre frère, qui vous servait aussi bien de prête-nom que d'alibi. Cette association fraternelle pourrait d'ailleurs expliquer votre fascination pour le « binôme de Newton* ». C'est votre frère qui était chargé de m'éliminer aux chutes de Reichenbach, et c'est lui qui a pu y vérifier, par son vol plané, les remarquables théories que vous déployez dans votre ouvrage *La dynamique d'un astéroïde*.

Le visage de Moriarty se crispa. Il serra les poings, mais parvint à conserver son self-contrôle.

– C'est une particularité physique qui m'a mis la puce à l'oreille, précisa Holmes. Je vous avais suffisamment observé quand vous m'aviez rendu une visite surprise à mon domicile de Baker Street ce jour d'avril 1891, pour savoir que vous étiez droitier. Or, lors de « notre » lutte à Reichenbach peu après, « vous » vous étiez comporté comme un gaucher. Cette étrangeté n'a cessé, depuis, de me hanter.

– Vous m'en voyez ravi, ricana Moriarty.

– Au cours de ces dernières années, continua Holmes, j'ai pu reconnaître votre manière d'agir, l'audace en moins par rapport à autrefois, derrière l'une ou l'autre des affaires pour lesquelles les inspecteurs de Scotland Yard m'ont consulté. J'ai alors approfondi mes recherches sur vous, et découvert que vous aviez falsifié votre état civil peu avant d'entreprendre vos études universitaires. D'abord en modifiant votre date de naissance, pour vous vieillir de deux ans par rapport à votre jumeau ; puis en renonçant à votre prénom, « Jim », pour prendre le même que celui de votre jumeau, « James », afin de vous créer une doublure parfaite. J'avoue avoir éprouvé une petite déception lorsque mes intuitions se sont trouvées confirmées. Moi qui pensais avoir rencontré mon égal… Ne restait plus qu'à vous confondre, ce qui fut un jeu d'enfant. Grâce à mes informateurs, il m'a été très facile d'infiltrer les milieux criminels de Londres. J'y ai propagé la rumeur selon laquelle je détenais la preuve que vous étiez en vie. Comme je m'y attendais, vous avez aussitôt tout mis en œuvre pour vous emparer des documents compromettants que je conservais au 221B Baker Street.

Holmes marqua une pause et se mit à sourire de satisfaction avant de reprendre.

– J'aurais vraiment aimé voir votre expression, professeur, lorsque vous avez découvert que les documents que vous m'aviez dérobés n'étaient rien d'autre qu'un leurre, un simple carnet vierge !

– Vous faites un enquêteur remarquable, monsieur Holmes, vraiment. Cependant, je regrette que vous sous-estimiez à ce point mes capacités.

– Je dois admettre avoir toujours pensé que vous n'étiez rien d'autre qu'un lézard : rampant, sournois et froid. Et voici que mon intuition se vérifie à présent que vous bénéficiez des « bienfaits » de l'élixir de jouvence de ce sinistre savant praguois…

– Pour être plus exact, je dirais bénéficier d'une version améliorée par mes propres soins de sa potion miraculeuse. Je n'ai eu aucun mal à convaincre le brave homme de me révéler sa recette, juste avant qu'il ne soit victime d'un mystérieux accident. Cet élixir de vie est une merveille. Je compte d'ailleurs bientôt le proposer à l'Empire allemand qui sera, j'en suis certain, honoré de le produire en quantité industrielle pour son armée.

– Je vous en empêcherai, lâcha froidement Holmes.

– Je serai curieux de voir comment vous vous y prendrez, sourit Moriarty.

– La jeune fille, professeur, le pressa Holmes. J'exige de la voir tout de suite.

– Que vos exigences soient exaucées, mon cher !

Moriarty tapa dans ses mains à deux reprises et Faydit fit naître une petite sphère de verre.

– Je vous félicite, professeur, applaudit Holmes : vous vous êtes offert les services d'un remarquable prestidigitateur.

Faydit souffla sur la sphère qui se mit alors à croître tout en s'élevant dans les airs. Le sorcier prononça quelques mots inintelligibles et la bulle s'anima d'ondes régulières. Puis les contours d'un paysage s'y dessinèrent : un lac sur lequel flottaient, entre deux eaux, les corps de trois jeunes filles. En tout point semblables, elles étaient vêtues d'une robe blanche, et une couronne de lierre ceignait leur chevelure rousse. Holmes s'était fait une idée de la physionomie d'Helen à partir des différents témoignages qu'il avait recueillis, et les descriptions correspondaient à l'image que lui renvoyait la sphère de verre.

Soudain, Faydit serra les poings et tout disparut.

– Comme vous avez pu le voir, annonça Moriarty, la douce Helen dérive, endormie, sur le loch de Tír na nÓg. Je ne vous expliquerai pas la féerie à l'œuvre, car vous m'accuserez encore de n'être qu'un vulgaire illusionniste. Vous imaginez bien que cette petite mise en scène a pour finalité de protéger mon investissement. Celui qui voudrait « repêcher » la jeune fille ne devra surtout pas se tromper au risque de la perdre à tout jamais. Le droit à l'erreur n'est pas permis, et, si deux d'entre elles sont ce que vous pouvez appeler des illusions, toutes les trois possèdent bel et bien une enveloppe corporelle de chair. Que voulez-vous, j'ai toujours eu un petit faible pour le romantisme noir...

– Vous n'êtes qu'un ignoble scélérat..., réagit Watson.

Holmes l'apaisa d'un geste de la main.

– Ne gaspillez pas votre salive pour cet être abject, Watson. C'est lui prêter encore trop de considération que de l'injurier. À présent, voici comment nous allons procéder, professeur. Vous allez cesser vos petits tours et laisser Helen MacGregor repartir avec Watson. Puis nous poursuivrons tous deux notre conversation là où « nous » l'avions interrompue aux chutes de Reichenbach. L'enlèvement de cette jeune fille avait bien pour objet de m'attirer jusqu'ici ?

Watson voulut protester, mais Holmes ne lui en laissa pas la possibilité.

– Vous me rendriez un service inestimable, mon cher ami, en mettant cette jeune personne en sécurité, lui assura-t-il.

– Que de nobles et beaux sentiments, c'est à en pleurer..., le railla Moriarty. Vous oubliez pourtant un infime détail, il me semble : il m'appartient de décider du sort de ma prisonnière. Et je crois m'être suffisamment attaché à elle pour ne pas avoir envie de m'en séparer de sitôt. D'ailleurs, son enlèvement n'a pas été motivé par le seul plaisir de vous revoir, monsieur Holmes. Les enjeux ne se réduisent pas à votre petite personne. C'est tout un monde que je m'apprête bientôt à tenir entre mes mains. Un monde qui me procurera une puissance inestimable et dont vous ne soupçonnez même pas l'existence, aveuglé que vous êtes par la science et la logique.

– Dans ce cas, nous avons un problème, commenta Holmes.

Watson resta sans voix quand, soudain, le détective déploya sa canne télescopique et se jeta dans le même mouvement sur Moriarty. Puis il demeura bouche bée lorsque Faydit fit jaillir de ses deux mains placées devant lui une boule lumineuse qui alla percuter Holmes à pleine puissance, le projetant contre la paroi de la cavité. Horrifié, Watson se précipita vers le détective, qui gisait, inconscient, sur le sol. Il lui prit le pouls et respira un peu mieux après s'être assuré qu'il n'était qu'assommé.

– Ne vous alarmez pas, docteur Watson, persifla Moriarty : les mythes ont la vie dure, j'en sais quelque chose. Ils ne sont cependant pas éternels.

Le professeur claqua dans ses doigts et Faydit s'avança vers Watson, qui braqua aussitôt son arme sur lui.

Le sourire mauvais du sorcier lui prouva qu'il estimait la menace dérisoire. Watson s'apprêtait à faire feu quand, d'un simple geste, Faydit transforma son revolver en serpent. Surpris, Watson secoua sa main. Le reptile lui enserra alors le poignet, puis, s'allongeant toujours plus, il s'enroula très vite autour de son bras et lui enlaça bientôt la taille. Incapable de se défaire de son emprise, Watson fut contraint de s'agenouiller. Le serpent grossissait encore et resserrait son étreinte à chaque mue. Persuadé qu'il allait périr étouffé, Watson se mit à paniquer. Faydit prononça alors un mot et le reptile sembla soudain s'assoupir.

– Je serais vous, docteur, lui recommanda le sorcier, je m'installerais confortablement : votre gardien devrait dormir un petit moment. Je crains néanmoins pour vous qu'il n'ait un peu faim après sa sieste.

– Dans une autre vie, ajouta Moriarty, songez à choisir vos amis avec plus de discernement, cher docteur. Vous nous excuserez de vous laisser en si délicate posture, mais la gloire nous attend.

Refusant de montrer le moindre signe de faiblesse, et craignant de provoquer un réveil anticipé du reptile, Watson se contenta d'opposer une indifférence flegmatique à la perfidie de ses ennemis. Il accompagna du regard Moriarty et Faydit quand ils quittèrent la cavité en les abandonnant à leur sort, Holmes et lui.

Après quelques instants, Watson vit émerger du plan d'eau une tête d'un blanc d'albâtre, hérissée d'une épaisse crinière du même ton. La créature aux allures d'équidé nagea jusqu'à la rive, pour s'y hisser et se métamorphoser en un être humain de forte stature.

« Un kelpie... », constata Watson avec incrédulité.

Bientôt apparurent deux autres créatures identiques à la première, qui elles aussi se changèrent en hommes sitôt parvenues sur la terre ferme. Watson les vit s'approcher en silence. Les trois kelpies se désintéressèrent complètement de lui, mais l'un d'eux chargea Holmes en travers de son épaule et, escorté de ses compagnons, l'emporta vers le plan d'eau. Watson aurait voulu s'interposer, ou du moins leur demander ce qu'ils réservaient au détective, mais cela lui sembla vain et encore une fois trop risqué. Il regarda les kelpies installer Holmes dans l'une des barques, puis reprendre leur apparence de chevaux marins. Les trois créatures s'immergèrent alors dans le petit lac, provoquant une déflagration semblable à un puissant coup de tonnerre. Watson retint son souffle, s'attendant au réveil du reptile, mais il n'en fut rien : le serpent semblait avoir le sommeil lourd, ce qui lui procura un vif soulagement. L'un des kelpies glissa sa tête dans la boucle du cordage d'amarrage, et, suivi des deux autres équidés, il se mit à nager en tirant la barque. Ils disparurent enfin dans une anfractuosité creusée par une rivière souterraine.

Watson consacra les interminables minutes qui suivirent à réfléchir au moyen d'éviter la fin atroce qui l'attendait. Il n'avait à sa disposition que ses lunettes, et regrettait d'avoir découragé Mycroft de les équiper d'une ou deux petites options « survie » comme il le lui avait d'abord proposé. Comble de l'ironie, il ressentait des fourmis lui picoter les jambes. Il se rappela alors un petit canif que lui avait confié Holmes, et qu'il avait glissé dans la poche gauche de son manteau, presque à portée de main. Il songea que s'il parvenait à s'en saisir pour le planter dans l'un des yeux du reptile, il aurait peut-être une infime chance de s'en sortir. Avec toute la délicatesse dont il était capable, Watson tenta de dégager son bras gauche, par chance moins entravé que le droit. Il prit espoir quand enfin il sentit la pression se relâcher, mais comprit aussitôt que c'était le serpent qui avait bougé. Horrifié, il vit la gueule du prédateur se soulever avec lenteur et s'avancer par oscillations vers son visage. Watson aperçut alors une silhouette se faufiler derrière le reptile. Il reconnut tout de suite Irène Adler, malgré la capuche qui lui cachait en partie le visage. Armée d'un petit revolver, la jeune femme s'approcha au plus près pour être certaine de ne pas manquer sa cible.

– Surtout, ne bougez plus, docteur ! lui intima-t-elle.

Elle ôta sa capuche pour être plus à son aise. Puis elle se mit à piétiner le sol afin de provoquer des vibrations, espérant ainsi attirer l'attention du reptile. Lorsque celui-ci tourna la tête vers elle, Irène visa sa gueule et fit feu. La balle atteignit le serpent à la mâchoire, mais s'y enfonça sans y laisser la moindre marque. Déstabilisée, Irène tarda à réarmer son revolver et le reptile en profita pour projeter sa tête vers elle. Au même instant, la jeune femme entendit fuser quelques mots dans une langue inconnue : le monstre se figea aussitôt, ses deux crochets à venin bien visibles dans sa gueule béante.

– Par quel prodige… ? souffla Irène en se retournant.

– Je l'ignore moi-même, lui assura Pandora qui avait devancé ses équipiers. C'était un pur réflexe. Mais je suis heureuse d'avoir recouvré mes pouvoirs juste à temps pour vous venir en aide. Je pense que l'environnement de Tír na nÓg n'y est pas étranger.

– Je vous dois une fière chandelle, lui glissa Irène. À charge de revanche…

Voyant que Gueule-de-Loup et Jason s'acharnaient en vain à tenter de dégager Watson, Pandora vint à leur secours en prononçant un sort de désintégration : le serpent s'évapora dans l'instant, et Gueule-de-Loup se retrouva, sans comprendre comment, avec un revolver dans la main.

Courbaturé, Watson éprouva les plus grandes difficultés à se relever.

– Je… Je ne m'attendais pas à vous revoir, avoua-t-il. À vrai dire, je ne m'attendais pas à survivre à ce monstre. Sans votre intervention, je serais sans doute…

– N'y pensez plus, docteur, l'apaisa Irène. Je regrette vraiment de n'être pas intervenue plus tôt : je vous suivais, mais je me suis égarée dans la forêt lorsqu'elle s'est régénérée. Après cela, j'ai perdu un temps précieux à retrouver votre trace.

– Quant à nous, intervint Jason, nous avons été retardés par une créature féerique qui tourmentait les villageois.

– Une sorte de gros cochon cornu à fourrure, ajouta Achille. Heureusement pour nous, Charmant lui a réglé son compte.

Le Tigre-des-Miroirs se frottait depuis quelques secondes contre les jambes d'Irène, qui le caressait avec distraction. La jeune femme osa enfin poser à Watson la question qui leur brûlait les lèvres à tous.

– Que s'est-il passé, docteur ? demanda-t-elle d'une voix anxieuse. Où est Holmes ?

Watson fit alors le récit de ce qu'ils avaient vécu depuis leur départ du pensionnat : comment ils s'étaient précipités en connaissance de cause dans le piège que leur avait tendu Moriarty et la découverte qu'avait faite Holmes au sujet de son jumeau ; le ralliement du criminel à l'Empire allemand ; l'état dans lequel il avait placé

Helen MacGregor ; la puissante sorcellerie de Faydit, et la manière dont les kelpies avaient emmené le détective.

Quand le docteur Watson se tut, son auditoire resta un temps sans voix. Toutes ces révélations leur laissèrent, à tous, un sentiment partagé, fait à la fois d'incertitudes et d'espoirs.

– Au moins, finit par réagir Pandora, nous savons à présent qu'Helen est vivante, et qu'elle se trouve bien dans les environs : Holmes avait raison.

– Et en ce qui concerne le petit cours d'eau souterrain que les kelpies ont emprunté, ajouta Hector, je suis presque certain qu'il est relié au loch de Tír na nÓg.

– C'est très probable, acquiesça Watson.

– Dans ce cas, pas une seconde à perdre, décida Achille dont les yeux brillaient d'excitation.

Il commença à se diriger vers la barque, mais Gueule-de-Loup le retint par le col.

– Hep là, pas si vite, Demi-minus ! grogna-t-il. Tu as l'air d'oublier que tu as un chef de section. Jason, qu'en penses-tu ?

Partagé sur le plan d'action à mettre en œuvre, Jason prit quelques secondes pour réfléchir. En combinant les effroyables pouvoirs de Faydit, son association avec Moriarty et l'implication des kelpies dans le piège tendu à Holmes, la menace à laquelle ils devaient faire face lui paraissait aussi redoutable qu'insaisissable.

– Si cela vous convient, docteur et Miss Adler, finit-il par proposer, nous pourrions former deux groupes. Un premier qui suivrait le cours de la rivière souterraine avec vous, et le second qui tenterait de remonter la piste de Moriarty à travers la forêt avec moi.

– Cela me paraît être une proposition judicieuse, approuva Watson.

– Je suis du même avis, acquiesça Irène.

– Dans ce cas, Pandora, Sybille et Achille, vous accompagnez le docteur Watson et Irène. Skarabesque, Hector et Gueule-de-Loup, vous venez avec moi.

À l'annonce des groupes, Pandora eut un petit pincement au cœur : être séparée d'Hector et savoir qu'elle ne pourrait rien pour lui en cas de danger lui semblait plus angoissant que n'importe quelle autre épreuve.

– Nous restons en contact avec nos cy-pads, précisa Jason, et nous nous retrouvons à Tír na nÓg. Bonne chance à tous…

14

Le murmure des abeilles

« Vous connaissez ma méthode. Elle est fondée sur l'observation des détails sans grande importance. »

Sherlock H.

Un peu plus tard, sur le cours d'eau souterrain

Après avoir dû négocier un passage un peu délicat dès leurs premiers coups de rame, Achille et le docteur Watson menaient à présent la barque avec facilité au gré des quelques méandres que dessinait la rivière. L'eau, étale, était d'une pureté glacée, et les voûtes des grottes qu'ils traversaient constituaient un cadre envoûtant : aux concrétions calcaires qui créaient des formes insolites, se mêlaient ici ou là quelques fines stalactites qui descendaient parfois jusqu'à la surface.

– Vous pensez qu'on en a encore pour longtemps ? demanda Achille.

– Tu fatigues déjà ? ironisa Sybille.

Achille envoya à son équipière une petite giclée d'eau avec sa rame, mais Sybille resta stoïque. La luminosité se fit bientôt plus vive, et la voûte s'ouvrit sur le ciel.

– On approche de la sortie..., commenta Irène. Préparez-vous à un accueil mouvementé, on ne sait jamais.

Les premières cimes des arbres apparurent, puis l'horizon se dégagea entièrement : la rivière se jetait dans le loch en douceur. Au loin, se dévoilait le village. La colonie d'oies avait pris possession de la tourbière flottante qui constituait un îlot mouvant mais étrangement consistant. Le silence paraissait trop parfait pour ne pas en devenir inquiétant.

– On fait quoi, maintenant ? s'enquit Sybille.

– On ne va pas tarder à être fixés, lui répondit Pandora.

D'un signe de la tête, elle désigna un kelpie qui nageait dans leur direction. Il fut bientôt rejoint par d'autres chevaux féeriques qui firent surface tout autour d'eux. Watson extirpa son revolver de sa poche.

– Attendez, docteur, l'apaisa Irène. Peut-être ne sont-ils pas animés de mauvaises intentions.

Comme pour confirmer les paroles de la jeune femme, l'un des kelpies s'approcha d'eux tandis que tous les autres restaient immobiles là où ils étaient apparus.

Pandora ressentit alors une énergie douce et apaisante l'envelopper. Elle observa mieux la créature marine la plus proche, et fut troublée de sa ressemblance avec la jument qu'elle avait secourue dans la Tamise : même tache blanche sur son front brun-rouge en plus de sa crinière flamboyante. Le kelpie usa, comme la première fois, de son pouvoir de persuasion pour rassurer la demi-fée. Cette fois-ci, pourtant, Pandora entendit bien distinctement les paroles que la jument lui transmettait par la force de son esprit.

« Ne crains rien, la rassura le kelpie. Je sais qui tu es, et je sais aussi ce que je te dois. Nous ne vous voulons aucun mal. Nous avons recueilli votre ami, qui est encore inconscient mais en bonne santé. Nous allons vous mener à lui. »

« D'ac... D'accord, merci... »

« Tu n'as pas à me remercier, c'est normal : tu m'as secourue dans la Tamise au mépris du danger que cela représentait. Grâce à toi, j'ai pu recouvrer ma liberté. Malheureusement, le sorcier qui m'avait réduite en captivité ne nous a pas laissés en paix pour autant : il a menacé de s'en prendre de nouveau à ceux de notre clan si nous n'acceptions pas de nous plier à sa volonté. Mais, tes amis et toi êtes parvenus à occire la créature qui terrorisait le village, et, plus précieux encore à mes yeux, vous avez sauvé la vie de mon fils. »

« Vous êtes la mère de Gowan ? »

« Oui... Un vrai casse-cou, tu n'as pas idée... »

« Je l'ai surtout trouvé très courageux. »

« En effet, la frontière entre courage et inconscience est parfois mince. En tout cas, j'ai été ravie de discuter un peu avec toi, Pandora. »

« Moi aussi. »

Pandora eut besoin de quelques instants pour se remettre de l'expérience. Renouer avec ses facultés lui semblait si étrange, qu'elle se sentait fragilisée. Les communications télépathiques, surtout quand elle n'y était pas préparée, lui faisaient toujours l'effet d'une violente immixtion dans son intimité.

– Tu te sens bien ? s'inquiéta Sybille.

– Oui… Oui, ne t'inquiète pas.

Les kelpies s'assemblèrent près de la barque, qu'ils commencèrent à pousser devant eux pour la faire avancer. Achille se mit alors à protester.

– Laissez-les faire, recommanda Pandora. L'un d'eux m'a… m'a parlé pour me dire que Sherlock Holmes allait bien et qu'ils allaient nous emmener auprès de lui. Je crois qu'on peut leur faire confiance.

– Vous m'excuserez si je ne partage pas complètement votre assurance, Pandora, nuança Watson. Je préfère rester sur mes gardes tant que je n'aurai pas revu Holmes sain et sauf.

– Je vous comprends, docteur. Dans votre situation, j'aurais moi aussi beaucoup de mal à croire à tout cela.

Les chevaux marins les entraînaient vers l'îlot, qui flottait désormais au centre du loch. À leur approche, les oies battirent des ailes et allèrent se regrouper sur la partie opposée de la tourbière. Les occupants de la barque purent alors apercevoir la silhouette d'un homme enveloppé dans son manteau et allongé sur le parterre de sphaignes.

– Holmes…, murmura Irène.

Dans son élan, la jeune femme voulut se relever, faisant tanguer l'embarcation que redressèrent avec habileté les kelpies. Les équidés comblèrent bientôt les dernières longueurs qui les séparaient de l'îlot, et ils maintinrent la barque afin que leurs passagers puissent prendre pied sur la tourbière flottante. Irène se porta aussitôt auprès de Sherlock Holmes, et s'agenouilla pour passer avec délicatesse ses mains sous sa tête. Watson la rejoignit et se pencha à son tour sur le détective.

– Il respire, annonça-t-il. Cependant, son rythme cardiaque est étrangement ralenti : il semble plongé dans un profond coma. Son état nécessite une prise en charge rapide, et je n'ai rien…

– Si vous le permettez, docteur, le coupa Pandora, je peux peut-être tenter quelque chose.

Devant l'indécision de Watson, Irène intervint à son tour.

– Je pense que nous n'avons rien à perdre en laissant Pandora essayer, insista-t-elle.

Watson finit par s'écarter à contrecœur. Pandora plaça alors ses mains sur la poitrine du détective, puis ferma les yeux pour laisser l'énergie féerique l'emplir. Elle sentit une intense chaleur rayonner dans tout son corps, et une lumière vive les enveloppa bientôt, Holmes et elle. L'instant d'après, le détective fut secoué de spasmes.

– Il... Il revient à lui, souffla Watson. C'est prodigieux... Comment faites-vous cela ?

– Je n'ai aucun mérite, avoua Pandora : la guérison était ma spécialité au sein de la Guilde féerique.

À la fois épuisée et soulagée, la demi-fée vacilla un peu en se relevant. Elle observa quelques instants son patient, qui ouvrit enfin les yeux. Penchée sur lui, Irène le dévisageait en souriant.

– Vous revoici parmi nous, monsieur Holmes, lui glissa-t-elle. Vous pouvez vous vanter de nous avoir causé une belle frayeur.

– I... Irène Adler ? bredouilla Holmes. C'est bien vous ?

La jeune femme hésita à répondre, déstabilisée par la réaction du détective et plus émue qu'elle n'aurait souhaité le laisser paraître. Elle se fit violence, choisissant de jouer jusqu'au dénouement de cette enquête le rôle qu'on lui avait demandé d'assumer en tant qu'agent de liaison du Cyclone. Par sens du devoir. Sans doute aussi un peu par lâcheté : elle-même ne se sentait pas prête.

– Je regrette..., souffla-t-elle. Je ne suis que Miss Marvel. Vous souvenez-vous ?

– Ah oui, Miss Marvel...

Ébloui par la lumière crue, Holmes avait d'abord pensé avoir affaire à un ange. Puis, à présent qu'il s'était accoutumé à la luminosité, il comprenait son erreur. La tête lui tournait bien encore un peu, mais il s'en accommoderait. Il songea qu'il avait par miracle survécu aux traitements infligés par Moriarty et son fichu prestidigitateur, et se dit qu'il jouait décidément d'une chance insolente. Il se remémora alors les derniers évènements survenus avant son trou noir.

– Wa... Watson ! s'exclama-t-il soudain en empoignant le bras d'Irène.

– Je suis là, Holmes, le rassura son ami en lissant sa moustache pour se donner une contenance.

– Heureux de vous revoir, mon vieux. Il faudra que vous me racontiez comment vous vous êtes dépêtré des griffes de Moriarty. Je sais que je peux compter sur votre sens du rebondissement dramatique pour évoquer notre escapade de cette nuit en y mettant les effets qui conviennent.

Watson se contenta de sourire. Holmes se redressa sur ses coudes. Visiblement inquiet, il fouilla la poche intérieure de son manteau et en extirpa la boîte métallique dans laquelle il avait mis ses abeilles. Il l'entrouvrit avec précaution et, rassuré, la referma après quelques secondes. Il aperçut alors Pandora qui se tenait un peu en retrait.

– J'ai fait un drôle de rêve, lui révéla-t-il. Vous rayonniez de mille feux et me teniez la main pour m'entraîner avec vous sur un chemin de lumière. Je crois bien avoir repris connaissance juste après. Qu'en dites-vous ?

– Je… Je ne sais pas, bredouilla Pandora. Les rêves sont parfois mystérieux…

– Le mystère et l'étrangeté sont décidément les deux maîtres mots de cette enquête, reconnut Holmes. Je remarque que nous nous situons sur une tourbière flottante qui ne devrait pas pouvoir supporter notre poids, mais pourtant nous y évoluons comme sur la terre ferme. Mais soit, acceptons de nous laisser porter…

Achille s'approcha alors de Pandora pour lui glisser quelques mots à l'oreille.

– Où est-il ? lui demanda-t-elle.

– Au bord de l'îlot, derrière toi, précisa son équipier. Je n'ai rien compris à ce qu'il disait. Tu pourras peut-être…

Sans le laisser terminer, la demi-fée se dirigea dans la direction qu'il lui avait indiquée. Achille observa un bref instant Sherlock Holmes, à qui il aurait bien aimé poser toutes les questions qui le taraudaient. Puis il rattrapa Pandora. Cette dernière n'avait pas fait trois pas à travers le voile de brume qui commençait à envelopper la tourbière flottante, qu'elle aperçut le jeune Gowan. Il était trempé, et Sybille qui se trouvait à ses côtés parut soulagée de la voir arriver. Pandora scruta les eaux, mais elle ne vit plus aucune des créatures aquatiques qui les avaient escortés jusqu'à l'îlot.

– Si tu cherches les autres kelpies, ils sont tous repartis, lui apprit Sybille.

Pandora se concentra pour communiquer avec Gowan par la pensée.

« Mon équipier m'a avertie de ta présence. Tu voulais nous voir ? », commença-t-elle.

« Oui. C'est à toi que je souhaitais parler. Tu sembles être la seule à pouvoir nous comprendre, alors… »

« Ma mère était une fée, et j'ai hérité la plupart de ses dons. Cela explique mes facultés télépathiques. »

« Je vois… »

Le jeune kelpie paraissait gêné. Il se balançait d'un pied sur l'autre.

« Que se passe-t-il, Gowan ? Qu'hésites-tu à me dire ? »

« Je… C'est à propos de la fille qui a été enlevée… »

« Helen ? Que sais-tu sur elle ? On nous a dit qu'elle se trouvait non loin d'ici, peut-être dans le loch. C'est bien ça ? »

« Oui, c'est vrai… Mon clan était chargé de veiller sur elle. C'est le sorcier, ce Faydit, qui nous l'a amenée un matin en affirmant vouloir faire alliance avec nous. Elle était plongée dans un

sommeil féerique et il lui a alors jeté un sort pour lui permettre de respirer sous l'eau.»

« Et vous ne vous êtes pas demandé qui elle était ? »

« Si, justement... Quand le sorcier nous a dit qu'il s'agissait d'une descendante de Rob Roy, et qu'elle était l'héritière directe de la branche la plus prestigieuse du clan MacGregor, on a compris pourquoi il nous l'avait livrée.»

Gowan hésita à poursuivre, mais Pandora l'y encouragea du regard.

« Tu as peut-être entendu parler de la bride sacrée des kelpies ? »

« Oui, et je sais que le clan des MacGregor la convoite depuis longtemps.»

« Pour être plus exact, il la convoitait. Ils ont réussi à s'en emparer voici bientôt cent ans... Un peu à cause de moi, car j'étais chargé de veiller sur elle et je me suis laissé surprendre... »

« C'est drôle, mais je ne te voyais pas si vieux ! »

« N'oublie pas que nous sommes sur la Terre de l'éternelle jeunesse... À l'exception des trois Anciennes, chacun, s'il le souhaite, peut choisir de ne pas vieillir, ou de vieillir à son rythme. Pour en revenir à la bride sacrée, depuis son vol nous sommes devenus vulnérables et il est désormais très facile de nous asservir. Aussi, quand certains d'entre nous ont su qu'Helen était affiliée à ceux qui détenaient le symbole de notre liberté et de notre puissance, ils y ont vu l'occasion de prendre leur revanche. Ils ont alors pactisé avec le sorcier. Ma mère, avec quelques

autres, a bien essayé de s'y opposer, mais elle n'est pas parvenue à les convaincre.»

«Alors, Hector avait raison...»

«Depuis, poursuivit Gowan, tous ont pu voir Faydit à l'œuvre et ils ont fini par comprendre qu'il servait les intérêts d'un être sans honneur, qui désirait placer la Terre de l'éternelle jeunesse en son pouvoir. Ils ont alors décidé d'empêcher le sorcier de parvenir à ses fins. Nous avons tous vraiment apprécié ce que vous avez fait pour nous, et nous souhaitons vous aider à notre tour. Pour commencer, nous avons fait croire à Faydit que nous nous occuperions de l'homme qu'il voulait voir disparaître, et que nous avons emmené sur l'îlot pour veiller sur lui. Nous savons aussi que si vous êtes venus à Tír na nÓg, c'est pour retrouver votre amie. À présent, vous allez pouvoir la revoir...»

À ces mots, Pandora sentit son cœur s'emballer : retrouver enfin Helen lui paraissait un peu surréaliste et tellement inespéré. Surtout dans ces conditions.

« Nous vous sommes reconnaissants de ce geste...»

«Malheureusement, comme je te l'ai dit, votre amie a été ensorcelée, et Faydit lui a créé deux sosies. Si bien que même nous, nous ne pouvons pas savoir laquelle est la véritable Helen MacGregor...»

Gowan s'interrompit. L'air soudain inquiet, il fixa un point derrière Pandora. Quand elle se retourna, la demi-fée découvrit Sherlock Holmes. Mains dans les poches de son manteau, il dévisageait le kelpie de son regard inquisiteur.

– Tiens, tiens, observa-t-il avec un sourire en coin. Ce ne serait pas notre jeune guide ? Je serais vous, je me méfierais, Pandora : ce garçon et sa grand-mère nous ont joué un bien mauvais tour cette nuit en nous envoyant droit dans la gueule du loup.

– Gowan est désolé de tout ce qu'il s'est passé, monsieur Holmes, assura Pandora. Il est justement venu pour s'en excuser.

– À la nage, à ce que je vois. L'effort est appréciable. Mais dites-moi, comment parvenez-vous à comprendre ce qu'il dit ?

– Je… euh… J'ai des facilités pour les langues, et je ne me débrouille pas trop mal en gaélique écossais.

– Vraiment ? Vous m'intéressez… Mais, que…

Distrait par une forme qui semblait dériver sur le loch, non loin de l'îlot, Holmes s'approcha du bord de la tourbière. Il scruta la surface et vit surnager un corps. Une jeune fille dont la chevelure rousse était ceinte d'une couronne de lierre. Fasciné, Holmes fit un pas en avant et manqua de glisser dans l'eau. Gowan s'était précipité pour le rattraper à temps, et Watson vint lui prêter main-forte.

– Heureusement que vous étiez là, les remercia le détective. L'espace d'un instant, j'avais oublié que nous nous trouvions sur une tourbière *flottante*. C'est prodigieux, regardez : trois jeunes filles strictement semblables.

Deux autres corps étaient apparus aux côtés du premier.

– C'est Helen..., commenta Sybille, très émue. En tout cas, c'est l'une des trois...

– Comment comptez-vous déterminer laquelle de ces jeunes filles est la « vraie », Holmes ? s'enquit Watson.

– Je pense faire une petite promenade en barque, répondit le détective. Il me faut juste un rameur volontaire pour m'accompagner...

Excité à l'idée de pouvoir assister le détective, Achille ne laissa à personne d'autre la possibilité de se proposer : il se précipita vers l'embarcation et s'empara d'une rame.

– C'est quand vous voulez, m'sieur ! annonça-t-il.

Holmes toisa le jeune agent avec un rictus amusé. Taillé comme un moustique, songea-t-il, Achille n'avait pas tout à fait le profil de l'emploi. Cependant, ce garçon possédait une vivacité d'esprit qui lui plaisait. Et puis, il devait au moins admettre qu'une barque plus légère serait aussi plus facile à manœuvrer.

– Parfait, dit-il. Alors, allons-y, jeune homme.

Aidé de Gowan, Achille fit glisser la barque à l'eau et y prit place. Holmes l'y rejoignit. Les traits de son visage s'étaient tendus et ses yeux brillaient d'une lueur fiévreuse. L'esprit entièrement mobilisé par la tâche qui l'occupait, rien n'aurait pu distraire son attention. Achille le savait et se contentait de ramer, essayant de se conformer de son mieux aux indications sèches que lui donnait Holmes pour se rapprocher des corps qui flottaient entre deux eaux.

– Voilà, c'est bien, le félicita le détective quand il parvint à s'approcher au plus près des trois jeunes filles. À présent, il s'agit de faire vite.

Holmes prit sa petite boîte métallique et l'ouvrit. Les trois abeilles se mirent alors à remuer, sous le regard attentif de leur maître. Holmes présenta sa main droite et les insectes voletèrent jusqu'à sa paume, où ils se posèrent. Le détective referma son poing, qu'il approcha de ses lèvres.

– À vous de jouer, mes mignonnes, murmura-t-il.

Il ouvrit son poing et les abeilles s'envolèrent. Elles tournoyèrent quelques instants au-dessus des trois corps, cherchant à identifier ce qu'elles avaient mission de trouver. Puis l'une d'elles se posa sur la couronne de lierre de l'une des jeunes filles et se mit à faire de petits cercles. Ses deux compagnes la rejoignirent aussitôt, et se mêlèrent à sa danse.

– Merveilleux, on a réussi ! jubila Holmes.

– Je... Je ne comprends pas, avoua Achille.

– Le lierre, Achille, précisa le détective. Non seulement, les abeilles ne savent pas mentir, mais on ne peut pas non plus les leurrer. Tous les criminels commettent des erreurs. Il suffit d'un petit oubli ou d'une infime imprudence. Si la couronne de lierre d'Helen est bien réelle, celles de ses sosies ne sont qu'une illusion, tout comme leurs corps. Là où nous nous serions peut-être fait prendre, les abeilles, elles, ne pouvaient pas s'y tromper.

Holmes se pencha par-dessus bord et agrippa avec délicatesse le corps d'Helen.

15

(Re)chute

« Je prends si peu d'exercice que c'est toujours un régal pour moi. Vous n'ignorez pas que je suis assez habile dans ce bon vieux sport national anglais qu'est la boxe. Cela sert, à l'occasion. Aujourd'hui, par exemple, j'aurais sans cela connu d'ignominieux déboires. »

Sherlock H.

Au même moment,
sur le versant du loch opposé au village

Hector put enfin souffler. Rassuré de quitter cette forêt qui avait une nouvelle fois joué avec leurs nerfs, il savoura l'instant. À la lumière du jour qui avait pris des teintes plus chaudes, il détermina que l'après-midi était déjà bien avancé. Une brume épaisse, qui remontait du loch, rampait sur le coteau envahi par la bruyère. Sur la rive opposée, se trouvait le village, dissimulé par le brouillard.

– On n'y voit presque rien, commenta Skarabesque.

– C'est tout droit, de toute façon, affirma Gueule-de-Loup en commençant à dévaler la pente.

Le Velu-Fendard disparut bientôt dans le brouillard.

– Bravo pour ton repérage dans la forêt, Hector, le félicita Jason. Du grand art. Allez, ne traînons pas, autrement nous ne retrouverons plus Gueule-de-Loup.

Il commença à avancer, Skarabesque et Hector sur ses pas. Ce dernier n'était pas rassuré. Il avait beau se raisonner, une angoisse indéfinissable l'oppressait à l'idée de traverser le brouillard. Sa claustrophobie, jusque-là bien enfouie, se réveillait. Pandora lui en avait parlé, mais il n'imaginait pas la ressentir de nouveau. Il n'avait jamais aimé ces climats fourbes qui se jouaient de vous avec une facilité déconcertante, vous contournant, vous enlaçant. Faire demi-tour, tout de suite. Voilà, il n'avait qu'une envie : fuir.

– Tu n'as rien à craindre, le rassura Skarabesque. Enfin, pour le moment, ajouta-t-elle par provocation.

Hector lui lança un regard mi-désespéré, mi-reconnaissant. Il essaya de taire ses pensées afin de ne pas laisser Skarabesque s'y immiscer.

– Tu sais bien que c'est peine perdue, lui lança-t-elle avec un sourire. Tu ne peux rien me cacher. J'ai bien dit : rien.

Hector comprit bien sûr l'allusion.

– Ne le dis pas aux autres, s'il te plaît. Surtout à Pandora. Je ne suis pas encore prêt.

– Promis. Ce seront nos cachotteries rien qu'à nous deux. Mais je peux te dire que si Pandora s'en rend compte, elle t'écorchera vif.

Hector soupira.

– Fais-moi confiance, il ne va rien se produire dans cette brume, lui assura Skarabesque. Allez, viens, rejoignons les autres.

Alors qu'il s'apprêtait à reprendre la descente, Hector vit une silhouette prendre corps juste devant lui, puis s'évaporer presque aussitôt. Il en resta sans réaction. Voyant qu'il s'était arrêté, Skarabesque s'approcha de lui.

– Là... Il y avait un..., balbutia Hector en désignant un point invisible.

L'instant d'après, la silhouette se matérialisa de nouveau. Puis plusieurs autres apparurent, comme par enchantement, tout autour d'eux. Skarabesque se serra contre Hector, prête à se défendre. Ils virent alors Jason et Gueule-de-Loup remonter la pente, flanqués d'une dizaine d'hommes tous équipés de la même tenue que ceux qui les encerclaient déjà. Pour la plupart de forte stature, ils étaient coiffés d'un calot en laine, portaient un kilt au tartan rouge et vert aux couleurs du clan MacGregor, et avaient les épaules couvertes d'un plaid du même ton. Deux d'entre eux étaient vêtus d'un long manteau à capuchon et portaient chacun une cornemuse. Des highlanders. L'un d'eux s'avança, et les autres s'écartèrent avec respect devant lui. C'était, de loin, le plus petit de tous, et son visage disparaissait presque sous une épaisse barbe. Il se positionna face à Hector, qui le dominait d'une bonne tête : il le fixa de ses yeux froids et apprécia son accoutrement d'un air sceptique. Puis il dévisagea chacun des compagnons du jeune pisteur l'un après l'autre.

– Qui êtes-vous ? demanda-t-il alors d'une voix glaciale.

Gueule-de-Loup fit mine de remuer un bras, et aussitôt tous les highlanders extirpèrent un long poignard de leur ceinture.

– On n'a plus le droit de se gratter, maintenant ? grogna le Velu-Fendard.

– Pas avant d'avoir répondu à ma question, insista le barbu. Tu portes un drôle de kilt, l'ami. Je ne reconnais pas le tartan. De quel clan es-tu ?

– Déjà, ce n'est pas un « kilt », mais un skeelt, rétorqua Gueule-de-Loup en se grattant le menton de manière démonstrative. Ensuite, j'appartiens à un clan qui vit dans un pays au climat moins pourri que le tien.

Tous les highlanders manifestèrent leur désapprobation en avançant d'un pas, leur poignard levé. Gueule-de-Loup posa alors sa main sur le manche de son sglugh, qui se mit à luire. Jason lui maintint aussitôt le bras pour l'empêcher d'aller plus loin.

– Nous... Nous sommes ici pour retrouver l'une des nôtres qui a été enlevée par un sorcier, expliqua-t-il.

– Un sorcier ? tiqua le barbu. Le genre à pouvoir se métamorphoser en corneille ?

– C'est bien lui, confirma Jason.

– Votre amie, qu'il a enlevée, ne se nommerait-elle pas Helen MacGregor ?

– On ne peut rien vous cacher, acquiesça Jason.

– Dans ce cas, nous sommes dans le même camp, affirma le barbu. Mieux : nous poursuivons le même objectif. Je m'appelle Kentigern, ajouta-t-il en tendant sa main à Jason. Je suis le chef des éclaireurs du clan MacGregor du loch Katrine. Celui d'Helen.

– Je me nomme Jason, glissa le jeune agent en serrant la main du highlander.

– Vous savez vous battre, vous et vos amis ? lui demanda Kentigern à brûle-pourpoint.

Gueule-de-Loup ricana.

– Nous avons été formés pour ce genre de situation, assura Jason.

– Alors, votre renfort est le bienvenu. À présent, il est temps d'aller affronter ce sorcier. On nous a signalé qu'il avait pris ses quartiers dans une ancienne bergerie située en bordure d'un champ, au nord du village. Une chance, précisa-t-il avec un rictus provocateur destiné à Gueule-de-Loup : le temps est avec nous !

Sur un signe de leur chef, les highlanders se mirent en marche. Jason et ses équipiers les suivirent. D'humeur massacrante, Gueule-de-Loup traînait les pieds en fin de colonne. Hector vit les hommes de tête s'envelopper de pied en cap dans leur plaid et disparaître. Il comprit alors que ce qu'il avait lu au sujet des MacGregor n'était pas une légende : on leur prêtait le pouvoir de se rendre invisible par temps nuageux, et on les surnommait pour cette raison les « Enfants de la brume ».

– C'est une habitude que nous avons prise lorsque nous nous déplaçons, lui révéla Kentigern. Cela nous permet de repérer nos ennemis avant qu'ils ne nous surprennent. Je vous fournirai, à vous et vos amis, des plaids pour l'assaut final afin que vous vous rendiez également invisibles.

Lorsqu'ils atteignirent les rives du loch, que nimbait le brouillard, Kentigern donna à deux hommes mission de partir en éclaireurs. Les highlanders désignés se mirent alors à courir le long de la berge, puis se métamorphosèrent en oiseaux et disparurent au-dessus des eaux. De retour quelques instants plus tard, après un rapide survol des environs, ils firent un rapport détaillé de leurs observations : le village semblait désert, mais ils avaient repéré un petit groupe qui se dirigeait vers la bergerie. À la demande de Kentigern, ils donnèrent une description détaillée des personnes aperçues.

– Ce sont nos compagnons, réagit alors Jason. Seuls, ils ne seront pas de taille contre Faydit et ses créatures. Nous devons tout faire pour les rattraper avant qu'ils n'atteignent la bergerie.

Sherlock Holmes s'engagea à travers champs d'un pas si décidé que seul Charmant parvint à le suivre sans effort. Helen désormais sauve, il n'avait qu'une idée en tête : mettre un terme définitif à la carrière de Moriarty. L'alliance du criminel avec les ennemis du Royaume dans la guerre qui commençait renforçait encore sa détermination. Le docteur Watson et Pandora avaient tenté de freiner ses ardeurs, en lui suggérant d'attendre du renfort, mais il avait ignoré leurs conseils de prudence.

– Une bergerie, rien que ça..., ironisa-t-il. Je dois bien admettre, Watson, que Moriarty a le sens de la dérision.

– À condition que les indications données par la villageoise soient correctes, nuança le docteur.

– Elles le sont, croyez-moi. Ce n'était ce fichu brouillard, nous apercevrions déjà la bâtisse.

Pandora songea, de son côté, que les conditions climatiques jouaient en leur faveur : plus tard ils seraient découverts, mieux ils pourraient espérer profiter d'un dérisoire effet de surprise. Elle connaissait Faydit, son extrême vigilance et ses méthodes expéditives. Elle ne doutait pas qu'il leur réservait un accueil à la hauteur de sa réputation. Avant de suivre Holmes, elle avait tout juste eu le temps d'amorcer le réveil d'Helen en l'enveloppant d'un contre-sort féerique. À sa demande, Sybille et Irène Adler étaient restées à son chevet chez les trois Anciennes, pour la veiller. Quant à Achille, il n'arrêtait pas de manipuler son métagivreur, vérifiant sans arrêt que la fléchette qu'il y avait déjà placée soit correctement insérée. Pandora comprenait sa nervosité : pour un premier combat, on avait connu plus simple.

Soudain, Charmant feula. Perturbé, il s'arrêta et se mit à flairer l'air.

– Il a senti une présence, expliqua Pandora en s'approchant du Tigre-des-Miroirs.

– Eh bien, dans ce cas, ayons-en le cœur net ! affirma Holmes en reprenant sa marche.

Le brouillard commença alors à se dissiper. Quand l'horizon fut dégagé, ils découvrirent qu'ils se trouvaient encerclés par une vingtaine de *redcaps*. Un peu plus loin, la bergerie, longue maison en pierre flanquée d'un moulin, était désormais visible. Pandora comprit que Faydit s'était joué d'eux, voilant puis révélant à sa guise les abords de son repaire, et elle se reprocha son manque de vigilance. Les *redcaps* commencèrent à se rapprocher, ne leur laissant désormais plus aucune possibilité de fuite. Guère impressionné, Holmes continua d'avancer en direction de la bergerie, Charmant sur ses talons. Déterminé à en découdre, le détective avait déployé sa canne. Deux *redcaps* se jetèrent sur lui, armés de leurs sticks à longue lame. Holmes engagea le combat avec l'un des gobelins, tandis que Charmant sauta à la gorge du second et y planta ses crocs ; la créature s'évapora aussitôt dans une lueur bleue. Mû par une volonté forcenée, Holmes prit vite le dessus sur son adversaire, qu'il parvint à assommer d'un fouetté précis. Deux autres *redcaps* se ruèrent alors sur le détective, qui n'eut pas le temps de s'en rendre compte : Achille ajusta le premier qui, atteint à l'épaule, se figea dans l'instant dévoré par le gel ; le second s'évapora quant à lui dans une lueur bleue sous l'effet d'un sort lancé par Pandora. Débarrassé de toute opposition, et toujours suivi de Charmant, Holmes reprit sa marche en avant.

– J'en reviens pas, je l'ai eu ! jubila Achille, la main encore tremblante.

– Réarme ton métagivreur ! le pressa Pandora. Et accompagne Holmes : ne le lâche pas d'une semelle. Si tu en as la possibilité, contacte aussi Jason pour lui exposer la situation.

Achille ne se fit pas prier et se dépêcha de rejoindre le détective.

Encadré par trois gobelins, Watson se trouvait, lui, en très mauvaise posture. Rattrapé par ses vieux démons de la bataille de Maïwand, en Afghanistan, il restait tétanisé et pointait son revolver sur ses adversaires tout en sachant qu'il serait incapable de faire feu. Pandora se porta à son secours, mais les *redcaps* étaient trop nombreux pour qu'elle puisse les neutraliser tous. Elle pulvérisa le plus menaçant d'une incantation. Elle s'apprêtait à procéder de même avec un deuxième gobelin, quand elle fut prise à partie par un autre *redcap* et dut retourner son sort contre lui. Dos à dos, Pandora et Watson s'apprêtaient à se faire submerger par leurs assaillants. La demi-fée réfléchissait à l'incantation féerique la plus efficace qu'elle connaissait, afin de retarder un peu l'échéance.

– Ce fut un honneur de vous rencontrer, ma chère, lui glissa Watson. Si vous le voulez bien, montrons à ces faces de cloportes que nous savons tirer notre révérence avec élégance.

– Honneur partagé, docteur. Mais je n'ai pas encore dit mon dernier mot.

À l'instant où les gobelins se ruèrent sur eux, Pandora plaça ses mains en coupe pour faire naître un champ protecteur. Les assaillants s'y heurtèrent. Fous de rage, ils s'y reprirent en vain à plusieurs reprises pour tenter de percer l'invisible bouclier.

Un air de cornemuse s'éleva alors, qui provoqua un moment de flottement parmi les *redcaps*. Ils s'étonnèrent de n'apercevoir aucun barde, ni guerrier. Lorsque leur chef comprit ce qui était en train de se passer, il était déjà trop tard : tout autour d'eux se dévoilèrent soudain les éclaireurs du clan MacGregor qui engagèrent aussitôt le combat. En quelques secondes, l'avantage avait changé de camp.

Achille avait replacé une fléchette cryodermique dans son métagivreur. Holmes fit une petite moue appréciatrice.

– Très ingénieuse, votre invention, releva-t-il. Cela jette un froid définitif dans toute discussion avec un indésirable.

– C'est en effet très efficace, acquiesça Achille, mais ça prend un peu de temps pour la recharger. Au fait, pourquoi n'avez-vous pas utilisé votre revolver, tout à l'heure ?

– Je trouve que cela manquait de noblesse, face à des adversaires qui étaient dépourvus d'armes à feu.

Achille trouva les états d'âme du détective très honorables, mais se dit qu'à sa place il n'en aurait sans doute pas eu autant. Surtout avec des gobelins psychopathes.

– Et puis, pour tout vous avouer, ajouta Holmes, je préfère ma bonne vieille canne. C'est un formidable petit casse-tête depuis que Mycroft l'a perfectionnée, et j'ai toujours apprécié le combat rapproché.

– J'espère que tout va bien se passer pour Pandora et le docteur Watson, souffla Achille.

– Ne vous inquiétez pas pour eux : votre amie est une jeune personne surprenante et pleine de ressources. Elle saura s'adapter à la situation.

Holmes s'était arrêté de marcher. Il observait la bergerie qui se dressait à quelques pas devant eux. Avec ses murs en pierres noires et son toit tourbeux envahi par tous les végétaux qui pouvaient ramper ou grimper, songea Achille, elle semblait presque vivante. Le moulin qui la jouxtait était tout aussi lugubre. Ses ailes, au repos, étaient entièrement couvertes de chauves-souris endormies. Sa charpente conique était elle aussi colonisée par tout ce qui grouillait de végétal et d'animal dans les parages ; une vraie Babel des insectes, lesquels produisaient par leur activité incessante un bourdonnement continu. Achille n'eut aucune peine à croire que l'endroit puisse avoir été sanctuarisé voici plusieurs siècles, après la mystérieuse disparition de son bâtisseur qui était aussi le fondateur du village. D'instinct, le jeune agent commença à s'éloigner à reculons.

– On y est enfin..., déclara Holmes dont les prunelles luisaient. Que la fête commence !

Il poussa la porte de la bergerie du bout de sa canne, et fit un pas pour se retrouver à l'intérieur. Charmant l'accompagna sans marquer la moindre hésitation. Achille sentit quant à lui sa poitrine se comprimer. Les jambes en coton, il se fit violence pour pénétrer à son tour dans la vieille bâtisse.

Une obscurité presque complète baignait les lieux. Seule une faible lueur braisillante remontait d'une large brèche creusée au centre de la pièce-étable au sol en terre battue. Tout autour, on distinguait d'anciennes mangeoires, des poteries ébréchées et des outils agricoles de toutes les formes suspendus aux murs : fourches, faux, racloirs, couteaux, ciseaux à tonte. Le contraste était saisissant entre l'extérieur, bouillonnant d'une vie minuscule, et l'intérieur à la fois vaste et déserté.

– Par ici, murmura Holmes en se dirigeant vers la brèche.

Achille s'engagea après lui dans cet escalier creusé à même la tourbe sédimentée et qui semblait mener vers le feu originel de la terre. À mesure qu'ils s'enfonçaient, la température augmentait et la lueur rougeoyante s'intensifiait. Ils y voyaient à présent comme en plein jour. Charmant qui avait pris un peu d'avance se mit en arrêt en atteignant les dernières marches et commença à grogner. Holmes l'apaisa en lui caressant l'échine, puis il acheva sa descente. Achille retint son souffle en le rejoignant pour découvrir la vaste cavité souterraine dans laquelle ils se trouvaient. Il recula même d'un pas, tant la chaleur était insoutenable. Le sol était quant à lui sillonné de veines incandescentes, véritables canaux, qui se déversaient tous dans un bassin où stagnait le magma en fusion.

– Je vous souhaite la bienvenue aux sources du monde de Tír na nÓg, monsieur Holmes !

Le détective et Achille levèrent ensemble les yeux pour découvrir le professeur Moriarty, qui les observait depuis un promontoire. En l'apercevant, Holmes parut s'animer d'une vigueur nouvelle.

– Prenez donc un peu de hauteur et venez me rejoindre afin que nous nous expliquions, l'apostropha de nouveau Moriarty. Puisque vous ne disposez pas de mes exceptionnelles facultés de grimpeur, je vous suggère d'emprunter l'escalier.

Holmes avisa les marches taillées dans la roche, et s'y précipita, suivi de Charmant. Achille prit le temps d'adresser un message écrit à ses équipiers via son cy-pad, pour leur faire part de la situation, puis il s'engagea lui aussi dans l'escalier. Ils parvinrent assez vite en haut des marches, qui s'ouvraient sur deux galeries.

– Elles doivent sans doute communiquer, commenta Holmes. Je vais prendre celle de droite, et je vous propose de remonter celle de gauche avec Charmant. Nous aurons ainsi une petite chance de surprendre notre adversaire.

Sans attendre la réponse d'Achille, Holmes s'engouffra dans le couloir qu'il avait choisi. Le jeune agent se résigna alors à se conformer aux directives du détective. Sur toute la longueur du tunnel qu'il emprunta, poussaient des herbes sauvages hautes et enchevêtrées. Des puits de lumière laissaient filtrer les rayonnements de la lave, et la chaleur était presque suffocante. Achille prit quelques secondes pour apaiser sa respiration et s'acclimater à la semi-pénombre, avant de commencer sa progression. Assez vite, une odeur âcre lui souleva le cœur. En approchant d'une petite grotte sur laquelle donnait la galerie, il vit émerger des herbes un immense nid garni d'ossements et de charognes en décomposition. Il s'en approcha avec prudence. Son cœur se mit à battre plus vite quand il aperçut la petite capsule posée en son centre et qui irradiait d'une lueur bleue. Il avait à portée de main le Graal de tout agent du Cyclone : le réceptacle qui renfermait l'âme de Mnémosyne. Charmant grogna de nouveau. Par prudence, Achille se plaqua contre la paroi. Soudain, un froissement d'ailes l'alerta. Il leva les yeux, et soupira de soulagement : ce n'étaient que des chauves-souris, perchées sur une arête située en surplomb du nid. Pourtant, Charmant ne s'apaisa pas. Le poil hérissé, il ouvrit la gueule dévoilant ses crocs de verre, et poussa un grognement sauvage. Achille comprit alors son imprudence quand il vit les chauves-souris s'assembler pour former une monstrueuse créature aux pattes terminées de serres d'aigle. La chimère battit des ailes et fondit sur lui. Pour esquiver sa charge, le jeune agent se jeta au sol et fit un roulé-boulé sur lui-même. Prompt à se relever, il braqua son métagivreur sur la créature. Cette dernière, qui venait d'avaler la capsule d'un coup de bec, le fixait avec suffisance. Achille déclencha son tir et la fléchette atteignit la chimère, qui se figea aussitôt sous l'effet du gel. Le jeune agent n'eut pas longtemps à patienter avant que ne se produise le choc thermique qu'il espérait : soumise aux vapeurs du magma, la statue de glace implosa. Achille rattrapa au vol la capsule, qu'il observa quelques secondes le cœur battant.

– Je dois reconnaître que tu t'en es bien sorti. J'avais pourtant soigné les effets, avec ma petite créature.

Achille se retourna dans un sursaut et découvrit un être long et maigre aux faux airs de corneille. Vu le profil si caractéristique de « l'homme » qui lui faisait face, le jeune agent n'eut aucun doute sur son identité.

– Faydit..., souffla-t-il.

– En effet. Mais il me semble n'avoir jamais eu affaire à toi auparavant : tu dois être une nouvelle recrue du Cyclone ? Je vois en revanche que ma réputation me précède, et j'en suis flatté. Tu dois donc savoir que si tu ne me rends pas tout de suite cette capsule, tu pourras considérer ta première mission comme étant aussi la dernière.

Charmant, qui trépignait, s'élança alors vers le sorcier qui le neutralisa d'un simple geste : le Tigre-des-Miroirs se trouva projeté en arrière et termina sa course dans le nid de la chimère. Lorsqu'il se releva, il était redevenu un inoffensif bébé tigre. Guère refroidie, la petite boule blanche se rua de nouveau à l'assaut du sorcier qui, amusé, se laissa mordiller les chevilles.

– Bon, à présent passons aux choses sérieuses, déclara Faydit en fixant Achille.

– Je n'aurais pas dit mieux, répliqua une voix dans son dos.

– Cette chère Pandora..., réagit le sorcier sans même se retourner. Je constate que mes *redcaps* ont échoué dans leur mission. Au fond, je m'en réjouis car cela me laissera le plaisir d'achever le travail.

Se désintéressant d'Achille, Faydit se retourna vers la demi-fée, qu'il toisa avec condescendance. Pandora s'était portée au secours de son équipier en laissant les éclaireurs du clan MacGregor poursuivre le combat, qui toucherait bientôt à sa fin. Elle s'efforçait de maîtriser ses nerfs. Elle connaissait la puissance du sorcier, et mesurait le peu d'espoirs qu'elle avait de le vaincre. Submergée par des sentiments et des émotions contradictoires, elle sentit son médaillon luire : les Oiseaux protecteurs de son clan lui communiquaient leur énergie, ce qui l'apaisa un peu. Elle commença par s'envelopper d'une force protectrice. Puis, choisissant d'ouvrir les hostilités, elle formula une incantation que le sorcier para avec une facilité déconcertante.

– Je te laisse t'acharner tant que tu voudras, s'amusa Faydit. Sache en tout cas que je suis ravi de pouvoir enfin compléter mon tableau de chasse : tu y figureras en bonne compagnie avec ta mère et ta marraine.

Galvanisée par les provocations du sorcier, Pandora tenta un nouveau sort d'attaque, plus complexe mais qui exigeait davantage d'énergie. Ce fut une nouvelle tentative manquée. La demi-fée savait qu'à ce petit jeu, elle ne pourrait rivaliser et risquait de s'épuiser en vain. Elle devait s'appuyer sur les points faibles de Faydit pour essayer de le surprendre. Le sorcier était très prévisible : il ne variait jamais sa ligne de conduite et laissait son adversaire se fatiguer, pour mieux lui asséner ensuite le coup de grâce. Pandora savait qu'il en serait encore ainsi avec elle. Pourtant, l'étincelle qu'elle espérait jaillit enfin, et elle imagina une parade.

« Achille, j'ai besoin de ton aide, lui dit-elle par la pensée. »

Surpris d'entendre la voix de Pandora, le jeune agent ne sut comment réagir. La demi-fée s'immisça de nouveau dans son esprit, ce qui lui facilita la tâche.

« Quand je te le demanderai, dit-elle, décoche-moi une fléchette. Ne t'inquiète pas, je sais ce que je fais. Surtout, ne me rate pas ! »

Après une brève hésitation, Achille fit signe à Pandora qu'il avait bien reçu ses consignes. La demi-fée adressa à

Faydit un sort sans consistance, puis se prit la tête à deux mains et s'agenouilla.

– C'est vraiment tout ce dont tu es capable ? s'étonna le sorcier. Dans ce cas, inutile de te donner plus de mal, ma jolie. Je vais abréger ce semblant de combat.

« Maintenant, Achille ! »

Le jeune agent s'appliqua et ajusta son équipière : sa fléchette atteignit le champ de force qui la protégeait et qui givra dans l'instant. Dans le même temps, le sorcier prononça un sort d'inexistence, celui qu'il lançait pour achever ses proies, et réalisa trop tard que le bouclier de Pandora lui renvoyait à présent son propre reflet. Son sortilège ricocha sur la glace et se retourna contre lui pour le frapper à pleine puissance. Il n'eut pas même le temps de crier, avant de s'effondrer sans connaissance.

– Tu... Tu as réussi, balbutia Achille en approchant du sorcier.

– Le pouvoir de l'imagination..., murmura Pandora qui n'en revenait pas non plus.

– Tu crois qu'il est... ?

– Je n'en sais rien, reconnut Pandora. En attendant de voir ce qu'on fait de lui, je vais l'enchaîner par un sort, pour qu'il ne puisse pas s'enfuir.

– Et tu penses pouvoir faire quelque chose pour Charmant ? demanda Achille en désignant le bébé tigre qui piétinait le corps du sorcier.

Pandora sourit et se pencha pour prendre le Tigre-des-Miroirs dans ses bras.

Holmes avait tenu à affronter seul son ennemi de toujours. Il en faisait une idée fixe depuis qu'il avait compris que Moriarty n'avait pas péri aux chutes de Reichenbach. À cette fin, il avait sciemment envoyé Achille sur une fausse piste et espérait que tout se passerait bien pour le jeune agent. Parvenu au bout du tunnel qu'il avait suivi, il vit une ombre mouvante se profiler sur la paroi qui lui faisait face. Il se demanda un instant d'où elle pouvait provenir, et découvrit un passage étroit dans la roche. Il s'y glissa et parvint ainsi sur le promontoire qui surplombait le bassin magmatique et ses sillons de lave. Moriarty l'attendait, tenant une canne dans la main droite.

– Vous aurez mis le temps, mon cher, l'accueillit-il.

– Que voulez-vous, ironisa Holmes, nous ne sommes pas tous des rampants. Je remarque d'ailleurs à vos pupilles dilatées que vous venez de reprendre une dose de cet élixir de seconde jeunesse.

– Vous ferez sans doute moins le fier dans quelques instants, grinça Moriarty. Je vous promets une mort spectaculaire : une chute dramatique et flambante, à la hauteur de votre réputation.

Holmes se défit de son manteau, ôta sa casquette, et posa ses affaires sur un rocher. Puis il fit quelques moulinets avec sa canne et s'avança de deux pas.

– Voilà, j'ai aiguisé mes arguments, annonça-t-il avec une lueur pétillante dans les yeux : nous pouvons à présent converser en gentlemen.

– Vous êtes donc si pressé de quitter ce monde, monsieur Holmes ? Soit. Avez-vous un dernier mot à prononcer pour la postérité ? Je me ferai un plaisir de le faire suivre à vos amis.

– Je réserve mes bons mots pour votre oraison funèbre qui sera, soyez-en sûr, brève et peu flatteuse.

Moriarty poussa un hurlement aigu et, usant de ses facultés surnaturelles, il prit appui sur la paroi pour se jeter sur son adversaire. Tous deux allèrent rouler, enlacés, jusqu'au bord du gouffre. Moriarty tenta d'étrangler Holmes, qui lui agrippa les mains et parvint à le repousser. Le détective se dégagea alors d'une roulade et se redressa. Son adversaire en fit autant, et s'avança tranquillement vers lui. Acculé au bord du précipice, Holmes jeta un rapide regard vers la lave, où sa canne avait été engloutie. Il aperçut alors le docteur Watson et leurs jeunes compagnons qui se mirent à crier dans sa direction. Soulagé de les savoir tous sains et saufs, il leur adressa un petit signe de la main. Puis il reporta son attention sur Moriarty dont les yeux gris, difractés par la haine, n'avaient plus rien d'humain.

– Finissons-en, professeur, avant que la cavalerie ne vienne me prêter main-forte.

– Avec plaisir, monsieur Holmes.

Moriarty s'élança, et abattit sa canne qui se brisa net sur la roche : d'une vivacité étonnante, Holmes avait fait un petit pas de côté en se penchant pour esquiver la charge.

– Nous voici désormais à armes égales, professeur.

Holmes se mit en position de combat, bras au corps et poings dressés. Moriarty ricana et allongea à son tour ses longs bras devant lui.

– Vous ne faites pas le poids, affirma-t-il, et vous le savez.

– Ne m'en veuillez pas si j'espère vous faire mentir sur ce point, répliqua Holmes.

Le professeur envoya un premier crochet du droit, que Sherlock Holmes évita sans difficulté. Les petits pas de replacement du détective étaient un modèle du genre : il parvint ainsi à tromper son adversaire, qu'il atteignit au menton d'un direct du gauche. Fou de rage, Moriarty se jeta sur Holmes, qui le fit alors chuter d'un balayage précis. Profitant de son avantage, le détective voulut saisir son adversaire par le col pour le plaquer au sol, mais ce dernier l'agrippa et le fit basculer par-dessus lui : Holmes se retint d'une main au bord de la corniche, ses pieds battant le vide. Moriarty s'accroupit devant lui et le poussa. Holmes lâcha prise et dégringola sur plusieurs mètres avant de pouvoir se raccrocher de justesse à une excroissance rocheuse. Le professeur le rejoignit en rampant à la verticale de la paroi. Parvenu à la hauteur du détective, il lui bourra le dos de coups de poing pour lui faire lâcher prise.

– Allez griller en enfer, Holmes ! s'exclama-t-il.

– Honneur aux criminels, Moriarty !

Dans un réflexe de survie, Holmes saisit le poignet de son adversaire et le frappa violemment contre la roche. Le professeur poussa un cri de douleur et se trouva déséquilibré, ne pouvant plus s'agripper que d'une main à la paroi. Holmes lui fit définitivement perdre ses appuis d'un coup de pied dans le jarret.

Moriarty chuta en hurlant. Il heurta deux fois la paroi avant de s'abîmer dans le bassin magmatique, qui l'engloutit aussitôt.

Épuisé, Holmes s'apprêtait à céder à son tour : ses douleurs étaient trop vives et il n'aurait jamais, ni l'énergie, ni l'agilité, pour gravir la pente. Il adressa un regard navré à Watson qui, depuis le bas de la falaise, le suppliait par gestes de tenir bon. Holmes se repassa les images les plus marquantes de sa carrière. Il avait un seul regret ; des sentiments qu'il n'avait jamais avoués. Mais il était trop tard pour y songer.

Une corde se déploya alors devant lui. Il leva les yeux et aperçut Gueule-de-Loup, qui avait passé l'autre extrémité du cordage autour de sa taille.

*
* *

Un peu plus tard, sur les rives du loch, à la nuit tombante

Kentigern prit place dans la barque aux côtés de Pandora et de Gowan. Le jeune kelpie commença alors à ramer en direction de l'îlot tourbeux. Peu à son aise, le chef des éclaireurs du clan MacGregor semblait marmonner une forme de prière aux dieux terriens censés le garder sous sa protection. Il avait une sainte peur de toutes les étendues d'eau, et ne venait pas d'infliger la plus vaste déroute de leur histoire aux *redcaps*, sans perdre un seul homme de surcroît, pour finir noyé au fond d'un misérable loch. Il se l'avouait à peine, mais les créatures légendaires qui peuplaient celui-ci lui inspiraient une crainte légitime : son clan leur avait dérobé une bride sacrée, et s'il leur prenait l'envie de se venger sur lui, ce ne serait que mérité.

Son appréhension monta d'un cran lorsque les kelpies émergèrent par dizaines tout autour de la barque.

– Je vous sens un peu tendu, Kentigern, s'amusa Pandora.

– J'aimerais vous y voir, grommela le chef des éclaireurs.

– Tout se passera bien, je m'en porte garante, lui assura la demi-fée. Vous avez bien la bride, au moins ?

Kentigern tapota son breacan, une petite sacoche de fourrure attachée à la ceinture de son kilt.

– Parfait. Alors, je vais établir le dialogue avec la mère de Gowan.

« Kentigern, chef des éclaireurs du clan MacGregor, est venu jusqu'à vous en paix », annonça-t-elle à la kelpie qu'elle salua de la tête quand elle l'identifia.

« Dis-lui qu'il est le bienvenu et que nous lui sommes reconnaissants de ce geste. »

Pandora transmit les paroles de la kelpie à Kentigern, avant de reprendre sa médiation.

« Il a été désigné par les chefs de son clan pour vous rendre la bride sacrée de votre peuple. »

Pandora fit signe à Kentigern que le moment était venu. Le chef des éclaireurs trembla un peu plus qu'il ne l'aurait voulu lorsqu'il mit la main dans son breacan pour en ressortir la bride, une cordelette de chanvre sertie de pierres d'ambre. Quand il leva l'objet sacré pour le montrer, une onde de joie se répandit de kelpie en kelpie à la surface du loch. Pandora sut alors que les Cinq Sœurs du Kintail dormiraient encore de longs siècles, et que la Terre de l'éternelle jeunesse n'était désormais plus menacée.

Seule ombre à cette journée presque parfaite, songea la demi-fée : Faydit était parvenu à briser le sort qu'elle lui avait jeté, et il s'était volatilisé.

16

Une enquête dans le rouge

« Les fleurs sont la meilleure preuve que nous ayons de la bonté divine. Tout le reste, la force qui est en nous aussi bien que la nourriture que nous mangeons, est indispensable à notre existence même. Mais cette rose, c'est du luxe ! Son parfum et sa couleur, nous pourrions nous passer d'eux. Ils ne sont là que pour embellir notre vie. Tout le superflu nous est donné par gentillesse et, je le répète, les fleurs nous sont une bonne raison d'espérer. »

Sherlock H.

Deux jours plus tard en fin d'après-midi, près de Fulworth, dans le Sussex (Angleterre) Ferme apicole de Sherlock Holmes

Hector et Achille s'étaient installés en haut du sentier qui descendait la falaise crayeuse. À l'abri d'un buisson d'écume de mer, ils observaient la plage de galets qui se prolongeait le long de la côte. Ils disposaient d'un point de vue remarquable et pouvaient même apercevoir dans le lointain le petit village de Fulworth, blotti au creux d'une baie. À l'exception de quelques mouettes téméraires qui s'abandonnaient au vent glacial et de deux nageurs inconscients, la plage était déserte.

– Il n'y a vraiment pas un chat, souligna Hector.

– Normal, compléta son équipier : se baigner dans la Manche, par ces températures…

Ils étaient arrivés dans la matinée à la ferme apicole de Sherlock Holmes, après une halte à Londres pour y organiser le rapatriement d'Helen. Toujours plongée dans un profond sommeil féerique, que Pandora avait sciemment prolongé après en avoir pris le contrôle, la jeune rescapée était désormais entre les mains des techniciennes du Cyclone. Pour ses anciens équipiers, la mission n'était pas terminée pour autant : Holmes faisait toujours l'objet d'une sérieuse menace de mort, puisque son assassin n'avait pas encore été identifié. Certes, Moriarty, son ennemi le plus tenace, avait été mis hors d'état de nuire. Cependant, le « Napoléon du crime » n'avait jamais caché son intention de tuer Holmes, et on pouvait difficilement le considérer comme un « proche » du détective. Or, l'indice laissé par Conan Doyle était clair : le coup fatal viendrait de l'un des familiers du détective. Sur la liste restreinte dressée par les agents du Cyclone dès le début de l'enquête, figuraient le docteur Watson, Irène Adler et Mycroft Holmes. Par un étrange hasard, les deux premiers se trouvaient eux aussi dans la ferme de Sherlock Holmes. Une petite maison isolée, située à plus de huit cents mètres de la première habitation – un collège pour jeunes garçons.

Achille frissonna et souffla dans ses mains pour les réchauffer. Puis il ajusta de nouveau l'objectif de ses lunettes en focalisant sur une cuvette naturelle creusée en lisière de la plage et fermée par les rochers. Les deux nageurs y faisaient des longueurs depuis un bon quart d'heure déjà. La longue silhouette de Sherlock Holmes sortit enfin de l'eau, suivie de celle bien plus carrée de Jason. Les deux hommes s'empressèrent de se sécher et de se rhabiller, puis ils commencèrent à remonter le sentier tortueux.

– Mes amis, rien de tel qu'une petite séance de natation pour vous remettre les idées en place ! leur assura Holmes quand il eut rejoint Hector et Achille. N'est-ce pas aussi votre avis, Jason ?

Le jeune agent acquiesça poliment, mais ses équipiers sentaient bien qu'il manquait de conviction, et qu'il se serait sans doute passé d'un bain glacé.

– Je dois à présent m'occuper du sirop d'automne de mes chères abeilles, annonça Holmes, et j'ai un peu de travail d'élagage dans le verger.

– Dans ce cas, nous vous accompagnons, décida Jason. Nous pourrons ainsi vous donner un coup de main.

– Volontiers. Je comptais d'ailleurs un peu sur Watson, mais il semble s'être enfermé à double tour pour écrire. Quand il aura terminé, je serai curieux de lire le récit de nos exploits, qui auront sans doute pris sous sa plume un tour des plus extravagants.

Ils empruntèrent le chemin qui serpentait à travers une prairie jusqu'à la fermette. Quand ils passèrent devant la petite maison blanche couverte d'une vigne vierge roussissante, Skarabesque les rejoignit en courant.

– Sybille est restée avec Gueule-de-Loup pour l'aider à préparer le dîner, annonça-t-elle. Du sblörkz*. Une spécialité velue-fendard qui aurait fait la réputation de sa taverne familiale... Il a même interdit de cuisine votre femme de charge, qui en est offusquée, précisa-t-elle en s'adressant à Holmes.

Le détective eut un rictus amusé.

– Sauterelle aux fourneaux avec Gueule-de-Loup ? s'inquiéta Achille. Ça ne vous dérange pas si je jeûne, ce soir ?

Tandis que Sherlock Holmes reprenait sa marche, Jason attrapa discrètement Skarabesque par le bras.

– Pandora n'est pas encore revenue ? lui demanda-t-il à voix basse.

– Non, pas de nouvelles. Et le docteur Watson est toujours dans la mansarde en train d'écrire. On entend le *tacotac* de sa machine depuis l'escalier. Quant à Charmant, il monte la garde en faisant la carpette devant la cheminée : depuis que Pandora lui a rendu sa taille adulte, il est complètement amorphe.

L'air songeur, Jason regarda Holmes remonter l'allée gravillonnée qui menait, à petite distance de la maison, à quelques vieux pommiers aux branchages épanouis. Sous les arbres, se trouvaient quatre ruches qui formaient un carré parfait.

À la demande de Jason, Pandora avait suivi Irène Adler quand celle-ci était partie pour le village de Fulworth sous le prétexte d'une petite course. Dans ce paysage morne et désertique, constitué de prairies, une filature relevait de l'exploit. À moins de posséder, comme c'était son cas, certains dons permettant de se rendre invisible.

Irène se retournait à intervalles réguliers pour s'assurer qu'elle n'était pas suivie : de toute évidence, elle n'avait pas la conscience tranquille. Elle marchait d'un bon pas, une main sur son chapeau à bords larges, pour qu'il ne s'envole pas. Quand enfin le vieux hameau de Fulworth fut en vue au creux de la baie, elle sembla hésiter. Elle laissa quelques instants son regard dériver sur des barques de pêcheurs.

Irène descendit ensuite le petit vallon qui surplombait le village et s'engagea dans la rue principale que délimitaient quelques maisons basses aux façades à meneaux. Elle se signa en passant devant l'église et son minuscule cimetière, qui dominait le port de pêche situé quelques centaines de mètres plus bas. La rue prenait alors à angle droit pour descendre, à travers champs, vers la mer. Irène la traversa pour se retrouver devant l'entrée du pub, poétiquement nommé *À la crinière du lion*. Après avoir jeté un regard discret par la vitre, elle repositionna son chapeau, lissa le col en fourrure de son manteau, et poussa la porte. Une âcre odeur de tabac la prit à la gorge sitôt qu'elle eut franchi le seuil, tandis que le joyeux brouhaha qui animait les lieux s'éteignait. Tout ce que Fulworth comptait d'hommes en âge de commander une pinte semblait s'être donné rendez-vous sous le nuage de fumée bleutée qui flottait en apesanteur ; et tous la dévisageaient avec une vive curiosité. Ici ou là finirent par s'élever des murmures admiratifs. Irène aurait préféré faire une entrée plus discrète, mais elle s'était bien malgré elle résignée depuis longtemps à ne pas passer inaperçue. Quand les discussions reprirent, elle avisa un homme installé seul à une table le long de la baie vitrée. Il était vêtu d'un manteau noir dont il avait relevé le col, et était coiffé d'un feutre du même ton. Irène se dirigea vers lui.

– Les butineuses sont de retour…, lui annonça-t-elle.

– Et l'apiculteur ne goûtera pas à son miel, compléta l'homme. Prenez place, je vous en prie, Miss Adler.

Il porta sa chope à ses lèvres et grimaça.

– Nos bières sont incomparablement meilleures que celles de ces maudits insulaires, grinça-t-il.

L'inconnu daigna pour la première fois regarder Irène. Il esquissa un sourire de prédateur en dévorant ses prunelles bleues et en suivant des yeux l'ovale parfait de son visage.

– Vous avez encore embelli, mademoiselle…, glissa-t-il. Désirez-vous boire quelque chose ?

– Je ne crois pas que nous ayons de temps à perdre en futilités, Herr Oberstein, le reprit la jeune femme.

Cet homme et ses semblables lui faisaient horreur. De vraies hyènes. Il lui fallait pourtant accepter d'en passer par eux afin de mener à bien sa mission.

– Dans ce cas, je serai bref, trancha l'Allemand. Après l'échec cuisant du professeur Moriarty, vous êtes redevenue notre meilleur atout. L'opération est prévue pour ce soir. Ne nous décevez surtout pas, Miss Adler. Je vous attendrai avec une voiture à cent mètres de la maison, pour vous évacuer.

L'homme la salua en pinçant son chapeau et s'en alla après avoir jeté quelques pièces sur la table.

Derrière la baie vitrée, Pandora n'avait rien perdu de l'échange. En lisant sur les lèvres de l'inconnu, elle n'avait eu aucun mal à saisir ses paroles. C'était un crève-cœur, mais elle devait se rendre à l'évidence : depuis le début Irène avait joué double jeu avec eux, et ils tenaient enfin leur suspect.

*

* *

Plus tard, en début de soirée

Après avoir ajusté le voile qui lui protégeait le visage, Holmes souleva le toit de la dernière de ses ruches. Quelques abeilles bourdonnèrent. Le détective orienta son enfumoir et vaporisa un nuage de fumée pour intimider les insectes et les faire refluer vers les cadres inférieurs. Il versa ensuite le sirop d'automne dans une minuscule cuvette en cuivre, avant de replacer le toit.

– Vous prenez un grand soin de vos petites protégées, admira Irène.

– Ah, vous êtes de retour ! se réjouit Holmes en retirant son casque d'apiculteur. Prendre soin de mes abeilles est une nécessité, précisa-t-il. Autrement, les colonies ne survivraient pas à l'hiver, qui est rude dans les South Downs. Et il est tout aussi important que le sucre dont je les nourris n'attire pas les prédateurs.

– La comparaison que vous réalisez dans votre petit livre avec notre société humaine est donc fondée, observa Irène : les abeilles sont, comme nous, sous la menace de profiteurs sans scrupules.

– C'est un peu cela..., sourit Holmes. D'ailleurs, pour filer la métaphore, lorsque commence une enquête je suis un peu comme une abeille : je vois flou, mais mon œil réagit quatre fois plus vite que celui d'un individu non exercé à l'art de l'observation ; et je suis naturellement attiré par tout indice éclairant, comme elles le sont par toute fleur qui aura été ensoleillée même brièvement. Cependant, la comparaison s'arrête là, puisque je n'ai pas leur science du vol. Ce que je regrette.

Holmes eut une réaction gênée lorsque la jeune femme lui prit le bras pour remonter l'allée à ses côtés, mais il se laissa bientôt griser par le plaisir que lui procurait cette douce attention. Ils passèrent ainsi sous une treille couverte de roses blanches et s'assirent, juste après, sur un petit banc en bois. Ils n'avaient pas remarqué qu'une silhouette s'était fondue dans l'obscurité pour les épier. Holmes leva les yeux vers la maison, qui se trouvait à quelques mètres, au bout de l'allée. L'œil de la mansarde renvoyait une faible lumière, petite lune penchée sur le jardin.

– Ce brave Watson est toujours à l'ouvrage, commenta le détective.

Il tourna la tête vers Irène, qui humait l'une des fleurs du rosier grimpant.

– Quel parfum délicieux ! murmura-t-elle.

Ces quelques mots, prononcés du bout des lèvres par la jeune femme, le firent frissonner.

– Vous avez froid, peut-être ? s'inquiéta Irène.

– Je... Non, ce... C'est autre chose. Vous me rappelez une jeune femme que j'ai connue autrefois, à Londres.

Irène le dévisagea fixement, semblant réfléchir.

– Je dois vous parler, souffla-t-elle après quelques instants. Peut-être ne me croirez-vous pas, tant ce que je m'apprête à vous dire pourra vous paraître sortir de l'ordinaire, mais c'est pourtant la stricte réalité.

Holmes l'encouragea d'un sourire. L'extraordinaire lui avait toujours semblé faire irruption dans sa vie au meilleur moment pour en briser la triste monotonie.

– Je suis bien Irène Adler...

La jeune femme observa la réaction du détective. Il se contenta de pincer les lèvres, mais son regard pétillait. Mise en confiance, Irène se laissa aller à raconter sa vie : la mort tragique de son mari, assassiné par la mafia du New Jersey peu après leur arrivée en Amérique ; son installation en Bohême sur l'invitation du roi Von Ormstein, et son engagement à l'Opéra de Prague ; son retour à Londres, puis sa reconversion comme infirmière à Bess-Kërvil et son mystérieux rajeunissement – elle passa sous silence son rôle d'agent de liaison du Cyclone.

La nuit les enveloppait à présent, et Holmes songea que la jeune femme n'était plus qu'une voix dont le timbre, chaud et profond, ne pouvait le tromper.

– Je vous crois, Irène, murmura-t-il quand elle se tut. Je suis désolé des épreuves par lesquelles vous êtes passée, mais heureux de vous savoir à mes côtés sur ce banc.

– Je ne vous ai pas encore révélé le plus important, Sherlock.

Ils discutèrent encore quelques instants au cours desquels Holmes, très ému, se contenta d'écouter, ponctuant les paroles d'Irène d'un murmure étonné ou approbateur.

Quand la petite cloche de service appela au dîner, ils se levèrent en silence pour gagner la maison.

Le sblörkz cuisiné par Gueule-de-Loup n'avait laissé personne indifférent – ni intact. Seuls Achille, qui s'en était tenu à sa première résolution, et Sybille, après avoir compris ce que concoctait le cuisinier, n'avaient pas fait honneur au ragoût velu-fendard. Les papilles en feu et l'estomac plombé, la plupart des victimes du sblörkz se trouvaient encore dans la salle à manger, assises autour de la longue table rectangulaire. Elles se remettaient de leur expérience culinaire avec un breuvage anti-indigestion à base de pensée sauvage, thym et miel.

– Qui reveut un peu de miel dans sa potion ? demanda Sybille avec un sourire en coin.

Incapable de prononcer un mot tant ses lèvres étaient douloureuses, Hector leva la main et elle lui en versa une bonne cuiller dans sa tasse.

– Je ne comprends même pas comment tu as fait pour te resservir deux fois, commenta Pandora.

– Déjà pour finir ta première assiette, renchérit Skarabesque. De l'inconscience pure.

– Vous n'êtes qu'une bande d'ingrats insensibles à l'art, grommela Gueule-de-Loup. Je vais faire un tour.

– Je ne sais pas si tu as vu qu'il pleuvait ? précisa Achille. Tu vas supporter ?

– Entre deux maux, il faut savoir choisir le plus doux. À tout prendre, je préfère encore affronter la pluie plutôt que vos sarcasmes…

Vexé, Gueule-de-Loup s'emmitoufla dans son manteau et claqua derrière lui la porte qui donnait sur le jardin. Un air de violon doux et mélancolique s'éleva dans le salon. Autour de la table, tous firent silence pour apprécier la sensibilité de l'interprétation. Plus distrait que ses équipiers, Jason ne quittait pas Irène des yeux depuis son retour. Quand Pandora lui avait rapporté les mots échangés par la jeune femme avec l'espion allemand, il n'y avait d'abord pas cru. Pour éviter d'éveiller les soupçons d'Irène, il avait alors préféré ne pas mettre ses autres équipiers dans la confidence. Avec Pandora, il se tenait prêt à intervenir au moindre mouvement suspect de la jeune femme.

Achille s'approcha de la porte qui communiquait entre les deux pièces. Il l'entrebâilla davantage et aperçut Holmes debout devant la cheminée. Son violon à l'épaule, il faisait glisser son archet sur les cordes avec une virtuosité remarquable. Affalé à ses pieds, Charmant lui-même semblait subjugué.

– La quatrième pièce des *Märchenbilder* de Schumann, murmura Achille, conquis. Littéralement, cela signifie « Images de contes de fées ». À l'origine écrite pour alto et piano, Sherlock en fait une adaptation libre au violon... Quand je vous dis que c'est un génie...

Sybille leva les yeux au plafond en soupirant.

– Au fait, s'inquiéta le jeune érudit : on n'entend plus le docteur Watson écrire. Je vais monter voir s'il a survécu au sblörkz.

Irène en profita pour passer dans le salon, aussitôt suivie par Jason. Absorbé par son interprétation, Holmes ne remarqua pas tout de suite qu'il n'était plus seul dans la petite pièce. Lorsqu'il aperçut Irène debout devant la table basse, il s'arrêta de jouer.

– Reprenez, je vous en prie, l'encouragea la jeune femme avec un franc sourire. C'est merveilleux.

– Le mot est bien choisi, Miss. Il me semble vivre un vrai conte ces derniers jours. Encore quelques accords dans ce cas, puisque je vous l'avais promis lorsque nous étions en Écosse. Ensuite, je m'arrêterai, autrement cette berceuse risque de tous nous endormir.

– Ce qui ne serait pas pour me déplaire, assura Irène.

Assis près de la cheminée, Jason ressentit soudain une grosse fatigue. Depuis quelques secondes, il éprouvait les plus vives difficultés à garder les yeux ouverts. Il comprit trop tard la signification de l'énigmatique réponse d'Irène et voulut se lever, mais il s'affala sans connaissance sur le tapis.

Holmes se précipita pour lui porter secours, mais comprit que le jeune agent était simplement endormi. Il découvrit que Charmant, langue pendante, était lui aussi plongé dans le sommeil.

– Je ne comprends pas..., souffla-t-il.

– Que ne comprenez-vous pas, Sherlock ? demanda Irène.

Lorsqu'il se retourna vers la jeune femme, Holmes découvrit qu'elle pointait un petit revolver sur lui.

– C'est... c'est vous qui... ?

– En effet. Rassurez-vous, Jason et Charmant se réveilleront au plus tard dans une petite heure, juste un peu nauséeux. Je me suis dit qu'il me serait plus facile de fuir si je droguais toute la maisonnée. Mais je crois que certains n'ont pas goûté à ce surprenant sblörkz auquel j'ai apporté ma petite touche personnelle. Je suis bien désolée de toutes ces complications, mais c'était la meilleure solution. Je vous laisse vous servir un dernier whisky dans le verre qui se trouve sur la table basse, ajouta-t-elle avec un petit sourire.

– Le verre du condamné, commenta Holmes avec amertume.

Avant de le porter à ses lèvres, il fixa Irène avec intensité. Il la trouvait plus belle que jamais, sa coiffure légèrement défaite, ses lèvres qu'elle mordillait sans s'en rendre compte, et cette pointe d'inquiétude qui se lisait dans ses yeux du même bleu que les myosotis qui poussaient aux beaux jours dans le rucher. Holmes but son whisky d'une traite, puis dévisagea Irène une dernière fois.

La jeune femme pressa la détente et le détective s'écroula, touché en plein cœur. Irène s'empressa de s'agenouiller auprès de lui.

– À bientôt dans l'au-delà, mon tendre Sherlock..., murmura-t-elle en déposant un baiser sur ses lèvres closes.

Après cela, elle eut juste le temps d'ouvrir la fenêtre pour enjamber le rebord et se glisser dans le jardin avant qu'Achille n'entre dans la pièce. Lorsque le jeune agent aperçut Jason, Charmant et Holmes allongés sans connaissance devant la cheminée, il comprit la nature du drame qui s'était joué. Il se précipita vers le détective mais sut qu'il était trop tard quand il vit la fleur rouge qui s'épanouissait sur sa poitrine, à l'emplacement du cœur, et s'écoulait sur le tapis. Il lui prit le pouls, mais ne sentit rien. Holmes ne respirait plus. Paniqué, Achille se mit à masser avec force la cage thoracique du détective. Les mains rougies par le sang qui s'écoulait de la blessure, il hurlait de rage et d'impuissance.

– Que... Que s'est-il passé ? demanda Sybille en le rejoignant. Tous les autres sont endormis... Et... Et Sherlock...

– Il est mort, lâcha Achille d'une voix mécanique en mettant fin à ses massages cardiaques. C'est Irène. Elle a dû droguer le ragoût : on est les seuls à ne pas en avoir pris, sans doute avec elle et Holmes. Tu viens d'où ?

– De dehors... vers la falaise, murmura Sybille. J'étais partie voir si je trouvais Gueule-de-Loup. Et j'ai entendu le coup de feu. C'est horrible... Comment a-t-elle pu...

– Peu importe, trancha Achille : il faut la rattraper et lui faire payer son crime. Elle a dû s'enfuir vers la route qui mène à Fulworth.

Sybille se précipita dans la salle à manger. Hector, Skarabesque et Pandora y dormaient toujours, les deux premiers allongés sur le carrelage et la dernière, encore assise, sa tête reposant sur la table. La jeune *profiler* secoua la demi-fée, qui ne réagit pas. Elle décida alors de la déchausser, et se hâta d'enfiler les Bottes de Sept-lieues.

– Super idée, la félicita Achille qui l'avait rejointe.

Il jeta à son tour son dévolu sur les bottes d'Hector, qu'il eut plus de mal à chausser, ne s'étant jamais exercé à en maîtriser la féerie. Quand il parvint enfin à les dompter, il arma son métagivreur et mit ses lunettes en mode éclairage.

– Prête ? demanda-t-il à son équipière.

Sybille lui répondit d'un hochement de la tête, et ils s'élancèrent ensemble dans le jardin. En quelques pas, Achille comprit l'immense avantage qu'offraient les bottes féées : légèreté, vélocité, rebonds. Il ressentit un sentiment de toute-puissance, dont il eut un peu honte étant donné le contexte dramatique. En quelques secondes, les deux agents atteignirent la route. Ils scrutèrent aussitôt les alentours, en vain. En examinant les bas-côtés, Achille repéra de profonds sillons dans la terre et se pencha pour les examiner.

– Des traces de pneus…, constata-t-il. Je n'avais pas rêvé tout à l'heure quand il m'a semblé entendre le moteur d'une voiture.

– Ils doivent être déjà loin à présent, commenta Sybille.

*

* *

Trois jours plus tard, cimetière londonien d'Highgate

Une pluie froide attristait Londres depuis l'aube. La charrette anglaise qui emportait le cercueil de Sherlock Holmes remontait au pas une petite allée flanquée d'arbres aux branchages enchevêtrés. Une vingtaine de personnes la suivaient en silence.

L'attelage s'arrêta à proximité d'une fosse fraîchement creusée, devant laquelle avait été posée une brassée de roses blanches. Le cocher et ses trois assistants en approchèrent le cercueil qu'ils y firent glisser avec précaution, guidés par un vieux fossoyeur bossu. L'assemblée se positionna alors en arc de cercle autour de la fosse. Le prêtre se tourna vers Mycroft pour lui signifier du regard qu'il pouvait à présent dire quelques mots en mémoire du défunt. Le frère du détective s'avança de quelques pas et toussota avant de parler.

– Je n'ai rien à dire que mon frère ne sache déjà. Cependant, comme je suis sûr que tu nous entends de là où tu es, Sherlock, je te souhaite une éternité heureuse.

Surpris de l'étonnante désinvolture de Mycroft, le prêtre invita d'un geste ceux qui le voulaient à prendre la parole. Gueule-de-Loup serrait contre lui Sybille, qui éprouvait les plus grandes peines à retenir ses larmes. Hector avait lui aussi les yeux qui brûlaient, tandis qu'Achille, abattu, revoyait le corps ensanglanté du détective, et retournait encore une fois dans sa tête les derniers évènements. Jason et Pandora étaient quant à eux accablés. Ils avaient failli, alors que toutes les cartes étaient entre leurs mains. Une erreur de débutant : une drogue soporifique... Skarabesque avait, elle, repéré une silhouette qui observait la scène depuis une hauteur, cachée derrière un arbre. Elle la signala à Jason, qui lui fit comprendre qu'il s'en chargeait.

Le docteur Watson s'avança de quelques pas, pour se retrouver au bord de la fosse. Il tenait dans sa main droite une liasse de feuillets. Très ému, il prit quelques instants avant de prononcer les premiers mots.

– Sherlock Holmes était l'être le plus étonnant qu'il m'ait été donné de rencontrer. Un homme aussi fantasque que rigoureux, et surtout très secret. Pendant des années, j'ai été son plus proche collaborateur, ami et confident, mais ne suis pourtant jamais parvenu à combler l'abîme mystérieux qui me séparait de ses pensées les plus intimes. Comédien, musicien, transformiste, violoniste hors pair, chimiste aux méthodes explosives, amateur de sensations extrêmes et parfois inavouables, mais aussi boxeur émérite – une de ses canines s'en souvient –, Holmes restera une énigme pour nous tous aussi longtemps que sa mémoire vivra ; c'est-à-dire, aussi longtemps que la Terre tournera autour de ce soleil qu'il ignorait superbement et qui n'aura jamais pu lui faire d'ombre. Sherlock, mon cher ami, j'aurais tant aimé être à vos côtés, ce dernier soir, plutôt qu'enfermé avec ma machine à écrire... Voici, pour vous seul, le récit de notre dernière aventure, qu'il vous tardait sans doute de feuilleter pour vous rire de ses excès et de ses effets factices.

Le docteur lança dans la fosse les feuillets qu'il tenait, et qui s'éparpillèrent sur le cercueil.

Un homme de petite taille, à la mine chafouine, s'approcha à son tour, et pressa affectueusement l'épaule de Watson. Il jeta sur le cercueil son insigne du Yard et leva la main droite :

– Je vous jure, monsieur Holmes, d'honorer de mon mieux l'enquête que votre frère m'a confiée : retrouver votre meurtrière. Dussé-je la poursuivre jusqu'en enfer. Vous me connaissez, je ne suis certes pas doué de votre sens de la déduction, mais on ne fait pas plus tenace que moi. Sans votre aide, ce sera difficile, j'en conviens. Et plus aucune affaire n'aura le même goût, désormais. Je vous l'avais déjà dit, monsieur Holmes, mais nous sommes bien fiers de vous à Scotland Yard. Si demain vous y reveniez, ce qui ne nous surprendrait pas tant que ça, nous serions heureux de boire à votre santé. Adieu, monsieur Holmes.

Quelques autres personnes, dont Mrs Hudson, se contentèrent d'un hommage plus discret. Puis, l'assistance se dispersa et il ne resta bientôt plus que les agents du Cyclone et le docteur Watson. Jason, qui avait tenté de rattraper l'inconnu qui assistait à l'enterrement à distance, revenait vers ses équipiers.

– Alors ? lui demanda Skarabesque.

– Je n'ai pas pu voir son visage, mais je pense qu'il s'agissait d'une femme.

– Irène, tu crois ? hasarda Pandora.

– Peut-être...

Hector observait le fossoyeur, dont il trouvait le comportement étrange. Le vieil homme avait jeté deux pelletées de terre sur le cercueil, avant de se raviser. Il se penchait à présent au-dessus de la fosse, l'air de s'intéresser à quelque chose. Puis, plantant sa pelle dans la motte de terre, il se laissa glisser dans le trou. Intrigué par son manège, Hector s'approcha.

– Vous avez besoin d'aide, monsieur ? demanda-t-il.

– Non, non, j'vous remercie jeune homme.

Le vieux bossu rassemblait les feuillets épars que le docteur Watson avait jetés. Quand il eut terminé, il tendit sa main à Hector pour remonter. Il se rendit alors compte que les quelques personnes encore présentes faisaient cercle autour de lui.

– C'était quand même bien dommage de laisser un éventuel chef-d'œuvre se faire enterrer avant même de lui avoir donné une petite chance, plaisanta-t-il. Et puis, l'insigne de ce brave Lestrade pourra toujours servir.

Sa voix avait un peu changé et il semblait s'être redressé tout en parlant. Watson le fixait avec dureté.

– Comment osez-vous ? s'indigna-t-il.

Le vieil homme essuya avec un mouchoir la terre séchée qui maculait son visage. Puis il ôta sa veste en lambeaux au revers de laquelle était cousue une bourre de coton pour donner l'illusion d'une bosse.

– Tout simplement parce que la vie reprend son cours, mon cher ami, expliqua-t-il. Et que je suis plus curieux que jamais de lire le récit que vous avez écrit.

– Holmes ! s'exclama le docteur Watson.

– En effet, mon cher. Et, croyez-moi, j'étais loin d'imaginer que mon propre enterrement serait si instructif.

– Mais… C'est impossible…, bredouilla Achille. Vous ne respiriez plus, je vous ai massé le cœur, j'ai tout tenté, et ce sang, je…

– Une simple mise en scène, jeune homme. Ne m'en veuillez pas trop : je n'ai jamais pu renoncer à mes penchants pour la théâtralisation ! Il s'agissait de sang de bœuf, placé dans une vessie que j'ai crevée au moment opportun. Quant au ralentissement de mon rythme cardiaque, une potion à base de digitaline y a pourvu.

– Et Irène Adler ? demanda Jason.

– Une vraie fée…, sourit Holmes. C'est elle qui a imaginé et orchestré ma fausse mort, jusque dans le moindre détail. Quand le roi de Bohême lui a appris que les services secrets allemands avaient fait de moi leur cible prioritaire, elle s'est fait recruter par Oberstein, l'un de leurs agents les plus actifs – et parmi les plus acharnés à vouloir ma perte. Sa mission était simple : m'approcher, me séduire et me tuer. Une vraie réussite sur toute la ligne. Seulement, elle jouait bien entendu double jeu et m'a proposé de simuler mon assassinat. Je dois dire qu'elle y est allée un peu fort avec vous tous, mais c'était pour la bonne cause. Une balle à blanc, un peu de digitaline, mon cousin Verner pour constater mon décès et signer le certificat, Mycroft pour régler les détails administratifs et diligenter l'enquête : tout s'est planifié et déroulé à merveille.

– Verner ? s'étonna Watson. Je ne l'ai même pas reconnu…

– Il s'était lui aussi grimé, précisa Holmes. Une jolie petite pièce, non ? Mais voici le dernier acte, indiqua-t-il d'un signe du menton.

Un fiacre remonta l'allée et s'arrêta à quelques pas de la fosse. Jason reconnut la silhouette massive de Mycroft dissimulée sous les habits du cocher.

– Surtout, mes amis, pas un mot de tout ceci à personne, leur recommanda Holmes. Aux yeux du monde et de mes ennemis, le détective consultant préféré du Yard est mort, enterré, et le restera.

Holmes se pencha pour saisir l'une des roses blanches, dont il coupa la fleur afin de la mettre à sa boutonnière.

Il prit alors Watson dans ses bras, et lui glissa quelques mots à l'oreille. Tous deux très émus, ils restèrent immobiles à se regarder quelques secondes. Puis le détective serra avec chaleur la main de chacun des agents.

– En route, Charmant ! lança-t-il enfin.

Le Tigre-des-Miroirs, affalé près de la fosse, se releva en bâillant et le suivit. Ils s'engouffrèrent tous deux dans le fiacre, que Mycroft fit repartir au petit pas.

17

La dix-septième marche

« Je joue le jeu uniquement pour l'amour du jeu. »
Sherlock H.

Tour Montparnasse, Paris,
le lendemain

Quand ils furent tous installés dans l'ascenseur, Jason appuya sur le bouton « Restaurant seulement ». Hector avait noté que Pandora le battait froid depuis le début de la matinée. Cela ne lui inspirait rien de bon. Il adressa un regard discret à Skarabesque, qui lui renvoya un sourire ironique. Il n'eut alors plus aucun doute : elle avait tout révélé à la demi-fée. Toutes deux s'étaient rapprochées au fil de l'enquête, jusqu'à nouer une complicité inimaginable voici quelques jours encore. Hector soupira.

– Vous êtes sûrs que nous sommes au bon endroit ? demanda Achille.

– Tu connais une autre tour Montparnasse à Paris ? le rembarra Hector, contrarié par l'attitude de Skarabesque.

– C'est bien ici, aucun doute, certifia Jason.

À peine arrivés au siège du Cyclone, les jeunes agents avaient reçu sur leurs cy-pads un message d'Hypnos, qui les invitait à le retrouver au « Mont Parnasse ». Sybille avait pensé à une erreur dans la transcription du nom, ce que Pandora avait tout de suite jugé impossible : son grand-père était réputé pour son extrême rigueur et son style lapidaire. Jason avait confirmé les propos de la demi-fée. D'après lui, une seule raison pouvait avoir poussé le directeur du Cyclone à choisir ce lieu : l'un d'eux, peut-être plusieurs, serait soumis à l'épreuve de l'oracle. Ce qu'il se garda cependant d'évoquer à ses équipiers en attendant d'en savoir davantage.

Parvenus au cinquante-sixième étage, ils quittèrent l'ascenseur pour pénétrer dans le restaurant le plus haut perché de Paris. Les indications étaient claires, et l'heure du rendez-vous précise. Ils prirent pourtant le temps d'un regard vers la tour Eiffel et le Sacré-Cœur, à travers les baies vitrées en demi-lune de la vaste salle. Ils se dirigèrent ensuite vers les cuisines. Un serveur tenta bien de leur en interdire l'accès, mais un simple grognement de Gueule-de-Loup le persuada de reprendre son service au plus vite. Le Velu-Fendard profita de son avantage pour chaparder un mille-feuille que le serveur s'apprêtait à emporter en salle.

Ils arrivèrent enfin devant une porte blindée. Jason composa un code sur son cy-pad et le panneau coulissa. Ils se retrouvèrent alors dans une pièce à l'éclairage tamisé : les baies vitrées étaient voilées par des stores, et des flambeaux faisaient danser des ombres sur les murs. De drôles d'ombres, ondoyantes.

– Des serpents..., souffla Sybille en reculant d'un pas.

– Pas n'importe lesquels, lui répondit une voix à la fois grave et chaude.

Un homme jeune, à la chevelure blonde mi-longue et bouclée, leur apparut. Avec la pénombre ambiante, ils ne l'avaient pas encore remarqué, alors qu'il se tenait à quelques pas d'eux. Il était d'une beauté à couper le souffle, comme l'expérimentèrent Pandora, Sybille et Skarabesque. Elles changèrent aussitôt d'expression en constatant avec horreur que le prince charmant portait un serpent sur ses épaules, qui lui enlaçait en partie la poitrine.

– C'est un python, précisa leur hôte. J'avoue un petit faible pour ces créatures incomprises et méconnues, qu'il m'est arrivé de maltraiter par le passé.

Il claqua des doigts et les stores se relevèrent un peu, laissant voir l'aménagement des lieux. Tout le pourtour de la pièce était pourvu de vivariums gigantesques, qui s'étageaient jusqu'au plafond. Ils comprenaient des dizaines de serpents aux dimensions impressionnantes, qui s'entortillaient les uns avec les autres. Neuf jeunes femmes très gracieuses, coiffées de couronnes variées et vêtues de tuniques voluptueuses, étaient réparties tout autour de la pièce. Elles pianotaient sur d'étranges claviers aux formes rappelant pour la plupart des instruments de musique à corde ou à vent. Absorbées par leur activité, elles ne leur prêtèrent pas attention. L'une d'elles se mit à chanter, et sa voix envoûtante charma les reptiles, qui se tortillèrent contre les vitres de leurs enclos. Achille avait bien sa petite idée sur l'identité des jeunes femmes, et de leur hôte, mais cela lui paraissait tellement surréaliste qu'il préféra, pour une fois, garder ses hypothèses pour lui.

– Veuillez prendre place, leur proposa l'homme aux pythons en indiquant des sièges qui rappelaient ceux du restaurant par leur design épuré.

Pandora s'efforça de garder ses distances avec Hector, au désarroi de ce dernier. Les jeunes agents s'étaient à peine installés que les panneaux qui leur faisaient face pivotèrent. Ils révélèrent une jeune fille vêtue d'une veste fuchsia, enfoncée dans un confortable fauteuil, et qui leur adressait un large sourire.

– Helen ! s'exclama Pandora.

La demi-fée se leva pour aller embrasser la jolie rouquine, qui la serra dans ses bras. Ses équipiers l'imitèrent, à la fois soulagés et émus de la revoir enfin rétablie. Achille et Skarabesque restèrent quant à eux légèrement en retrait.

– Gnome-geek qui fait son timide : on aura tout vu, ironisa Sybille.

– Ainsi, c'est toi le fameux Achille..., fit Helen d'un air mi-figue, mi-raisin. Celui qui a osé prendre ma place au sein de la section...

– Osé ? se défendit le jeune agent. Je dirais plutôt qu'on ne m'a pas vraiment laissé le choix : c'était ça ou des travaux d'intérêt général pendant au moins cent dix ans.

– Il paraît que tu t'en es pas mal sorti, releva Helen avec un sourire.

– C'est d'ailleurs le cas de chacun de ses équipiers, ajouta un homme qui revenait de la terrasse : cette mission est un beau succès.

Tous se raidirent en découvrant Hypnos.

– Je crois que c'est aussi votre avis, Apollon ?

– Appol... ? murmura Pandora.

L'homme aux pythons s'approcha avec nonchalance, en caressant la tête du reptile qui s'était assoupi sur ses épaules. Hypnos ne put s'empêcher de sourire en observant la surprise qui s'affichait sur les visages de ses agents, à l'exception de Jason et d'Helen.

– Un succès d'autant plus remarquable qu'il est triple, confirma Apollon : nous avons la joie de pouvoir compter de nouveau la charmante Helen parmi nous, il n'est rien arrivé de fâcheux à ce petit détective anglais, et, cerise sur le gâteau, nous avons récupéré l'âme de cette traîtresse de Mnémosyne.

– Si vous êtes Apollon, ce dont je ne doute pas, commenta Achille, cela signifie que les neuf femmes qui se trouvent dans la pièce sont les Muses…

– C'est bien cela, confirma Apollon. Les protectrices des arts et inspiratrices des artistes. Elles interviennent auprès de ces derniers quand elles le jugent profitable. Un peu comme si elles tenaient une « hot line » télépathique.

Hypnos dévisagea ses agents, l'un après l'autre. Ils avaient plutôt bonne mine, ce dont il se réjouit. Il s'attarda un peu plus longtemps sur Pandora, qu'il trouva changée : son visage exprimait une gravité inhabituelle. Il prendrait le temps de parler avec elle, tout le temps qu'il faudrait. À ses côtés, Gueule-de-Loup se balançait d'un pied sur l'autre, mal à l'aise. Le Velu-Fendard était l'un des êtres dans lesquels il pouvait placer aveuglément sa confiance, et ils n'étaient pas si nombreux. C'était lui qui avait veillé sur sa petite-fille aux heures les plus douloureuses de leur histoire familiale. Il lui en vouait une reconnaissance éternelle.

– Heureux de vous revoir, Gueule-de-Loup, affirma-t-il. Et merci pour votre aide au cours de cette mission.

– Ce… C'était de bon cœur, Vénérable, bredouilla le Velu-Fendard.

Persuadé qu'il aurait droit à une remontée de bretelles pour avoir transgressé la règle de non-circulation entre les Mondes Imaginaires, Gueule-de-Loup ne s'attendait sûrement pas à des compliments.

– J'aimerais d'ailleurs vous proposer de jouer un rôle plus actif dans l'organisation du Cyclone, si vous y consentez, ajouta Hypnos. L'heureuse initiative que vous avez prise en vous lançant à la poursuite de Faydit m'a fait réfléchir. Cependant, je ne veux pas trop en révéler pour l'instant et nous pourrons en reparler plus tard, si vous le voulez bien ?

Le Velu-Fendard marqua son consentement d'un petit grognement. Hypnos se tourna alors vers Pandora et Hector, qui se jetaient de brefs regards en coin.

– Vous me devrez tous deux des explications sur votre conduite à l'issue de votre mission dans les Royaumes de Perrault, leur annonça-t-il. Mais, pour l'instant, je me réjouis de vous retrouver.

Le directeur du Cyclone ouvrit ses bras, et sa petite-fille vint s'y blottir.

– J'ai appris que tu avais récupéré un morceau du Miroir de Perceforest ? lui glissa Hypnos.

– Oui, grâce à Gueule-de-Loup, confirma Pandora. Mais je n'ai pas encore eu le courage de m'y plonger pour y lire l'histoire des Perceforestiers...

– Cela peut attendre, lui assura Hypnos. Je pense que tu n'es pas encore prête à te confronter à l'histoire dramatique de ton peuple. Tu auras aussi une décision à prendre quant à ton avenir, qui ne pourra se dérouler que dans un seul monde.

– Tu... Tu me laisses le choix ? s'étonna Pandora.

– Je crois avoir appris à regarder les mondes qui nous entourent un peu différemment ces derniers temps. Sans doute une forme de sagesse, dont j'ai peur qu'elle se métisse de sentimentalisme...

– Je ne sais pas comment te remercier..., souffla Pandora.

– En faisant le meilleur choix pour toi. Ce n'est pas forcément un cadeau que je te fais : tu n'auras pas la possibilité de revenir sur ta décision. Pour t'y aider, Apollon a aimablement accepté que tu consultes ses devineresses.

– Les sœurs folles dingues ? s'alarma Pandora.

À l'air sévère que prit Hypnos, elle se reprocha aussitôt sa désinvolture. L'Olympe était le royaume des vanités, et il en fallait bien moins pour provoquer un incident diplomatique grave. Les trois devineresses, que l'on appelait aussi les Thries*, étaient complètement asociales et hystériques : si elles étaient mal lunées, elles pouvaient, par simple plaisir, prédire le pire à ceux qui les consultaient. Elle se tourna vers Apollon, qui lui décocha un sourire craquant. Toujours occupé à cajoler son python, il ne semblait pas du tout contrarié par ses paroles.

– Je vous présente mes excuses, dit-elle. Je n'aurais pas dû critiquer ainsi vos prophétesses.

– Ce n'est rien, vraiment, lui assura le demi-dieu. Moi-même je les trouve parfois un peu illuminées. Si vous avez apporté le miel dont elles raffolent, armez-vous de patience et tout se passera bien.

– Le directeur m'avait fait passer la consigne, précisa Jason, et j'ai apporté deux pots.

– C'est parfait, intervint Hypnos. Dans ce cas, veuillez en donner un à Pandora. Vous garderez l'autre pour vous.

– Pour moi ? s'étonna Jason.

– Je souhaite que vous aussi consultiez les Thries, notamment pour essayer d'en savoir un peu plus sur votre taille.

Jason acquiesça d'un petit signe de tête. Il se doutait, bien sûr, que sa croissance ininterrompue n'était pas ordinaire, mais il ne pensait pas qu'Hypnos s'en inquiétait à ce point.

– Au fait, s'enquit le directeur : vous ne m'auriez pas rapporté un petit cadeau d'Écosse ?

Achille fouilla avec fébrilité les poches de sa veste, dont il extirpa la minuscule capsule reprise à Faydit. Il la tendit à Hypnos, dont le regard brillait de satisfaction.

– Je vous félicite pour cette prise inestimable, Achille.

– Le problème, intervint Gueule-de-Loup, c'est que ce cloporte de Faydit nous a encore une fois filé entre les doigts...

– C'est regrettable, mais cela ne m'inquiète pas, assura Hypnos. Nous finirons par lui mettre la main au collet.

Le directeur du Cyclone fit rouler le petit objet entre ses doigts, puis il le leva à hauteur d'yeux pour l'examiner.

– Vraiment inestimable..., jubila-t-il. Pour fêter votre réussite, je vous invite tous à un festin sur le toit de Paris.

– Si je peux faire une suggestion, glissa Apollon, je vous déconseille de commander à mes voisins. Leur cuisine vous restera sur l'estomac. En revanche, je connais un petit traiteur, situé juste au pied de la tour, qui propose des plats uniques très originaux, renouvelés chaque jour : *Aux délices de Delph'*. Leur seul défaut : ils ne livrent pas.

– Pas de problème ! affirma Achille. Je veux bien me dévouer. Plat du jour pour tout le monde ?

Tous approuvèrent spontanément, et le jeune agent s'éclipsa. Pandora s'approcha d'Hector qui s'était isolé près des baies vitrées pour admirer le point de vue. Elle se planta devant lui, bras croisés.

– Depuis quand ? demanda-t-elle.

– Je… Je ne vois pas de quoi tu parles.

– Inutile de t'enfoncer, Skarabesque m'a tout dit.

Hector soupira. Il prit son courage à deux mains et se lança.

– Ça remonte au soir où tu m'as donné le fragment de miroir, avoua-t-il.

Pandora le foudroya du regard, ce qui l'obligea à détourner les yeux. S'il avait pu, il se serait bien jeté dans le vide, pour planer, longtemps et sans plus penser à rien.

– Tu as retrouvé la mémoire ce soir-là, et depuis tu as joué la comédie ? s'emporta-t-elle.

– C'est juste que ça m'a fait bizarre quand c'est arrivé. J'ai flippé, tu peux comprendre…

– Ah oui ? Et moi, tu crois que ça m'a fait quoi quand je l'ai appris ?

Hector adressa un regard désolé à la demi-fée. Comment lui avouer qu'il était retombé amoureux d'elle, et cela avant même de recouvrer la mémoire ? Il lui avait alors semblé incroyable de tomber deux fois raide fou d'une même fille, et les souvenirs qui l'avaient submergé après cela lui avaient paru d'un seul coup trop envahissants. Pandora le fixait de ses yeux d'un noir si profond qu'il en perdait encore une fois ses moyens. Il eut soudain le sentiment qu'elle aussi avait lu dans ses pensées, et qu'elle savait à présent. Il la vit rougir et esquisser un sourire.

– On doit y aller, Pandora, annonça Jason.

– Je… J'arrive, répondit-elle en continuant de fixer Hector.

– Ne t'inquiète pas, je ne vais pas m'envoler, plaisanta le jeune pisteur.

– Tu n'as pas intérêt, le menaça-t-elle avec douceur.

Consulter les Thries restait un privilège rare, qu'Apollon n'accordait qu'à peu de personnes. Hypnos avait sans doute usé de toute sa diplomatie pour le persuader de laisser deux de ses agents bénéficier des oracles de ses prophétesses. Pandora et Jason avaient repris l'ascenseur pour se rendre au rez-de-chaussée de la tour. De là, il leur avait fallu localiser la petite trappe située dans un local technique, qui permettait de descendre vers les fondations. Jason parvint à la soulever sans difficulté, après en avoir défait le verrou en composant le code donné par Apollon.

– Tu as bien les pots de miel ? s'enquit Pandora.

– Ne t'inquiète pas, la rassura son équipier en tapotant sa besace. Du miel de première qualité, offert par Sherlock Holmes lui-même. Avec ça, elles vont entrer en transe direct.

Éclairés par les faisceaux de leurs lunettes, ils commencèrent à descendre les échelons rouillés qui plongeaient à la verticale au cœur d'un pilier en béton armé. Parvenus à la hauteur d'une petite porte métallique, ils l'ouvrirent et se retrouvèrent dans une très ancienne galerie creusée dans la roche calcaire et argileuse. Après plusieurs minutes, ils arrivèrent en haut d'un escalier en pierre.

– Les dix-sept dernières marches, murmura Jason. Prête ?

Pandora opina de la tête et ils s'engagèrent dans l'escalier, recouvert de mousse. Des plaintes déchirantes, à peine humaines, s'élevèrent des profondeurs. Peu rassurés, ils prirent sur eux pour achever leur descente. Ils découvrirent alors une petite crypte. En son centre, posé sur un socle en terre, se trouvait l'omphalos*, une pierre de forme conique, en partie enveloppée de tissu. Autour d'elle, trois femmes sans âge, à la mine pâle et aux traits marqués par la souffrance, étaient avachies à même le sol, entourées de petits cailloux. Leurs yeux faisaient comme deux minuscules globes noirs dépourvus de prunelle, et elles possédaient des ailes d'aspect fragile semblables à celles des abeilles. L'une des Thries tendait son bras décharné vers Pandora en lui faisant signe d'approcher, tandis que ses compagnes se lamentaient en se contorsionnant. Pandora frissonna.

– Elles sont aveugles…, souffla-t-elle, prise de pitié.

– Si tu veux, je m'y colle en premier, proposa Jason.

– C'est comme tu le souhaites, répondit Pandora.

– Dans ce cas, je prends le risque…

Le jeune colosse ôta sa veste et sa besace, dont il sortit l'un des deux pots. Aussitôt, les trois devineresses se redressèrent, et se mirent à humer l'air en faisant des bruits de bouche.

– Mon métagivreur se trouve dans le sac, dit Jason. N'hésite pas à l'utiliser au moindre signe inquiétant.

Il s'avança vers les femmes-abeilles, qui s'agitèrent en découvrant leurs dents dans des grimaces de plus en plus inquiétantes.

– Messagères, annonça Jason, je viens vous consulter pour connaître mon avenir proche et comprendre l'origine des changements qui me touchent dans ma chair.

Les Thries se mirent à rire.

– Et que nous apportes-tu en échange ? demanda l'une d'elles.

– Ce miel de fleurs de pommier...

À ces mots, les trois femmes devinrent comme folles. Elles se précipitèrent sur Jason pour lui arracher le pot. Elles l'ouvrirent et y plongèrent les doigts toutes ensemble, se disputant le nectar. Jason et Pandora détournèrent les yeux, tant l'orgie de miel à laquelle se livraient les Thries les écœurait. Après quelques instants, le pot vidé, les prophétesses furent prises de soubresauts et recommencèrent à se vautrer sur le sol. Elles saisirent chacune une poignée de cailloux qu'elles firent rouler entre leurs doigts et leurs orteils. Puis elles se mirent à parler, se répondant toutes trois en écho : des mots si clairs et précis, que Jason comme Pandora en furent saisis.

Par curiosité, Achille avait jeté un œil à la devanture d'*Aux délices de Delph'*. Des spécialités grecques, comme il s'y était attendu. Il avait pris sur lui pour ne pas céder à la tentation, avant de se diriger vers la bouche de métro, de s'y engouffrer et filer vers Saint-Michel.

En sortant de la station, il vit comme un signe favorable le franc soleil qui réchauffait l'air automnal. Il remonta les quais en songeant qu'il n'aurait pas pu espérer meilleur enchaînement de circonstances. Il culpabilisait bien un peu du tour qu'il venait de jouer à ses équipiers, et à Hypnos, qui lui avaient tous accordé leur confiance. Pourtant, une petite voix plus forte que toutes les autres lui avait soufflé qu'il tenait la chance de sa vie : une excursion en solo dans les Mondes Imaginaires, ça ne se refusait pas. Achille s'assura pour la énième fois qu'il avait bien dans la poche de sa veste le vieux plan de la Banque d'Angleterre. Il était toujours là, parfait. Dans quelques instants, il arriverait à la péniche du Cyclone et alors l'aventure lui tendrait les bras. Il attrapa dans la poche arrière de son pantalon le carnet de notes de Watson, qu'il ouvrit à la page évoquant l'affaire du « *Matilda-Briggs* et du rat géant de Sumatra » dont il rêvait de connaître le fin mot depuis longtemps.

Jason et Pandora avaient quitté les Thries, à la fois soulagés que tout se soit bien passé, et bouleversés par ce que les femmes-abeilles leur avaient révélé. Surtout le jeune Danois. Dans l'ascenseur qui les ramena en trente-huit secondes au cinquante-sixième étage, un mot occupait toutes ses pensées : Titan. Il venait d'apprendre qu'il appartenait à la famille des créatures mythologiques les plus anciennes que la Terre ait portées. D'autre part, il avait eu confirmation de ce qu'il pressentait : son archéopsyché* ne s'effacerait pas. Cela ne s'était jamais produit dans l'histoire du Cyclone.

Pandora, de son côté, forte des révélations des Thries, avait choisi son avenir. Il lui faudrait sans doute renoncer à ses dons, mais peu lui importait. Sa vie était au côté de ses amis, d'Hypnos et d'Hector. Elle n'avait encore rien voulu dire à Jason, pour réserver la primeur de sa décision au pisteur de son cœur.

Quand l'ascenseur atteignit le dernier étage, Jason voulut remettre sa veste et fit alors tomber une enveloppe de sa poche intérieure. Intrigué, il l'ouvrit pour découvrir le petit mot qui y avait été glissé :

« Cher Jason,

Je n'ai pas osé vous présenter de vive voix les conclusions de ma petite enquête au sujet de votre taille exponentielle. Je suis en effet parvenu à un résultat des plus étonnants, qui a, je l'avoue, ébranlé certaines de mes convictions les plus profondes. Je vous épargnerai les détails de mes recherches, et toutes les hypothèses écartées les unes après les autres, de la maladie orpheline aux particularités génétiques les plus pointues. Tout porte à croire, au final, que vous êtes unique en votre genre. Géant ? Gullivérien ? Titan ? Je ne saurais le dire car cela dépasse de loin mes compétences. Je n'ai d'ailleurs aucune envie de vous inscrire dans une lignée, aussi illustre et légendaire soit-elle. Je vous laisse libre d'être vous-même.

Amicales pensées à partager avec vos équipiers,

S. H. »

Épilogue

« Le passé et le présent sont mes terrains d'enquêtes, mais je peux difficilement répondre à une question touchant à l'avenir. »

Sherlock H.

Le lendemain,
à bord du Matilda-Briggs *sur le loch Duich, Écosse*

Le soleil couchant incendiait les sommets qui fermaient la baie maritime. Un froid mordant avait convaincu les plus téméraires des passagers d'attendre, au chaud dans la cabine, l'escale de Dornie. Un couple avait pourtant choisi de demeurer à la proue du navire, pour profiter encore quelques instants des vestiges du jour. Elle, enveloppée dans un manteau au col ourlé d'hermine, fermait même les yeux pour mieux goûter la brise fraîche ; un chapeau à larges bords piqué de plumes de paon tenait par miracle sur sa chevelure châtaine. Lui, mince et long, fumait la pipe et fixait les lignes du pensionnat de Bess-Kërvil qui se découpait au loin. À leurs côtés, se tenait un tigre au pelage blanc bleuté, étendu de tout son long sur le pont.

– Vous ne m'avez toujours pas dit comment vous avez eu l'idée de recourir à vos abeilles pour identifier Helen, demanda Irène.

– Je dois cette idée à un conte des frères Grimm, avoua Holmes.

– Un conte ? Vraiment ?

– *La Reine des abeilles*.

Holmes commença à réciter :

« *Mais la reine des abeilles que le jeune homme avait sauvées du feu vint à son secours : elle alla flairer la bouche des trois princesses, et resta posée sur les lèvres de celle qui avait mangé du miel.* »

Irène fit une petite moue amusée. Puis elle appuya sa tête sur l'épaule de son compagnon qui serra la jeune femme contre lui.

– La vie est étrange, quand même, murmura Irène. Sur ce navire, avec vous.

– Je dois reconnaître que cette affaire m'aura réservé quelques jolies surprises…

– Je n'aurais jamais pensé devoir vous assassiner pour que vous daigniez enfin vous intéresser à moi, soupira Irène.

– Vous avez fort bien fait : cette petite mort est une libération.

– Ne craignez-vous pas que l'enquête menée par Scotland Yard pour retrouver l'implacable meurtrière que je suis finisse par aboutir ?

Holmes esquissa un sourire. Il se représenta l'inspecteur Lestrade, sa démarche de bouledogue et sa propension à s'aiguiller sur des pistes improbables.

– Aucun risque, assura-t-il. Si Lestrade avait la moindre once d'imagination, il aurait peut-être une chance infinitésimale de se mettre sur la voie. Mais pour vous retrouver là où nous nous rendons, il faudrait un miracle, et tous les cierges de la cathédrale de Cantorbéry n'y suffiraient pas.

Holmes sortit sa montre à gousset et s'étonna de ne plus y voir le souverain qu'il avait accroché à sa chaînette. Il s'en amusa.

– Un voleur très doué m'a subtilisé la petite pièce que vous m'aviez remise lors de votre mariage, apprit-il à Irène. Je crois savoir qui m'a joué ce tour, et après tout je n'ai désormais plus besoin de ce souvenir.

– Puis-je voir votre montre ?

Le détective détacha la chaînette et tendit le petit objet à sa compagne, qui le regarda quelques instants avant de le jeter par-dessus bord.

– Vous n'aurez plus besoin de montre du tout, précisa-t-elle. Là où nous allons, le temps ne compte plus.

– Je me sens bien plus léger ainsi, apprécia Holmes.

– Et il me semble même que vous avez déjà commencé à rajeunir.

« Pour Sherlock Holmes, elle est toujours *La Femme*. Il la juge tellement supérieure à tout son sexe, qu'il ne l'appelle presque jamais par son nom ; elle est et elle restera *La Femme*.

Aurait-il donc éprouvé à l'égard d'Irène Adler un sentiment voisin de l'amour ? Absolument pas ! Son esprit lucide, froid, admirablement équilibré répugnait à toute émotion en général et à celle de l'amour en particulier. Je tiens Sherlock Holmes pour la machine à observer et à raisonner la plus parfaite qui ait existé sur la planète ; amoureux, il n'aurait plus été le même. Lorsqu'il parlait des choses du cœur, c'était toujours pour les assaisonner d'une pointe de raillerie ou d'un petit rire ironique. Certes, en tant qu'observateur, il les appréciait : n'est-ce pas par le cœur que s'éclairent les mobiles et les actes des créatures humaines ? Mais en tant que logicien professionnel, il les répudiait : dans un tempérament aussi délicat, aussi subtil que le sien, l'irruption d'une passion aurait introduit un élément de désordre dont aurait pu pâtir la rectitude de ses déductions. »

John H. Watson, M.D.,
Un scandale en Bohême

« À l'instant de conclure le récit de cette enquête, sans doute la plus délicieusement féerique qu'il m'ait été donné de vivre aux côtés de Sherlock Holmes, je dois reconnaître que nombre de mes certitudes ont volé en éclats. J'ai relu hier soir les notes que j'avais prises pour *Un scandale en Bohême*, et je les trouve tristement définitives. On devrait se garder de vouloir sonder le cœur humain, bien trop fantaisiste et inspiré pour notre si faible raison. »

John H. Watson, M.D.,
Final Cut for Sherlock

Archives Cyclone

Secret défense

Fichier agents (Source : Archivothèque des Oneiroi)

CYCLONE

Section: MythIC (Mythes, Imaginaire et Contes)

Agent: Achille Parmentier

Nationalité: Française

Âge: 10 ans

Taille: 1,55 m

Poids: 47 kg

Yeux: bleus

Cheveux: blonds

Signe particulier: aucun

Groupe sanguin: A+

Spécialité: Érudit

Observations: Petit génie de l'informatique, doué d'une culture générale stupéfiante, tendance à la cleptomanie (casier judiciaire long comme le bras, effacé). Agent le plus jeune que le Cyclone ait engagé. À surveiller de près.

Ancienneté dans les services: 2 mois et 3 jours

Missions dans les Mondes Imaginaires: Néant

CYCLONE

DÉSERTION

Section: MythIC (Mythes, Imaginaire et Contes)

Agent: Pandora

Patronyme: Omega

Nationalité: Inconnue

Âge: 15 ans

Taille: 1,67 m

Poids: 54 kg

Yeux: Noirs

Cheveux: Noirs

Signe particulier: Aucun avant son exil dans les Royaumes de Perrault

Situation familiale: Père : Morphée (messager du Sommeil); Mère : origine perceforestière ; Grand-père paternel : Hypnos (divinité du Sommeil), qui l'a adoptée lorsqu'elle avait 2 ans.

Groupe sanguin: A-

Spécialité: Agent d'infiltration

Observations: Véritable caméléon. Découverte de ses origines féeriques et perceforestières (dossier : *Le Cas Rubis C.*) Admise dans la Guilde féerique des Royaumes de Perrault. Désertion suite au dossier *Le Cas Rubis C.*

~~***Remarques de Mnémosyne, directrice adjointe du Cyclone***: L'ex-agent Pandora est très susceptible. Individualiste, incapable de s'intégrer à une équipe, réfractaire à toute forme d'autorité. Radiée du Cyclone pour insubordination. Elle s'est depuis lors réfugiée dans les~~

~~Royaumes de Perrault, où elle reste introuvable ; sans doute bénéficie-t-elle d'une protection féerique ? Dangereuse. À neutraliser de toute urgence.~~

Ancienneté dans les services : 1 an, 8 mois et 19 jours.

Missions dans les Mondes Imaginaires : 2 (dont dossier : *Le Cas Rubis C.*)

CYCLONE

DÉSERTION

Section: MythIC (Mythes, Imaginaire et Contes)

Agent: Hector Lynkéus

Nationalité: Allemande

Âge: 15 ans

Taille: 1,70 m

Poids: 60 kg

Yeux: Marron

Cheveux: Châtains

Signe particulier: Balafre sur le menton

Groupe sanguin: O-

Spécialité: Pisteur

Observations: Facultés d'adaptation supérieures à la moyenne. Grand sens de l'observation. Capable de s'orienter dans n'importe quelle situation. Look excentrique. Semble avoir développé une passion soudaine pour l'entomologie. Désertion suite au dossier *Le Cas Rubis C.*

Ancienneté dans les services: 6 mois et 7 jours

Missions dans les Mondes Imaginaires: 1 (dossier : *Le Cas Rubis C.*)

CYCLONE

Section: MythIC (Mythes, Imaginaire et Contes)

Agent: Sybille Cumes

Nationalité: Française

Âge: 14 ans

Taille: 1,60 m

Poids: 51 kg

Yeux: Vairons

Cheveux: Bruns

Signe particulier: Longue mèche blanche

Groupe sanguin: A+

Spécialité: *Profiler*

Observations: Semble douée du don de double vue. Intuition hors du commun. Sujette à des malaises vagaux, effets secondaires liés à ses visions et autres aptitudes supra-sensorielles.

Ancienneté dans les services: 6 mois et 7 jours

Missions dans les Mondes Imaginaires: 1 (dossier: *Le Cas Rubis C.*)

CYCLONE

Section: MythIC (Mythes, Imaginaire et Contes)

Agent: Jason Jensen

Nationalité: Danoise

Âge: 17 ans

Taille: 2,07 m

Poids: 99 kg

Yeux: Bleus

Cheveux: Blonds

Signe particulier: Croissance physique exponentielle

Groupe sanguin: A-

Spécialité: Capitan de la section MythIC, logisticien. Ancien agent d'infiltration

Observations: Qualités de meneur. Expérience unique des voyages vers les Mondes Imaginaires. Escrimeur hors pair.

Remarques de Mnémosyne, directrice adjointe du Cyclone: Seul agent qu'Hypnos ait jamais vouvoyé : la raison en est inconnue. Petit faible pour Rubis C., personnage des Royaumes de Perrault

Ancienneté dans les services: 5 ans, 7 mois et 27 jours

Missions dans les Mondes Imaginaires: 5 (dont dossier : *Le Cas Rubis C.*)

CYCLONE

PORTÉE DISPARUE

Section: MythIC (Mythes, Imaginaire et Contes)

Agent: Helen MacGregor

Nationalité: Écossaise

Âge: 16 ans

Taille: 1,70 m

Poids: 57 kg

Yeux: Verts

Cheveux: Roux

Signe particulier: Visage constellé de taches de rousseur

Groupe sanguin: O+

Spécialité: Érudite

Observations: Incollable sur le folklore et les contes populaires d'Europe. Polyglotte surdouée – elle parle huit langues courantes et treize langues rares, éteintes ou imaginaires, dont le féerique ancien. A entrepris, depuis qu'elle a intégré le Cyclone, une thèse en Histoire et Sciences de l'Imaginaire, intitulée: *De l'influence décisive du conflit dit de Mataquin sur la constitution du Second Codex féerique dans les contes de Perrault.*

Portée disparue en mission, château de la Belle au Bois dormant.

Apparentée au clan highlander des MacGregor, compte Rob Roy parmi ses aïeux.

Ancienneté dans les services: 6 mois et 7 jours

Missions dans les Mondes Imaginaires: 1 (dossier: *Le Cas Rubis C.*)

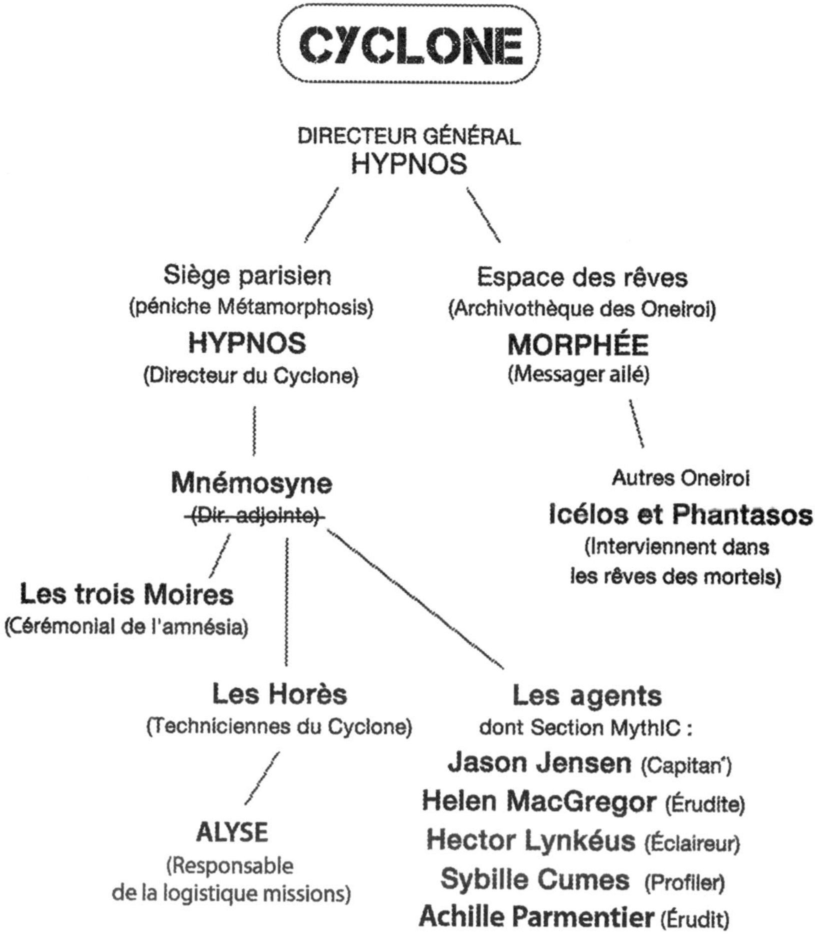
CYCLONE
DIRECTEUR GÉNÉRAL
HYPNOS
Siège parisien
(péniche Métamorphosis)
HYPNOS
(Directeur du Cyclone)
Espace des rêves
(Archivothèque des Oneiroi)
MORPHÉE
(Messager ailé)
Mnémosyne
~~(Dir. adjointe)~~
Autres Oneiroi
Icélos et Phantasos
(Interviennent dans
les rêves des mortels)
Les trois Moires
(Cérémonial de l'amnésia)
Les Horès
(Techniciennes du Cyclone)
ALYSE
(Responsable
de la logistique missions)
Les agents
dont Section MythIC :
Jason Jensen (Capitan*)
Helen MacGregor (Érudite)
Hector Lynkéus (Éclaireur)
Sybille Cumes (Profiler)
Achille Parmentier (Érudit)

Glossaire

Archéopsyché : minuscule cellule du cortex cérébral, parfois appelée « âme vagabonde » et logée dans l'hippocampe, qui permet aux jeunes agents de voyager dans les Mondes Imaginaires. Elle disparaît naturellement entre dix-huit et vingt ans. Les agents doivent alors subir l'amnesia : leurs souvenirs de missions sont effacés et ils peuvent enfin renouer avec une vie d'ados normaux.

Banshee : créature féminine qui appartient au folklore celtique. Souvent représentée sous les traits d'une vieille femme vêtue d'une robe en lambeaux, elle erre sur les landes comme une âme en peine. Il vaut mieux ne pas la croiser, pour s'éviter des frayeurs. Surtout lorsqu'elle pousse le *keening**. Si vous l'entendez, l'un de vos proches court un grave danger…

Bartitsu : art martial inventé en 1898 par l'ingénieur anglais Edward William Barton-Wright. Cette méthode de défense personnelle incorpore toutes sortes de techniques de combat, dont : la boxe, la canne, le judo, le jiu-jitsu, ou la savate. Sherlock Holmes le pratique avec beaucoup de talent et de plaisir.

Binôme de Newton : celèbre théorème mathématique dû au savant anglais Isaac Newton (1643-1727). Le professeur Moriarty, alors âgé de vingt et un ans, publia une étude sur la question, qui fit sa renommée.

Capitan : agent responsable d'une section d'intervention.

Chevalier aboyeur : oiseau limicole actif de jour comme de nuit, et qui vit sur les landes dégagées ou partiellement boisées. Il a des goûts particuliers, puisqu'il aime fréquenter les vasières, tourbières, et toutes les étendues marécageuses. Et, non, il n'aboie pas. Ou pas autant que le chien des Baskerville.

Cycle phénologique : Holmes, en logicien implacable, ne peut s'empêcher d'employer des mots savants – on pourrait même dire barbares (bien que formés sur des racines grecques). On ne le changera pas… Le cycle phénologique d'une plante désigne ses variations annuelles, à savoir la feuillaison, la floraison et la fructification.

Cy-pad : petit appareil de communication qui permet aux agents du Cyclone de rester en contact entre eux et avec le siège de l'organisation. Sont amenés à remplacer les anciennes consoles de communication, pas très discrètes et qui ont pu de ce fait jouer quelques tours fâcheux à certains de leurs propriétaires.

Deerstalker : casquette de toile anglaise, portée surtout par les chasseurs. Le *deerstalker* est devenu le couvre-chef par lequel on se plaît à identifier Sherlock Holmes, qui le porte cependant très peu souvent et uniquement à la campagne. En ville, c'est le haut-de-forme, élégance oblige !

Digitaline : remède obtenu à partir d'une plante, la digitale pourpre, et qui permet de traiter les insuffisances cardiaques. Utilisée à forte dose, la digitaline peut s'avérer extrêmement toxique. Irène ne l'utilise qu'en doses réduites, et l'associe à d'autres plantes. Elle garde, bien sûr, la « recette » secrète, mais elle a avoué à Holmes s'être inspirée de la potion bue par Juliette (l'héroïne malheureuse de la pièce de Shakespeare, *Roméo et Juliette*) pour simuler sa mort.

Écholocation : système de repérage utilisé par certains animaux : les chauves-souris, les dauphins, les orques, certains oiseaux et les musaraignes. L'animal envoie des ondes (par claquement de la langue, par exemple). Ces ondes vont heurter les obstacles se trouvant dans l'environnement, puis revenir à l'émetteur qui pourra ainsi les identifier.

Gibson Girl : modèle féminin imaginé par l'illustrateur Charles Dana Gibson en 1887. Ce sont généralement des jeunes femmes élancées, aux formes mises en valeur par le port du corset et à la coiffure volumineuse, toujours vêtues à la dernière mode. Ce sont des femmes de tempérament, indépendantes et modernes. Irène Adler en est l'incarnation idéale. Le règne de la Gibson Girl se termine avec la Première Guerre mondiale, et le retour à l'austérité vestimentaire.

Glyphe : signe d'écriture qui a la forme d'un trait gravé en creux. Lorsqu'ils sont faits sur la pierre, on devrait même parler de « pétroglyphe », terme un peu compliqué d'après Achille. Dans la même famille, dirait encore Achille, on trouve les « hiéroglyphes » égyptiens (étymologiquement : « signes sacrés »), ou encore… Mais là, on arrête Achille.

Gobelin : créature du folklore médiéval européen, de petite taille et d'aspect humain (mais avec de ridicules oreilles de lapin en plus pointues). Ils peuvent être, selon leur humeur, malveillants ou bienveillants. Certains, comme les teigneux *redcaps**, sont tout simplement infréquentables.
C'est aussi le nom d'une famille de teinturiers, qui a fondé la célèbre manufacture des Gobelins. Mais c'est une autre histoire, semble-t-il.

Gordon Highlanders : régiment d'infanterie britannique fondé en 1881 par la fusion de deux régiments plus anciens, et dissous en 1994 – pour former avec d'autres le Régiment royal d'Écosse. Majoritairement composé d'Écossais du clan Gordon (dont le fief se situe près d'Aberdeen), il a notamment pris part à la bataille de la Somme, lors de la Première Guerre mondiale. Sa marche militaire, jouée hauts les cœurs à la cornemuse, est le *Cock o' the North* (gigue jouée pour la première fois au violon en 1816).

Gorgones : créatures de la mythologie grecque. Il s'agissait de trois sœurs, qui possédaient une chevelure composée de serpents, de grandes ailes et de jolies dents pointues. La plus connue se nommait Méduse. Très laide, acariâtre et malfaisante, elle pétrifiait tous ceux qui osaient soutenir son regard – peut-être frustrée de n'être pas immortelle au contraire de ses sœurs. Protégé par un bouclier, le héros Persée mit fin à l'hécatombe en décapitant Méduse. Sybille le reconnaît volontiers : le portrait qu'elle fait de la directrice du pensionnat est (un peu) exagéré.

Gralor : petit mammifère grassouillet des monts Velus-Fendards*, lointain cousin de la marmotte mais en plus dormeur. Animal de compagnie rassurant et fidèle, très apprécié des enfants, il sert aussi de bouillotte par les froides nuits d'hiver.

Grice : race de cochon domestique qui vivait autrefois dans les Highlands* et dans l'archipel écossais des Shetland. C'était un cochon grognon et pas commode, de petite taille, affublé de courtes défenses. Ils ont tous été mangés au cours du XIXe siècle.

Hanneton des pins : petit scarabée à la carapace en damier blanc et noir. Il fréquente les pins, son langage est musical et il apprécie les feuilles de saule. L'entomologiste et écrivain Jean-Henri Fabre en a fait un portrait tout en poésie.

Highlander (habitant) : valeureux et courageux habitant des Highlands*, région montagneuse d'Écosse. Attention à ne surtout pas les confondre avec les vaches du même nom, au risque de passer un mauvais dernier quart d'heure.

Highlands : les « hautes terres » sont une région montagneuse située dans la partie nord de l'Écosse.

Hydrolien : long serpent lacustre doté d'une, deux ou trois têtes selon les mystérieuses particularités de l'évolution des espèces. Vous parviendrez peut-être à en apercevoir dans les lochs écossais, à force de patience et d'imagination. La plupart d'entre eux portent le joli nom de Nessie, et celui de Tír na nÓg* est encore plus timide que son cousin du loch Ness.

Keening : redoutable et infernal cri poussé par la banshee*. Un conseil, si vous partez pour une balade sur la lande : prévoyez des bouchons d'oreilles.

Kelpie : créature légendaire issue des folklores écossais et irlandais. Le kelpie est un cheval aquatique qui peut, une fois sur la terre ferme, prendre apparence humaine. Certains sont inoffensifs, mais d'autres, comme les Each Uisge, s'évertuent à séduire les humains pour les attirer dans les profondeurs des lacs et les dévorer.

Kilt : jupe en laine aux motifs colorés d'un tartan*, portée traditionnellement par les hommes des Highlands*. À moins d'être une mauviette frileuse, on ne porte rien en dessous. Et, de toute façon, si on est une mauviette frileuse, il est déconseillé d'aller vivre dans les Highlands.

Laîche : plante à longues feuilles coupantes, dont les fleurs forment des épis et qui pousse dans les milieux humides. Elles entrent notamment, avec les sphaignes*, dans la composition des tourbières*.

Nymphose : insectophobes, passez votre tour ! C'est l'une des étapes de la métamorphose d'une larve en insecte. Plus précisément, c'est la phase lors de laquelle la larve mue en nymphe – état intermédiaire avant l'imago (ou stade définitif).

Nuckelavees : créatures du folklore écossais de la famille des elfes. Ce sont de parfaits psychopathes qui sèment la dévastation par leur souffle puissant. Par chance, il se trouve que l'intelligence n'est pas leur qualité première (d'ailleurs, on ne leur connaît aucune qualité). On vous aura sans doute dit qu'ils vivent dans la mer, mais ce sont des sornettes : ils vous attendent derrière un arbre, le long d'une route déserte.

Omphalos : désigne, dans la mythologie grecque, une pierre dressée qui renvoie symboliquement au « centre du monde ». Celui de l'oracle de Delphes est recouvert de tissu et surmonté de deux aigles en or.

Passehack : passe-partout numérique inventé par Alyse, technicienne surdouée du Cyclone. Tous les agents en sont équipés. Il se présente sous la forme d'un « couteau suisse » qui permet de craquer tout code et de forcer toute serrure. On sait de source sûre que Sherlock Holmes rêverait d'en posséder un exemplaire.

Pipers : joueurs de cornemuse.

Pisteur : l'une des quatre fonctions que peuvent se voir attribuer les agents du Cyclone. Le rôle du pisteur est de mener son équipe à bon port dans les meilleurs délais et en faisant le moins de mauvaises rencontres possible. Hector, pisteur doué, est le premier à avoir vaincu les pièges de la Tour sans Fin des Royaumes de Perrault. Ce qui représente un authentique exploit.
Les autres fonctions occupées par les agents sont : agent d'infiltration, érudit et *profiler**.

Poklatch : boisson velue-fendard* très corsée mais non alcoolisée – et donc appréciée des enfants.

Profiler : l'une des quatre fonctions que peuvent se voir attribuer les agents du Cyclone. Officiellement, le *profiler* est chargé de déterminer le profil psychologique d'un criminel. Officieusement, il s'agit d'un agent doué du don de double vue et doté d'une intuition hors du commun. Raison pour laquelle ils sont peu nombreux, et précieux. Sybille peut ainsi faire des rêves prémonitoires, dont le sens n'est cependant pas toujours aisé à comprendre. Elle est, après chaque vision, sujette à des pertes de connaissance sans gravité.
Les autres fonctions occupées par les agents sont : agent d'infiltration, érudit et pisteur*.

Redcaps : créatures du folklore écossais qui appartiennent à la famille des gobelins*. Ils possèdent l'apparence de vieillards aux longs cheveux blancs, sont vêtus d'un kilt* et armés d'un bâton de marche à la pointe métallique. Les *redcaps*, psychopathes tenaces mais sans cervelle qui vivent dans les Highlands*, sont aussi appelés « bonnets rouges » en raison du béret qu'ils portent et dont ils tirent leur force : ils doivent le tremper dans le sang de leurs victimes afin de le maintenir toujours frais.

Rob Roy : Robert Roy MacGregor, dit Rob Roy (1671-1734), est la figure majeure du clan MacGregor et un héros populaire écossais. Ses ancêtres ayant été bannis par le roi Jacques VI, Rob Roy est naturellement devenu un hors-la-loi en s'adonnant au vol de bétail. L'agent Helen MacGregor descend de lui en droite ligne.

Sblörkz : ragoût velu-fendard* très relevé, cuisiné avec « tout ce qui tombe sous la main » (comme le mentionne la recette), les épices servant à unifier le goût et assainir l'ensemble. Préparé à l'origine avec de la viande de gralor* cuite dans du poklatch*, le plat a beaucoup évolué au fil du temps : sa variante végétarienne s'est imposée depuis quelques années. Ce serait la spécialité de Gueule-de-Loup.

Sglugh : couteau velu-fendard* glissé dans une gaine accrochée au mollet. Accessoire indissociable du skeelt* et de la flasque à poklatch*, son manche, taillé dans du bois-roche luminescent des monts Velus-Fendards, est féé.

Shetland (poney) : l'un des chevaux les plus petits au monde, qui tient son nom de l'archipel des Shetlands. Extrêmement puissant malgré sa taille, il est capable de travaux de force importants.

Skeelt : jupe de laine portée par les hommes du clan Velu-Fendard* des Royaumes de Perrault. Les « têtes de mort», qui en forment le principal motif, indiquent la valeur du guerrier : elles sont plus ou moins nombreuses selon le nombre de duels singuliers remportés. Un Velu-Fendard peut se rendre invisible en se couvrant entièrement de son skeelt.

Sphaigne : mousse végétale constituée d'une tige feuillée à croissance illimitée, qui se développe dans les milieux aqueux. Les sphaignes constituent, avec les laîches*, une part importante des tourbières*.

Suffragette : qualificatif donné aux femmes militant pour le droit de vote dans les premières années du XXe siècle, au Royaume-Uni, où le mouvement a vu le jour, et aux États-Unis. Au Royaume-Uni, elles obtiennent gain de cause en 1918, au lendemain de la Première Guerre mondiale (droit de vote à 30 ans), puis l'égalité avec les hommes en 1928 (droit de vote à 21 ans).

Tartan : étoffe écossaise, en laine et à carreaux, dont les couleurs varient en fonction des clans, et qui est utilisée pour confectionner les kilts*.

Thries : désigne, dans la mythologie grecque, les trois sœurs devineresses ailées, filles de Zeus, qui vivaient dans la vallée du Parnasse. Elles passaient pour avoir élevé Apollon, qu'elles auraient initié à l'art divinatoire et au service duquel elles seraient demeurées. Elles aimaient beaucoup le miel, et on leur en offrait quand on venait les consulter. De leur nom dérive celui donné aux « sorts prophétiques » dans la Grèce antique.

Tigre-des-Miroirs : mammifère mangeur d'ombres originaire des Royaumes de Perrault, et plus précisément des déserts brûlants de Carabas. Son pelage est d'un bleu-fauve presque translucide, ses prunelles azur, ses griffes et ses crocs de verre. Ils ont la garde de la Galerie des Miroirs féeriques du palais de Mirabilis – qui ouvrent, dit-on, vers des voyages fabuleux. D'un naturel joueur et affectueux, le Tigre-des-Miroirs peut se révéler un combattant féroce. Charmant en est une belle illustration.
Une étude plus approfondie de ses caractéristiques et de ses mœurs a été donnée dans *L'almanach pour incrédules*.

Tír na nÓg : ou «Terre de l'éternelle jeunesse», est l'un des lieux les plus importants de la mythologie celtique irlandaise et écossaise – comme l'affirme le révérend John MacRae dans son livre, intitulé : *Légendes de Tír na nÓg, terre de l'éternelle jeunesse*. L'auteur avance en effet qu'un passage vers ce monde est possible depuis l'île de Bess-Kërvil, en Écosse. Il s'agit d'un lieu où le temps n'a plus cours, la jeunesse et la beauté y imposant leur règne.

Tourbe : matière combustible de couleur noirâtre issue de la décomposition de matières végétales.

Tourbière : étendue humide constituée par l'accumulation de matières végétales plus ou moins décomposées – dont les sphaignes*.

Velu-Fendard : population d'ogres pacifiques qui vivent dans les monts Velus-Fendards des Royaumes de Perrault.

Remerciements

Mes pensées reconnaissantes envers sir Arthur Conan Doyle pour avoir donné vie à un personnage si charismatique, attachant et insupportable.

Le Cyclone espère n'avoir pas trop malmené le mythe.

Je remercie mon éditrice, Alice Aschero, pour sa confiance et sa patience. Et aussi pour avoir accepté de prendre la relève avec un si bel enthousiasme.

Amicales salutations à vous tous qui avez offert une vie si douce au premier tome : les libraires et jeunes lecteurs de la librairie « À la Page » de Vichy ; les collégiens de l'Assomption et de Victor Hugo à Colmar ; l'équipe et les jurés de la revue NRP-collège, et tous ceux que je ne peux citer.

Un grand merci, enfin, à Gilles Barraqué pour sa lecture amicale et avisée, et à mes proches qui m'ont laissé m'évader pendant de longs mois dans les Mondes Imaginaires.

Dans la même collection

Gilly, grave amoureuse,
13 ans, presque 14...
de Claire Robertson

Les larmes de l'assassin
d'Anne-Laure Bondoux

Cherry, ses amis, ses amours, ses embrouilles
d'Echo Freer

Ciel jaune
de Marie-Hélène Delval

Accroche-toi, Sam !
de Margaret Bechard

Mercredi mensonge
de Christian Grenier

Planète Janet
de Dyan Sheldon

Comment devenir maître du monde
en vingt-six leçons et demie
de Dan Gutman

Une princesse peut en cacher une autre
de Kate Brian

Les démons de Nègreval
de Pierre Davy

Betsy et l'Empereur
de Staton Rabin

Pépites
d'Anne-Laure Bondoux

Losers' Club
de John Lekich

Écoute mes lèvres
de Jana Novotny Hunter

Sous le vent de la liberté

1. Lumières d'Amérique

2. Chasseurs et proies

3. Les temps cruels
de Christian Léourier

La marmite du Diable
d'Olivier Silloray

Le voyage scolaire
de Moni Nilsson-Brännström

Plus un mot
de E. L. Konigsburg

Lune indienne
d'Antje Babendererde

Un passé si présent
de Sally Warner

Texto à la mer
de Sue Mayfield

Derrière l'écran
de Pascal Garnier

Infaillible ?
de Christophe Lambert

Après le voyage scolaire
de Moni Nilsson-Brännström

Le seigneur aux mains rouges
de Claude Merle

Case départ
de Pascal Garnier

Envol pour le paradis
de Jean-Marie Defossez

Comment j'ai marié ma mère
de Coleen Murtagh Paratore

Les tribulations du prince Seyin
au royaume d'Ashkabad
de Stéphane Terranova

Le grand piano noir
d'Olivier Silloray

Appelez-moi Poison !
de Susan Shreve

Cherry, les secrets d'une gagnante
d'Echo Feer

Liberté, égalité, chocolat
d'Alex Shearer

Les Hurluberlus
de E. L. Konigsburg

Iris par-ci, Iris par-là
de Lucy Frank

Un lilas pour toi
de Laura Hillman

Le temps des miracles
d'Anne-Laure Bondoux

Oublie les mille et une nuits
de Marco Varvello

Adieu Berlin
de Waldtraut Lewin

Oscarthur
Les terres franches, 1
de Frédéric Anarratone

M'sieur Victor
de Pascal Garnier

Les guerres de Chanda
Le secret de Chanda
d'Allan Sratton

Deux pouces & demi
de Thomas Lavachery

Mes deux Allemagne
d'Anne C. Voorhoeve

Je m'appelle America
d'E.R. Frank

La jeune fille à la plume
de Katherine Sturtevant

Krabat
d'Otfried Preussler

Le chant des orques
d'Antje Babendererde

La vengeance de Martin O'Boy
de Brian Doyle

Blanches ténèbres
de Geraldine Mc Caughrean

La liberté porte une chemise rouge sang
de Gaby Halberstam

Alabama Moon
de Watt Key

Pink Muffin @ Willy Blue
1. Objet : arnaques et embrouilles !
de Hortense Ullrich et Joachim Friedrich

Pourquoi Emma-Jane est tombée de l'arbre,
et ce qui s'ensuivit...
de Lauren Tarshis

Unique
d'Alison Allen-Gray

Petits contes à régler
1. Le cas Rubis C.
2. L'affaire Sherlock H.
de Gaël Bordet

Les garçons de décembre
de Michael Noonan

La septième fille d'Adèle Kemp
de Julie Johnston

Pourquoi mon père porte de grandes chaussures...
de Moni Nilsson

Le grand déballage
d'E. L. Konigsburg

Cet ouvrage a été mis en pages
par DV Arts Graphiques à La Rochelle

Impression réalisée par

CPI
BRODARD & TAUPIN

La Flèche

en juin 2013
pour le compte des Éditions Bayard

Imprimé en France
N° d'impression : 73306